21世纪大学俄语系列教材

Письменная речь
(русский язык)

# 俄语写作

赵红 〔俄罗斯〕杜布阔娃 ◎著

北京大学出版社
PEKING UNIVERSITY PRESS

**图书在版编目 (CIP) 数据**

俄语写作 / 赵红，（俄罗斯）杜布阔娃著.—北京：北京大学出版社，2016.7
（21 世纪大学俄语系列教材）

ISBN 978-7-301-26735-6

Ⅰ. ①俄… Ⅱ. ①赵… ②杜… Ⅲ. ①俄语—写作—高等学校—教材 Ⅳ. ① H355

中国版本图书馆 CIP 数据核字 (2016) 第 001019 号

| | |
|---|---|
| **书　　名** | 俄语写作<br>EYU XUEZUO |
| **著作责任者** | 赵　红　〔俄罗斯〕杜布阔娃　著 |
| **责任编辑** | 李　哲 |
| **标准书号** | ISBN 978-7-301-26735-6 |
| **出版发行** | 北京大学出版社 |
| **地　　址** | 北京市海淀区成府路 205 号　100871 |
| **网　　址** | http://www.pup.cn　　新浪微博：@ 北京大学出版社 |
| **电子邮箱** | 编辑部 pupwaiwen@pup.cn　　总编室 zpup@pup.cn |
| **电　　话** | 邮购部 010-62752015　发行部 010-62750672　编辑部 010-62759634 |
| **印 刷 者** | 北京虎彩文化传播有限公司 |
| **经 销 者** | 新华书店 |
| | 787 毫米 ×1092 毫米　16 开本　16.5 印张　380 千字 |
| | 2016 年 7 月第 1 版　2024 年 7 月第 3 次印刷 |
| **定　　价** | 65.00 元 |

# 前言

写作课是我国高校俄语专业的必修课，是俄语教学的重要组成部分。针对用俄语进行写作的特殊性，我们中俄教师合作编撰了《俄语写作》教程。

《俄语写作》共十章，供一个学年使用。

第一章到第六章从对俄语的整体认识出发，讲授俄语笔语的基本规范和常见写作错误类型、遣词造句和布局谋篇中易出现的问题，在进行文本听写、转述的基础上讲授叙述性、描写性、议论性的俄语作文的写法，共 23 小节，建议 52 课时。第七章到第十章讲授常用的俄语应用文写作和俄语学术文章写作，共 14 小节，建议 20 课时。教程以写作基本理论知识为线索，每个知识点的讲解中均附有充足的示例，以突出写作课的实践性。示例主要来自俄罗斯各类作品、教材以及中俄两国学生的平时作文，力求语言规范生动，内容新颖有趣。

全部内容重在指导方法、拓展思维、启发思考、提升能力。

本教程用俄语撰写，每一章前附有本章所讲内容的俄汉实用词汇，以介绍各章讲解和训练中涉及的基本概念和方法。每一节后附该节的中文述评，以兼顾不同程度的学习者领会本节要点。练习分为课前练习和课后练习两部分。课前练习启发学生思考，导入教学内容，激活学生对所讲内容的基础认识，调动基础笔语能力，激发学习兴趣。每小节之后附有 3—5 个课后练习，考察和巩固学生对讲解重点的掌握和运用情况，题型多样，着重加强知识转化为能力的训练。教师可根据实际授课情况，结合课后练习，每学期布置不少于 8 次的书面作业。

本教程可供各高校俄语专业本科三、四年级使用，也可供研究生以及俄语从业者巩固提升写作能力使用，同时也可供有一定俄语基础的自学者使用。

《俄语写作》的编写和出版得到了西安外国语大学在时间、经费资助等方面的大力支持，在此表示特别感谢。解放军外国语学院樊明明教授、熊友奇教授、杨仕章教授对本教材进行了缜密的审定，提出了宝贵的意见和建议，在此表示诚挚的感谢。西安外国语大学俄语学院的学生在写作学习中的创造性表现为本教程提供了不少典型的示例、范文，在此一并表示感谢。同时，还要感谢北京大学出版社张冰教授和本书的责任编辑李哲等老师为本书的多次校对、编排和出版所付出的细致周到的劳动。

本教程在编写过程中虽然参考了很多国内外有关教材和写作研究成果，在此基础上优化了很多内容，更加适应了当前的课程教学，但疏漏和不当之处在所难免，恳切希望读者提出宝贵的意见，以便今后不断完善。

编者

2015 年 5 月

# 目录

## Оглавление

# Глава 1

# Общее описание русского языка

## Актуальная лексика

языкознание, лингвистика 语言学

письменная речь 书面语

уровни языка 语言的层次

фонетика 语音学

лексика 词汇学

грамматика 语法

морфология 词法学

синтаксис 句法学

стилистика 修辞学

фонема 音位

гласный звук 元音

согласный звук 辅音

буква 字母

морфема 词素

лексема 词汇单位

синтагма 语段、意群

знаки препинания 标点学，标点符号

орфография 拼写法

синтаксическая единица 句法单位

синтаксическая функция 句法功能

часть речи 词类

знаменательные слова 实词

служебные слова 虚词

самостоятельные слова 独立的词

местоименные слова 代词

вводные слова 插入语

междометие 感叹词

члены предложения 句子成分

главные члены предложения 句子的主要成分

второстепенные члены предложения 句子的次要成分

предикативные отношения 述谓关系

подлежащее 主语

сказуемое 谓语

определение 定语

дополнение 补语

обстоятельство 状语

простое предложение 简单句

сложное предложение 复合句

## Предтекстовые задания и упражнения

**Задание 1. Ответьте на вопросы.**

1. Что такое языкознание? Из каких разделов оно состоит?
2. Из чего состоит слово (предложение, текст)?
3. Сколько частей речи в русском языке? Сколько частей речи в китайском языке? Каких частей речи китайского языка нет в русском языке?
4. Какие слова не могут быть членами предложения? Приведите примеры.
5. Являются ли частью речи вводные слова? Назовите несколько вводных слов.
6. В каком языке слова длиннее? Назовите самое длинное русское слово. Какой самый сложный иероглиф китайского языка Вы знаете?

**Задание 2. Прочитайте высказывания великих людей о языке. Почему мы должны бережно относиться к языку?**

*Обращаться с языком кое-как – значит, и мыслить кое-как: приблизительно, неточно, неверно.* (Л.Н. Толстой)

*Не умея держать в руке топор – дерева не обтешешь, а не зная языка хорошо – красиво и всем понятно – не напишешь.* (М.А. Горький)

*Величайшее богатство народа – его язык! Тысячелетиями накапливаются и вечно живут в слове несметные сокровища человеческой мысли и опыта.* (М.А. Шолохов)

*Язык народа – лучший, никогда не увядающий и вечно вновь распускающийся цвет всей его духовной жизни.* (К.Д. Ушинский)

*Истинная любовь к своей стране немыслима без любви к своему языку.* (К.Г. Паустовский)

*Лишь усвоив в возможном совершенстве первоначальный материал, то есть родной язык, мы в состоянии будем в возможном же совершенстве усвоить и язык иностранный, но не прежде.* (Ф.М. Достоевский)

## 1.1. Разделы изучения русского языка

Прежде чем приступать к рассмотрению основных вопросов письменной речи, представим себе **общую картину** описания языковых фактов. На протяжении всего времени изучения русского языка мы знакомились с отдельными языковыми явлениями разных уровней языка, поэтому в сознании существует лишь набор фактов, связанных с различными проявлениями системности. Нам не хватает времени, чтобы сделать обобщения: сгруппировать сходные явления и противопоставить явления несходные.

Что же представляет собой язык? Язык – это система систем, которая состоит их нескольких уровней: фонетического, лексического, грамматического и стилистического. С одной стороны, единицы каждого уровня связаны между собой различными отношениями, что позволяет им образовывать систему. Однородные единицы одинаковой степени сложности образуют в языке уровни (ярусы): уровень фонем, уровень морфем, уровень лексем и т.д. С другой, из единиц нижестоящего уровня образуются единицы вышестоящего (См. схему 1).

Такое многоуровневое устройство языка соответствует структуре речевого общения.

Прежде всего, нужно представить себе, как соотносятся разделы науки о языке (языкознания или лингвистики) и какие языковые единицы в этих разделах изучаются.

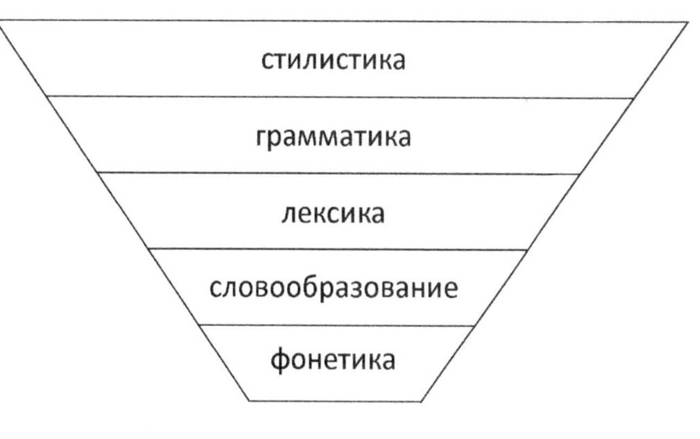


**Схема 1. Структура языка**

ФОНЕТИКА изучает **звуки** (минимальные единицы устной речи) и звуковое строение языка. В границах фонетики рассматриваются также такие явления звучащей речи, как **ударение, слог и интонация**.

Основной единицей языка является **слово**, с разных сторон изучаемое в лексикологии: значение и происхождение слова, связи с другими единицами языка, описанием слова в словаре и др. ЛЕКСИКОЛОГИЯ – раздел языкознания, который изучает словарный состав языка (лексику). ЛЕКСИКА (в узком значении) изучает **лексический состав языка** и подходит к нему с точки зрения: а) значения слова, б) происхождения слова, в) сферы употребления, в) стилистической принадлежности.

ГРАММАТИКА изучает и описывает грамматическую систему языка (закономерности построения форм слова, словосочетаний, предложений и текстов). В рамках грамматики традиционно выделяются морфология и синтаксис.

МОРФОЛОГИЯ – это раздел грамматики, изучающий грамматические свойства слов. В морфологии все слова языка разбиваются на классы в соответствии с их лексико-семантическим значением, формами изменения и ролью в предложении.

СИНТАКСИС описывает правила и способы связи слов в **словосочетании и предложении**, а также синтаксические функции слов в предложении (**члены предложения**).

Обобщённые сведения о языкознании можно представить в виде таблицы (см. таблицу 1), из которой видно, какое место занимает практический подход к письменной речи – собственно **правописание**. Как можно убедиться, всё, что имеет отношение к звучанию слова, его составу, словообразованию и формам изменения, получает отражение на письме и изучается в разделе ОРФОГРАФИЯ. Все, что связано со структурами связной речи и строением предложения как основной синтаксической единицы, а именно – знаки препинания, изучается в разделе ПУНКТУАЦИЯ.

**Таблица 1. Разделы русского языка и правописание**

| Разделы языка | | Правописание |
|---|---|---|
| Раздел | Предмет изучения | Раздел |
| I. Фонетика и графика | ЗВУКИ<br>**гласные –**<br>ударные и безударные;<br>**согласные –**<br>глухие и звонкие,<br>твёрдые и мягкие<br>СЛОГИ И УДАРЕНИЕ | ОРФОГРАФИЯ |
| II. Состав слова<br>+ словообразование | МОРФЕМЫ –<br>значимые части слова<br>**основа**<br>**приставка**<br>**корень**<br>**суффикс**<br>**интерфикс**<br>**окончание** | |
| III. Морфология | ЧАСТИ РЕЧИ<br>**Знаменательные** – имеют лексическое значение и являются членами предложения<br>**Служебные** – выполняют связующую роль и передают оттенки смысла<br>**Междометия,**<br>звукоподражательные слова и слова, передающие эмоции | |
| IV. Синтаксис | СВЯЗНАЯ РЕЧЬ<br>**словосочетание**<br>**простое предложение**<br>– главные члены<br>– второстепенные члены<br>– не члены предложения<br>**сложное предложение**<br>– сложносочинённое<br>– сложноподчинённое<br>– бессоюзное<br>**прямая речь** | ПУНКТУАЦИЯ |

**Внимание!**

写作是书面综合运用语言的能力，是反映写作者语言水平、思维能力的一项重要标志。运用语言首先要了解语言。语言是由多个层级构成的整体系统。各层级内部的要素具有一定的特点，要素之间、层级之间互相紧密地联系着。基础学习阶段，我们只是孤立地学习语言现象。随着对语言的认识不断丰富，语言内部错综复杂的关系就不断地呈现出来。将林林总总的语言现象进行归纳和对比是提高语言综合运用能力的必要前提。

## Задания и упражнения

**Упражнение 1. Прочитайте данные слова. Скажите, сколько в них звуков, сколько слогов.**

*Миллионы, район, объяснить, потребоваться, история, одногруппники, какие-то, дольше, неизгладимое, впечатление.*

**Упражнение 2. Определите часть речи.**

*Радость, печь, стекло, что, правильный, хорошо, жаркое, а, пила, три, наконец, военный, как, спел, блестящий.*

**Упражнение 3. Расставьте знаки препинания в следующих предложениях.**

1. *Слово великое оружие жизни.*
2. *Язык важнейшее средство общения друг с другом это оружие мысли и культуры.*
3. *По отношению каждого человека к своему языку можно совершенно точно судить не только о его культурном уровне но и о его гражданской ценности.*
4. *Язык это город на возведение которого каждый несёт свой кирпичик.*
5. *В литературе как и в жизни нужно помнить одно правило что человек будет тысячу раз раскаиваться в том что говорил много но никогда что мало.*
6. *Есть два рода бессмыслицы одна происходит от недостатка чувств и мыслей заменяемого словами другая от полноты чувств и мыслей и недостатка слов для их выражения.*

## 1.2. Части речи и словосочетания русского языка

**Части речи** – это группы слов, объединённых на основе общности их признаков. Признаки, на основании которых происходит разделение слов на части речи, неоднородны для разных групп слов. Так, знаменательные слова разделяются на части речи с учётом следующих признаков:

1) обобщённое значение,
2) морфологические признаки,

3) синтаксическое поведение (синтаксические функции и синтаксические связи).

Они называют предметы, признаки, действия, отношения, количество, а местоименные слова указывают на предметы, признаки, действия, отношения, количество, не называя их и являясь заместителями знаменательных слов в предложении (ср.: *стол – он, удобный – такой, легко – так, пять – сколько*). Все части речи представлены в таблице (См. таблицу 2.).

В русском языке есть слова-исключения. Это слова-предложения （*да и нет*）, вводные слова (*итак, итого*), не использующиеся в других синтаксических функциях, а также слова категории состояния, которые обозначают состояние природы (*Было холодно*), человека (*У меня на душе радостно. Мне жарко*), оценку действий (*Можно пойти в кино*).

**Таблица 2. Части речи**

| Группы | ЧАСТИ РЕЧИ | Подгруппы |
|---|---|---|
| I. Самостоятельные | 1.ИМЯ СУЩЕСТВИТЕЛЬНОЕ<br>2. ИМЯ ПРИЛАГАТЕЛЬНОЕ<br>3.ИМЯ ЧИСЛИТЕЛЬНОЕ<br>4. МЕСТОИМЕНИЕ<br>5. ГЛАГОЛ<br>а) причастие (склоняемое)<br>б) деепричастие (неизменяемое)<br>6. НАРЕЧИЕ | 1. Склоняемые (ИМЕНА)<br>2. Спрягаемые<br>3. Неизменяемые |
| II. Служебные | 7. ПРЕДЛОГИ<br>8. СОЮЗЫ<br>9. ЧАСТИЦЫ | Неизменяемые |
| III. Междометия | 10. МЕЖДОМЕТИЯ | Неизменяемые |

Необходимо сказать несколько слов о междометьях. Это часть речи, которая объединяет слова, выражающие чувства, побуждение к действию или являющиеся формулами речевого общения (речевого этикета).

По значению междометия бывают трёх разрядов:

1) **эмоциональные** междометия выражают чувства (радость, страх, сомнение, удивление и др.): *ах, ой-ой-ой, увы, боже мой, батюшки, вот те раз, слава богу, как бы не так, фу* и др.;

2) **императивные** междометия выражают побуждение к действию, команды, приказы: *ну, эй, караул, кис-кис, вон, кыш, марш, тпру, ну-ка, ш-ш, ау*;

3) **этикетные** междометия являются формулами речевого этикета: *здравствуй (те), привет, спасибо, пожалуйста, простите, всего хорошего.*

В современном русском языке выделяются и другие части речи: слова категории состояния, связки, частицы речи и т.д.

**Словосочетание** – это соединение двух или более знаменательных слов, связанных по смыслу и грамматически. Например: *свежий воздух, контрольная работа по русскому языку, студент третьего курса, читать про себя*. Словосочетание, как и слово, является элементом построения предложения. Выделяются разные типы словосочетаний. По главному слову словосочетания могут быть глагольными, именными или наречными.

**I. Глагольные словосочетания:**

1) с именем существительным:
 – беспредложные (*составить план, добиваться успеха, сообщить одногруппникам, писать ручкой*);
 – предложные (*стоять у доски, подойти к двери, поставить на пол, разговаривать с друзьями*);
2) с инфинитивом (*предложить написать, просить зайти*);
3) с наречием (*отдыхать вдвоём, идти медленно, читать вслух*);
4) с деепричастием (*говорить улыбаясь, идти оглядываясь*).

**II. Именные словосочетания:**

1) с существительным в роли главного слова:

 а) с именем существительным:
 – беспредложные (*план сочинения, поручение ученику, запись мелом*);
 – предложные (*бумага для фотографий, поездка по стране, вход в ниверситет, книга с иллюстрациями, дом в горах*);
 б) с именем прилагательием (*важное слово, живописный пейзаж*);
 в) с притяжательным местоимением (*наш народ, мой город*);
 г) с порядковым числительным (*третий курс, шестьсот шестнадцатый автобус*);
 д) с причастием (*проверенное сочинение, сданное изложение*);
 е) с наречием (*возвращение домой, яйца всмятку*);
 ж) с инфинитивом (*желание учиться, умение работать*);

2) с прилагательным в роли главного слова:

 а) с именем существительным:
 – беспредложные (*достойный награды, знакомый ученикам, довольный результатом*);
 – предложные (*свободный от занятий, способный к языкам, готовый на подвиг, ласковый с детьми, усидчивый в труде*);
 б) с наречием (*весьма популярный, широко известный*);
 в) с инфинитивом (*готовый помочь, достойный получить, способный ответить*);

3) словосочетания с именем числительным в роли главного слова (*два карандаша, обе девушки, трое в кроссовках, второй из кандидатов*);

4) словосочетания с местоимением в роли главного слова (*кто-то из студентов, нечто новое*).

**III. Наречные словосочетания:**

1) с наречием (*крайне важно, по-прежнему удачно*);

2) с именем существительным (*вдали от дороги, незадолго до каникул, наедине с друзьями*).

Не всякое соединений слов образует словосочетание, а только такое, которое подобно слову служит строительным материалом для предложения. Не являются словосочетаниями:

1) подлежащее + сказуемое:
*Он вырос. Я взрослый. Компьютер не работает.*

2) группа однородных членов:
*и реки, и горы; большой и светлый; думать и делать.*

### Внимание!

1）俄语词类划分和汉语词类划分不完全一致，比如俄语副词是实词，俄语叹词既不属于实词也不属于虚词，汉语的量词在俄语中没有对应词类。俄语的前置词和汉语的介词有相似之处，但二者的功能却有很大差别。请比较表 2 与表 3。

2）俄语词汇有实词（名词、形容词、数词、代词、动词和副词）、辅助词（前置词、连词和语气词）和叹词三大类。实词中名词、形容词、数词、代词都有词形变化——变格，组成词组时需要保持一致关系。动词也有词形变化——变位，写句子时应注意主谓一致关系和动词的接格关系。

**Таблица 3.** 汉语词类表

| 组别 | 词类 |
|---|---|
| 实词 | 名词 |
| | 动词 |
| | 形容词 |
| | 数词 |
| | 量词 |
| | 代词 |
| 虚词 | 副词 |
| | 介词 |
| | 连词 |
| | 助词 |
| | 叹词 |

## Задания и упражнения

**Упражнение 1. Прочитайте предложения, определите части речи (См. таблицу 2).**

1. У меня уже все готово, я после обеда отправляю вещи.
2. У него был тяжёлый характер, и он плохо уживался с людьми.
3. Я хочу рассказать вам тайну с глазу на глаз.
4. Профессор был в университете с девяти утра до пяти вечера.
5. Интересно, что 30 лет назад конкурс в технические вузы был намного выше, чем сейчас.

**Упражнение 2. Составьте словосочетания со следующими словами:**

воспоминание, недолго, родиться, высокорослый, навсегда, двадцатый, помочь, достойный, великий, заслуги.

**Упражнение 3. Определите, какие сочетания слов не являются словосочетаниями.**

Прошли школьные годы, прекрасный и светлый, полюбил спорт, перестал интересоваться, толку не было, мечтал быть учителем, жизненный путь, не успела оглянуться, неизгладимое впечатление, с грехом пополам, готов идти на всё, пришла пора, одно время.

## 1.3. Члены предложения в русском языке

Слова и словосочетания, связанные между собой грамматически и по смыслу, называются **членами предложения**. Члены предложения выделяются на основе той функции, которую они выполняют в составе более крупных синтаксических единиц. В предложении обычно выделяется группа подлежащего и группа сказуемого, которые связаны между собой предикативными отношениями.

Члены предложения делятся на главные и второстепенные. **Главные члены** – подлежащее и сказуемое. **Второстепенные члены** – определение, дополнение, обстоятельство. Они служат для пояснения главных членов предложения и могут иметь при себе поясняющие их второстепенные члены.

**Подлежащее** – это главный член двусоставного предложения, который называет то, о чем говорится в предложении. Он может выражаться одним словом, словосочетанием или устойчивым выражением (в частности, фразеологизмом). Например:

*Моя родина находится в самом центре нашей страны.*
*Десять лет прошло незаметно.*
*В конкурсе должен участвовать лучший из нас.*

*Мы с родителями планируем поехать на море.*
*Стоял конец сентября.*
*Млечный путь разостлался по небу.*

**Сказуемое** – главный член двусоставного предложения, обозначающий действие или признак того, что выражено подлежащим. Существуют три основных типа сказуемых: простое глагольное, составное глагольное и составное именное. Сказуемое является ядром русского предложения. Например:
*Мы гордимся своим университетом.*
*Я буду принимать участие в конкурсе на знание русского языка.*
*Жить – родине служить.*
*Много лет назад я решил изучать русский язык.*
*Я продолжаю готовиться к экзаменам.*
*Я рассчитываю поступить в магистратуру.*
*Она показалась мне интересной.*
*Он родился счастливым.*
*Он хотел начать работать в компании после окончания университета.*

**Определением** называется слово или группа слов, которые синтаксически зависят от существительного и дополняют или уточняют его значение; такая синтаксическая связь называется атрибутивной. В роли определения могут выступать существительные: *дом отца*; прилагательные и причастия: *красивый дом*, *украшенный* дом и т.д. Примеры предложений:
*Белые розы, огромный торт – это то, от чего нельзя отказаться в день рождения.*
*Я люблю произведения Горького.*
*Я хочу побывать на озере Байкал.*
*На столе лежит нераспечатанное письмо.*
*У меня было большое желание учиться.*

**Обстоятельством** называется член предложения, который выражает пространственные, временные или тематическпе рамки обозначаемого в предложении события, его причину, условие, цель и т.п.:
*Приду в три часа.*
*Сядь здесь.*
*Когда ты позвонишь, я приду.*
*Язык до Киева доведёт.*
*Благодаря поддержке директора мы получили эту работу.*
*За помощью он решил обратиться к преподавателю.*

**Дополнение** обозначает лицо, предмет или событие, которое предусмотрено словарным значением слова, которым выражено сказуемое:
*Я читаю письмо и думаю о тебе.*
*Все просили её спеть.*
*Я прошу не вешать нос.*
*Он написал лучше своего друга.*
Типы членов предложения представлены в таблице 4 (См. таблицу 4).

**Таблица 4. Члены предложения**

| Группы | ЧЛЕНЫ ПРЕДЛОЖЕНИЯ | Разновидности |
|---|---|---|
| I. Главные | 1. ПОДЛЕЖАЩЕЕ | |
| | 2. СКАЗУЕМОЕ | а) простое глагольное<br>б) составное именное<br>в) составное глагольное<br>г) сложное |
| II. Второстепенные | 1. ДОПОЛНЕНИЕ | а) прямое<br>б) косвенное |
| | 2. ОПРЕДЕЛЕНИЕ | а) согласованное<br>б) несогласованное<br>в) приложение |
| | 3. ОБСТОЯТЕЛЬСТВО | а) времени<br>б) места<br>в) образа действия<br>г) меры и степени<br>д) причины<br>е) цели<br>ж) условия<br>з) уступки |

## Внимание!

俄汉语句子成分的分类也存在较大差异，对两种语言的句子成分加以对比，如主次要成分的划分不对应，特别是对谓语的对象成分（汉语的宾语和俄语的补语）、定语等功能对比等，有助于写作中能够正确使用母语的迁移，克服母语的干扰。请比较表 4 和表 5。

**Таблица 5**. 汉语句子成分简表

| 类别 | 句子成分 |
|---|---|
| 主要成分 | 主语 |
| | 谓语 |
| | 宾语 |
| 次要成分 | 定语 |
| | 状语 |
| | 补语 |

## Задания и упражнения

### Упражнение 1. Прочитайте предложения, выделите главные и второстепенные члены (См. таблицу 4).

1. После занятий мы ходим обедать в нашу столовую, которая находится на втором этаже.
2. В этих областях ему удалось достичь больших успехов.
3. Завтра уезжаем и расстаёмся навсегда.
4. За последние тридцать-сорок лет на планете исчезли многие виды животных и растений.

### Упражнение 2. Используя наречия, прилагательные и дополнения расширьте данные предложения.

1. Мне очень нравится читать рассказы.
2. Воспитание детей – это проблема.
3. Он рассказывает, она слушает.
4. В воскресение мы поедем в лесопарк.
5. Завтра из Нанкина должен приехать мой одноклассник.
6. Он уходит от таких людей.

## 1.4. Типы предложений

**Предложение** – это слово или несколько слов, грамматически оформленных с точки зрения времени и реальности/ирреальности, интонационно завершённых и выражающих сообщение, вопрос или побуждение к действию. Предложение является наименьшей единицей общения. В предложении содержится сообщение о событии.

В русском языке выделяются разные типы предложений. Рассмотрим их подробнее.

Предложения могут быть **простыми** и **сложными** в зависимости от количества простых предложений – одного или нескольких.

Простое предложение имеет одну группу подлежащего и сказуемого (одну предикативную единицу). Например:

*А. Студенты были усталые, но весёлые.*
*Б. Друзья познаются в беде.*
*В. Мне было грустно и одиноко.*
*Г. Любви все возрасты покорны.*
*Д. Мне не хочется писать эту работу.*
*Е. Общаясь с друзьями, не думай о плохом.*

Предложение имеет структурное, смысловое и интонационное единство. Например:

*А. Мне стало обидно, и я не захотел ему отвечать.*
*Б. Я бы помог, если бы знал как.*
*В. Тише едешь – дальше будешь.*

*Г. Все знают, что Родина – это самое большое богатство.*
*Д. Я люблю людей, с которыми легко общаться.*
*Е. Грустно видеть, когда бесцельно проходит молодость.*
*Ж. Едва закончились занятия, как в коридоре яблоку негде было упасть.*
*З. Родные места, где я вырос, навсегда останутся в моем сердце.*

Сложные предложения делятся на *союзные* (в качестве средства связи частей выступают союзы или союзные слова) и *бессоюзные* (части соединены интонационно и по смыслу).

**Союзные предложения** делятся на **сложносочинённые** (части соединены при помощи сочинительных союзов) и **сложноподчинённые** (средством связи частей становятся подчинительные союзы и союзные слова):

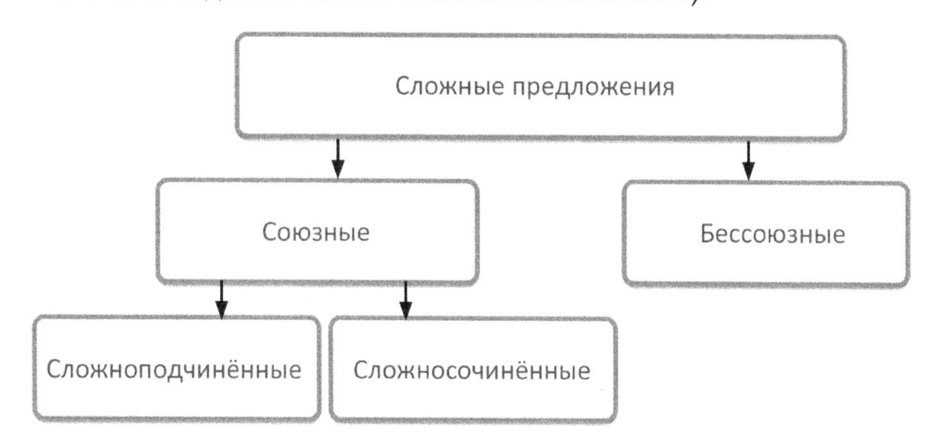


**Схема 2. Типы сложных предложений**

Типы сложносочинённых предложений представлены в таблице 6.

**Таблица 6. Типы сложносочинённых предложений**

| Тип связи | Союз | Пример |
|---|---|---|
| Соединительная | и, да (= и), ни - ни | Наступило утро, и мне пришлось вставать.<br>В аудитории раздавались голоса и был слышен смех. |
| Разделительная | или (иль), либо, ли - или, то - то, не то - не то, то ли - то ли | То моросил дождь, то падали крупные хлопья снега. |
| Противительная | а, но, да (= но), однако, зато, же, только | Ей было около тридцати, однако она казалось совсем молодой девушкой. |
| Градационно-противопоставительная | не только ... но и, не то чтобы ... а (но), если не ... то, не то что ... но (а), не столько ... сколько | Не только студенты прекрасно подготовились к конкурсу, но и все гости пришли заранее. |
| Присоединительная | да и, тоже, также, причём, притом | Мне казалось всё сказкой, причём всё вокруг подтверждало мои чувства. |
| Пояснительная | то есть, а именно | Ваша статья нас не заинтересовала, то есть мы не будем её публиковать. |

Типы придаточных предложений представлены в таблице 7.

**Таблица 7. Типы придаточных предложений в русском языке**

| Тип | Вопрос | Средства связи<br>союзы<br>союзные слова | Указатель ные слова | Пример |
|---|---|---|---|---|
| 1. Определительное | какой? | ***который***, *какой, чей, когда, где, куда, откуда, что* | *такой, тот* | *Слова, которые он тогда сказал, мы запомнили навсегда. Место, куда мы шли, известно всем.* |
| 2. Изъяснительное | Вопросы падежей | ***что***, *кто, как, какой, будто, как будто, как бы, как бы не, чтобы, чтобы не, почему, где, куда, откуда, насколько, ли, не... ли, ли... или, то ли... то ли* | *то* (во всех формах) | *Я не знаю, как ему сказать об этом. Нужно, чтобы все пришли на собрание.* |
| 3. Времени | когда, как долго, с каких пор, до каких пор? | ***когда***, *как, пока, едва, только, прежде чем, в то время как, до тех пор пока, с тех пор как, как вдруг* | *тогда* | *Когда мы пришли в аудиторию, в ней никого не было. С тех пор как я поступил в университет, прошло уже три года.* |
| 4. Места | где, куда, откуда? | ***где, куда, откуда*** | *там, туда, оттуда* | *Я был там, где никто из вас не был. Пойду, куда глаза глядят.* |
| 5. Причины | почему, отчего? | ***потому что***, *оттого что, так как, ибо, благо, благодаря тому что, поскольку, тем более что* | | *Любите книги, так как они дают вам знания. Благодаря тому что мы хорошо учились, все отлично сдали экзамены.* |
| 6. Следствия | каково следствие? | ***так что*** | | *Было жарко, так что из дома мы не выходили. Он вырос,* так что *мог достать до потолка.* |
| 7. Условия | при каком условии? | ***если*** *(...то / так / тогда), когда (=если), коли, коль скоро, раз, в случае если* | | *Если ты не позвонишь, я буду волноваться.* |
| 8. Цели | зачем, с какой целью? | ***чтобы*** *(чтоб), для того чтобы, с тем чтобы, затем чтобы, дабы, лишь бы, только бы, лишь бы только* | *затем* | *Они пришли, чтобы проститься. Чтобы хорошо учиться, нужно много читать.* |

| | | | | |
|---|---|---|---|---|
| 9. Уступки | несмотря не что, вопреки чему? | ***хотя*** *(хоть), несмотря на то что, даром что, пусть, пускай что (бы) ни, кто (бы) ни, какой (бы) ни, сколько (бы) ни, как (бы) ни, где (бы) ни, куда (бы) ни* | | *Хотя я не пришёл на занятие, но задание выполнил. Как я ни стремился, мне не удалось сделать задание.* |
| 10. Сравнения | как что, подобно чему? | ***как***, *будто, словно, точно, подобно тому как, так же как, как будто, как бы, будто бы, словно бы, как будто бы* | *так* | *Он говорил тихо, словно боялся людей. Было так тихо, как бывает только в лесу.* |
| 11. Меры и степени | в какой мере, степени? | *что, чтобы, словно, будто, насколько, сколько* | *так, такой, настолько, (не) столько* | *Было так шумно, что становилось не по себе. Мы поднялись на такую высоту, что захватывало дух.* |
| 12. Образа действия | как, каким образом? | ***как*** | *так* | *Я всё сделал так, как ты мне сказал. Он вел себя так, как это было нужно.* |
| 13. Присоеди-нительное | | *что* (в любой падежной форме), *отчего, почему, зачем* | | *Он опаздывал, что всех беспокоило. Я здоров, чего и вам желаю.* |

**Бессоюзные предложения** имеют одинаковое значение, как и союзные. Например:

*А. Пришла весна, распустились яблони и груши.*
*Б. Окончил школу – поступай в университет.*
*В. Работа не волк: в лес не убежит.*
*Г. Через месяц меня пригласил преподаватель: не хочу ли я участвовать в конкурсе русского языка.*

Если предложение состоит более чем из двух простых предложений, то такое предложение в русской лингвистике называется многочленом. Сравните:

| **Сложное предложение** | **Многочлен** |
|---|---|
| *Ты просил написать, как я живу в университете.* | *Ты просил написать, как я живу в университете, что нового произошло в моей жизни.* |
| *На улице темнеет, поэтому стоит вернуться.* | *Уже похолодало, на улице темнеет, поэтому стоит вернуться.* |
| *Я расскажу то, что хотела Вам рассказать.* | *Я расскажу то, что хотела Вам рассказать, потому что мне больше не к кому обратиться.* |

По цели высказывания и зависящей от этой цели интонации предложения делятся на **повествовательные, вопросительные** и **побудительные**. Несколько примеров:

*А. Скоро наступит зима и пойдёт снег.*
*Б. Человек, не помнящий прошлого, лишает себя грядущего.*
*В. Зачем тебе ехать в Москву?*
*Г. Принесите тетради на следующее занятие!*

Каждое из предложений этих трёх групп может стать **восклицательным** при соответствующей эмоциональной окраске, выражающейся в особой восклицательной интонации:

*А. Прощай!*
*Б. Зачем все это?!*
*В. Какая красивая осень в этом году!*
*Г. Какая погода!*
*Д. Вот так и дела!*
*Е. Пусть всегда будет мир!*
*Ж. Пусть он мне позвонит!*

**В таблице 8** представлены примеры таких предложений.

**Таблица 8. Примеры невосклицательных и восклицательных предложений**

| | Невосклицательное | Восклицательное |
|---|---|---|
| *Повествовательное* | *Ваня, они приехали.* | *Ваня, они приехали!* |
| *Вопросительное* | *Вы уже написали?* | *Как, вы уже написали?!* |
| *Побудительное* | *Возвращайся скорее.* | *Возвращайся же скорее!* |

Внимание!

句子是结构、意义和音调的统一体，是俄语中最小的交际单位。俄语句子根据不同角度有多种分类方法。根据句中简单句的数量的多少句子可分为简单句和复合句两大类。简单句只有一个述谓单位。复合句通常分为带连接词的复合句和不带连接词的复合句，两种类型的复合句的句法意义相同。

## Задания и упражнения

### Упражнение 1. Прочитайте, определите тип предложения.

1. Мы помним о том, что произошло недавно.
2. Эта река широкая, но её можно переплыть.
3. Всякий труд важен, потому что он облагораживает человека.
4. Семь раз примерь – один раз отмерь.
5. Дорогая внучка, почему ты стала редко мне звонить?

6. Всё: и мои планы, и моё настроение – изменилось за одну секунду.
7. К сожалению, невозможно восстановить и сохранить всё то, что напоминает нам славное прошлое нашего города.
8. Кто этого не знает?
9. Мой родной город, в котором я родилась и выросла, находится на северо-западе Китая.
10. Я собрался было в кино, но не пошёл.
11. Выходишь иногда на улицу и удивляешься: сколько людей, сколько машин!
12. Без охраны природы нельзя говорить о стабильном экономическом развитии, росте материального благосостояния и прогрессе.

### Упражнение 2. Из простого предложения составьте сложное. Укажите тип сложного предложения.

1. Учитель дарит нам свою любовь.
2. На занятиях по русскому языку мы узнаём много нового.
3. Его нельзя назвать красавцем.
4. На обширной территории Китая живут различные национальности.
5. В разных регионах страны можно найти множество специфических праздников.
6. Это был самый важный день в моей жизни.

### Упражнение 3. Сделайте презентации в формате ppt на следующие темы:

1. Части речи русского языка.
2. Члены предложения в русском языке.
3. Сравнительный анализ частей речи в русском и китайском языках.
4. Типы предложений в русском языке.

### Упражнение 4. Напишите сочинение на тему «Несколько слов о себе» не менее 150 слов. Используйте учебные материалы приложения.

# Качества образцовой речи

правильная речь 正确言语
образцовая речь 标准言语
адресат 受话人
орфографическая ошибка 拼写错误
пунктуационная ошибка 标点符号错误
лексическая ошибка 词汇错误
грамматическая ошибка 语法错误
стилистическая ошибка 修辞错误
фактическая ошибка 事实错误
логическая ошибка 逻辑错误
точность 准确性
выразительность 表现力

краткость (лаконичность) 简洁性
чистота 纯洁
уместность 恰当性
богатство 丰富
благозвучие 悦耳之音
образность 形象性
логичность 逻辑性
многозначность (полисемия) 多义性
синонимия 同义现象
антонимия 反义现象
омонимия 同音异义现象
многословие 长篇大论
пароним 形近异义词
плеоназм 重复
троп 语义辞格、转喻
эпитет 修饰语
сравнение 比喻

метафора 隐喻
анафора 首词重叠，回指
антитеза 对照法
параллелизм 平行法、排偶法、对称法
стилистическая фигура 修辞手法
риторический вопрос 修辞性问句、设问
риторическое восклицание 修辞性感叹
диалектная лексика 方言
профессионализм (профессиональная лексика) 专业词汇
арго 暗语、行话、黑话
сленг 俚语
афоризм 格言
эмоция 情绪、情感

## Предтекстовые задания и упражнения

**Задание 1. Ответьте на вопросы.**

1. Какого человека можно назвать «мастером слова»?
2. Произведения каких русских писателей Вам легче всего понимать? Почему?
3. Какие ошибки Вы делаете чаще всего в русском языке? А в китайском? С чем это связано?

**Задание 2. Прочитайте данные предложения с разной интонацией.**

*Как хорошо.*
*Сколько здесь народу.*
*Не переношу твои шутки.*
*Целый день учу новые слова.*
*С удовольствием приму участие в конкурсе.*
*Какая мысль.*
*Я очень устал.*
*Убери со стола свои бумажки.*
*Мы не должны так делать.*

## 2.1. Требования к образцовой речи

Наша речь должна быть **правильной**. Это предполагает соблюдение норм и правил всех уровней языка. Она должна быть правильной с точки зрения фонетики, лексики, фразеологии и грамматики. Иначе говоря, правильная речь должна отвечать фонетическим, орфографическим, пунктуационным, лексическим, фразеологическим и грамматическим нормам. При написании текста на русском языке необходимо обращать внимание не только на правильное написание слов, но их сочетаемость и грамматическую связанность. Структура правильной письменной речи представлена на схеме 3 (см. схему 3).

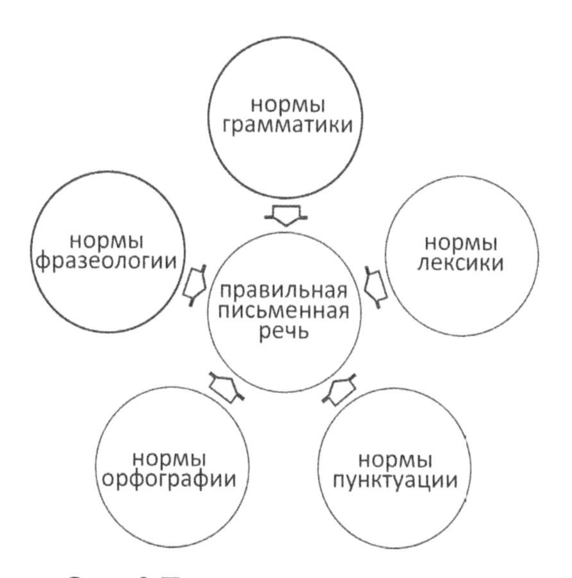


**Схема 3. Правильная письменная речь**

**Образцовая речь** не только должна быть правильной, но и соблюдать рекомендации стилистики. С точки зрения стилистики, речь должна быть точной, богатой, выразительной, краткой, уместной, доступной и образной. Нормы стилистики имеют рекомендательный характер. Особенности образцовой речи представлены на схеме 4 (см. схему 4).

Нарушения всех норм образцовой речи считаются ошибками. **Ошибка** – это отклонение от нормы литературного языка в письменной и устной речи. Ошибки делятся на пунктуационные, орфографические, лексические, фразеологические, грамматические и стилистические.

**Схема 4. Образцовая письменная речь**

Образцовая речь должна быть логичной. Чтобы научиться логично говорить и писать, нужно научиться логично мыслить. Каждый акт мышления должен строго соответствовать законам логики. «Кто ясно мыслит, тот и ясно излагает».

Нарушение логической последовательности мышления порождает логические ошибки, сюда относятся неверное определение понятий и терминов, неубедительные доказательства, взаимоисключающие положения и факты, ложные причинные отношения, несоответствие содержания теме и пр.

**Логика** мысли воплощается в логике речи. Для этого необходимо хорошо владеть языком, хорошо знать его лексические, грамматические и стилистические средства, правильно использовать их в соответствии с конкретными задачами.

1. Смешение родовых и видовых понятий в ряду однородных членов. Например:
   А. *Молодёжь, девушки и служащие нашего завода активно участвуют в трудовом соревновании.*
   Б. *Благоприятная обстановка наблюдается и в городе, и на заводах и фабриках, и в учебных заведениях.*
   В. *Он не только хорошо владеет русским языком, но и свободно говорит по-русски.*
   Г. *Он был высокого роста, худенький, в очках, с большим инженерным опытом и добрым сердцем.*

2. Неправильное логическое построение простого предложения. Например:
   А. *Петя, отгадай: как тётю Галю зовут?*
   Б. *Что? Не слышу без очков!*
   В. *По характеру она человек симпатичный, но серьёзный.*
   Г. *В свободное время мой отец увлекается чтением. У него большинство число книг, как роман, рассказ и стихотворение.*

3. Неправильное логическое построение сложного предложения. Например:
   А. *Он каждый день убирает свою комнату сам, поэтому у него в комнате очень чисто.*
   Б. *Напротив тебя находится гостиная – вход здесь.*
   В. *Шли двое студентов: один в пальто, другой в университет.*
   Г. *У меня маленькие глаза, тёмные волосы, кроме того, ничего нет!*

*Д. У него спортивная фигура, обычно он ходит в очках.*

*Е. Уже много раз писала сочинения о маме и о друге, поэтому сегодня хочу рассказать о моем папе.*

4. Неправильные логические связи между предложениями. Например:

*А. Я смотрю на него и чувствую себя хорошо. Я считаю, что жизнь должна быть такой простой и радостной.*

*Б. Мы были окружены ароматом цветов. Я храню в памяти, что ночью он и моя мать со мной ждали появление лунного затмения.*

*В. Моя мечта реализовалась, и я стала студенткой. С этого дня начиналась моя студенческая жизнь.*

5. Разные синтаксические единицы в однородных рядах, в частности соединение причастного или деепричастного оборота и придаточного предложения. Например:

*А. Молодёжь нашей страны, хорошо понимая важность задач, стоящих перед ней, и исполненная гордости за свою великую Родину, мужественно идёт вперёд.*

*Б. Когда мы занимаемся в читалке или готовясь к уроку в аудитории, нужно соблюдать тишину.*

*В. Я думаю, за всё это он не в ответе, лёжа в больнице и проходящий разные лечебные процедуры.*

*Г. Новая повесть этого писателя, очень интересная по содержанию и которую я очень советую прочитать, имеется сейчас в продаже.*

6. Неправильное использование служебных и вводных слов. Правильное использование союзов, предлогов и частиц (*но, поэтому, из-за, благодаря, следовательно, во-первых, во-вторых, с одной стороны, с другой стороны*) помогает чётко определять логические связи и отношения как между частями высказываний, так и между самостоятельными высказываниями, помогает чётко оформлять переход одной мысли к другой. Нарушения вызывают непонимание. Например:

*А. Учитель Ван жизнерадостная, она часто пела и общалась с нами. Таким образом, ей легко было найти путь к сердцам студентов, открыть нам дорогу во взрослую жизнь.*

*Б. Мне очень приятно рассказать о маме. Потому что, по моему мнению, моя мама, человек, которая отличная студентка в университете, хорошая дочь в семье, серьёзная учительница в школе, прекрасная жена и великая мама.*

*В. Для нас отец старается работать. Он приходит домой поздно, уставший. Поэтому я хочу дать стихи моему отцу.*

Также, образцовая речь должна отражать реальность, соответствовать фактам. Небрежное отношение к фактической информации приводит к **фактическим ошибкам**.

*А. Праздник Середины осени отмечают только в Китае.*

*Б. Гора Тайбайшань находится в провинции Шаньси.*

*В. В веке до нашей эры император Цинь Шихуан объединил Китай в одно государство.*

*Г. Молодёжь современного Китая – это фактически первое поколение, выросшее в независимом Китае.*

*Д. Сколько лет Сианю трудно сказать, но когда родилась моя мама, город уже был.*

*Е. В нашей стране проживает 56 национальных меньшинств.*

*Ж. От Пекина до Москвы около 4000 километров.*

*З. В России 10 городов имеют население больше 1 млн. человек.*

*И. Как гласит пословица: «Спорт помогает человеку стать здоровым и сильным».*

Схематически образцовую речь можно представить следующим образом (См. схему 5):

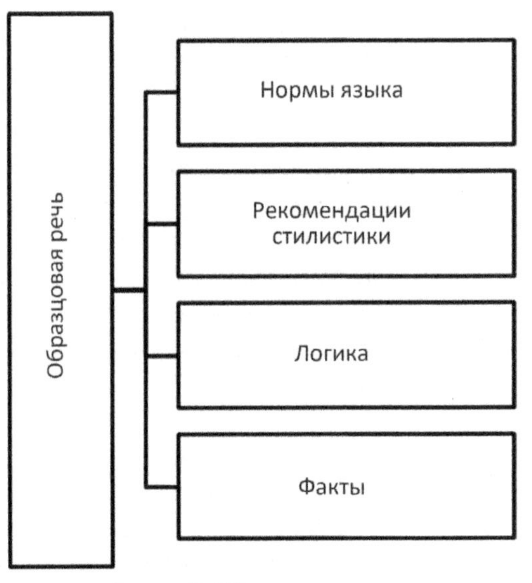


**Схема 5. Образцовая речь**

### Внимание!

对写作错误进行科学的分类分析，对掌握语言知识和技能具有直接作用，即我们常说的“在错误中学习”。常见的写作错误有：缀字法错误、标点符号错误、词汇错误、语法错误、修辞错误、逻辑错误、事实错误等七个类别（格式错误将在后面涉及）。通过分析错误的性质及其产生或多次出现的原因，一可在学习过程中查漏补缺，二可以有针对性地规避错误。因此，学习中应逐步学会自己独立分析错误的方法，提高分析错误的能力和改正错误的自觉性。

写作中常见的逻辑错误有种概念和类概念混淆、句子的逻辑结构错误、因果关系不成立、同等成分不同等现象、虚词和插入语使用不当等。事实错误则缘于学习者错误的知识积累。

## Задания и упражнения

### Упражнение 1. Прочитайте предложения, найдите и исправьте логические ошибки.

1. На занятии присутствовал директор, библиотекарь, а также Мария Ивановна и Василий Петрович.
2. Я купил продукты, цветы и торт, чтобы вместе с друзьями провести день рождения.
3. Он пришёл ко мне с зонтиком и с улыбкой.
4. Москва стала для нас второй родиной, так как мы родились и выросли в Китае.
5. Он любил шутить с нами, поэтому у него есть чувство юмора.
6. В университете стояли зелёные деревья и высокие учебные здания.
7. Я как рада, что расскажу немного о себе.
8. Мне кажется, что спорт является свободным и без предела государства.

## Упражнение 2. Укажите тип логических ошибок, допущенных в предложениях, и исправьте их.

1. Мировая промышленность производит много химических отходов.
2. Всё замёрзло – дома, дороги, птицы и звери.
3. За хорошую учёбу родители получили благодарность от директора школы.
4. Шум дождя капает по земле.
5. Мы пошли в горы, где много природы.
6. Учитель всегда носит очки и рубашку.
7. У учителя Лю много учеников. Одни из них после окончания школы поехали на работу в деревни, на автобусе, другие поступили в институты.
8. Технологии будут дополняться новыми идеями и механизмами.
9. Этот город называется Урумчи, потому что здесь очень красиво и у него особое географическое место.
10. Ведь пианино, книги и новости не только открывают мне глаза огромный мир, но и делают мою жизнь насыщеннее и ярче.
11. Раньше город был маленьким и местом войны.
12. Структура словарных статей отлична от других статей.

## Упражнение 3. Исправьте предложения, устранив фактические ошибки.

1. Отношения между Китаем и Россией насчитывают несколько десятилетий.
2. В Китае 26 провинций и 5 городов центрального подчинения.
3. Пекин всегда был столицей Китая.
4. Раньше Ухань был оживлённым и процветающим, но сейчас является менее развитым районом.
5. Город Далянь расположен у Бохайского моря.
6. Циньшихуан – первый царь Китая и он установил столицу в городе Сяньянь.
7. Папа побывал во всех провинциях Китая, даже в Индонезии.
8. Ханчжоу был столицей Китая в Южно-Сунской династии.
9. М.Ю. Лермонтов родился и вырос в Пермской области.
10. Новосибирск находится на севере России.
11. Столицу из Петербурга в Москву перенесли сразу после Великой Октябрьской социалистической революции, поэтому Москва играет важную роль в жизни России.
12. В нашей стране говорят так: «В гостях хорошо, а дома лучше».

## Упражнение 4. Подготовьте презентацию на одну из следующих тем.

1. Культура речи – визитная карточка человека.
2. Культура речи – залог профессионального успеха.
3. Культура речи – наследие нашего народа.

## 2.2. Лексические ошибки

**Лексические ошибки** – ошибки в употреблении слов и их лексической сочетаемости. При создании текста на неродном языке происходит слияние словарных запасов двух языков в единый фонд лексических инноваций. Вероятно, данное явление вызывает нарушения в употреблении и сочетаемости слов в речи.

В сочинениях студентов на русском языке чаще всего встречаются следующие типы ошибок:

**1. Употребление слова в несвойственном ему значении.** Причиной таких ошибок является несоответствие семантической структуры лексических единиц в китайском и русском языках, наличие/отсутствие родовых и видовых соответствий, а также неправильное понимание автором лексических единиц, представленных в двуязычных словарях.

А. *Я читала работы (произведения) Толстого, Пушкина и Достоевского.*

Б. *Я уже третьеклассница (третьекурсница) в университете.*

В. *Хочу, чтобы Вам можно прийти (приехать) в Китай и проверить (посмотреть) настоящий праздник Луны.*

**2. Смешение близких по звучанию слов.** Паронимы – близкие по звучанию, но разные по значению слова. Однако в качестве паронимов выступают слова, которые носителями языка таковыми не воспринимаются. Сравним:

А. *Мой отец терпимый (терпеливый), великодушный и оптимистичный человек.*

Б. *Лунные пряники символизируют благополучие, отражают лучшие положения (пожелания) людей.*

В. *Русский язык все-таки приносит мне неописанную (неописуемую) радость.*

Г. *В это время она была очень экономичной (экономной), много подрабатывала в свободное время.*

**3. Лексическая избыточность.** В текстах сочинений китайских русистов словесная избыточность является результатом буквального (дословного) перевода исходного смысла на русский язык. Например:

А. *Когда идёт соревнование спорта, здесь собираются лучшие спортсмены и тренеры.*

Б. *Чтобы получить хорошую оценку по истории, нужно затвердить наизусть много исторических событий.*

В. *Два года назад я вступила в члены волонтёрской организации.*

**4. Словотворчество.** Словотворчество – создание слов по известным словообразовательным моделям. Нарушение норм образования слов приводит к нарушению лексической системы языка и, соответственно, возникает лексическая ошибка, часто приводящая к непониманию общего смысла текста.

4.1. Свободное образование существительных от глаголов и прилагательных.

А. *Читатели – ценовщики книги, писатели – изготовщики книги.*

Б. *Вы можете по её глазам почувствовать дружество и заботу.*

В. *Папа очень занятый, но он все-таки уделяет время воспитыванию детей.*

4.2. Образование «новых» слов с приставкой не-.
*А. Он никогда не показывал нам свои нерадости и усталости.*
*Б. Читать известные произведения – даёт моему сердцу приятности.*
4.3. Образование «новых» прилагательных.
*А. Мой любительный учитель вкладывал всю свою душу в работу.*
*Б. Старый профессор строгий и принципый человек.*
*В. Почти каждый из нас относится с горячной любовью к празднику Весны.*
*Г. Если Пекин – центр всей государственной жизни, чиновничная столица, то Сиань – это словно внутренний взгляд, обращённый к истории страны.*
4.4. Образование «новых» глаголов.
*А. Все праздники могут расчлениваться по виду, по сезону или по религии.*
*Б. На следующее утро всё становится белым и преобрежается.*
*В. Дружба оснует на взаимном доверии.*
4.5. Образование «новых» наречий.
*А. Было поездно, дул сильный ветер, луну затмили тучи, на улице никого не было.*
*Б. Спорт делает мир мудренее, позволяет народам узнать правду жизни и учит нас понимать, что такое конкуренция и сотрудничество.*

**5. Не снимаемая в предложении многозначность.** В результате неверного использования слова возникает несколько разных смыслов.
*А. На мой взгляд, Сиань красивее всех и дороже всех.*
*Б. Все сильные пробки от машин делают людей довольно неприятными.*
*В. Мы часто говорим о своих проблемах, о своей жизни в Интернете.*
*Г. Нужно заразить молодое поколение высокими идеалами.*
*Д. Помогай тем, кто заботится о природе, защищай её от вредителей и несознательных туристов.*

Все лексические ошибки в текстах сочинений китайских студентов-русистов имеют общую основу, отражающую личный опыт. Количество и качество лексических ошибок связано с различиями в языковых системах русского и китайского языков и в способах репрезентации смыслов.

Внимание!

写作中常见的词汇错误有：对俄语词汇的望文生义、同（近）音异义词混淆、意义冗余、生造词、歧义。随着词汇学习的不断深入，学习者在掌握一定的构词规则的同时，也会出现对俄语构词规则似是而非的认识，实践中就表现为各种各样的生造词。

## Задания и упражнения

### Упражнение 1. Подберите антонимы к следующим словам. Какие из них имеют ограниченное употребление?

Ненависть, труженик, польза, заблуждение, успех, грусть, чужбина.

## Упражнение 2. В предложениях исправьте ошибки, связанные со смешением близких по звучанию (значению) слов.

1. Мой отец терпимый, великодушный и оптимистичный человек.
2. Теперь слово представляется товарищу Ли.
3. Мне кажется, пока у нас ещё нет достаточных обоснований сделать подобный вывод.
4. В день рождения мой брат получил от сестры в подарок кожный портфель, о котором он так долго мечтал.
5. Он искусственный стрелок, но я не уверен, что в этом соревновании ему удастся занять первое место.
6. Многие писатели, журналистики и режиссёры в своём творчестве касались такого явления.
7. Благодаря дождю в марте земля была богата жизнеспособностями, и этот серый мир становился зеленее и зеленее.
8. По берегам ручья широкое уступчивое поле, по дороге растут разные красные полевые цветы.
9. П.И. Чайковский занимался композицией, И.Е. Репин рисовал картины русской жизни.
10. Любовь к литературе и художеству всегда живёт в сердцах людей.
11. Русским людям свойственны романы, добро и оптимистичность.
12. Мама занимается экономистом и устроилась на работу в большую торговую фирму.

## Упражнение 3. Укажите тип лексической ошибки. Исправьте.

1. Если вы хотите почувствовать великую силу музыки, вы должны обратиться к концерту.
2. Хотя Мировая война закончилась, но холодная война открылась.
3. Все виды спорта могут дать нам приятность, укреплять здоровье, характер.
4. Я всегда могу получить довольный ответ на мой вопрос.
5. Папе сорок восемь лет. У него стройный и спортивный рост.
6. Он не смог завязать свои шнурки ботинок.
7. Я с друзьями гуляла в парке Бэйхай, чтобы поздравлять свой день рождения.
8. Когда я подошла к воротам университета, я увидела красивую свежую девушку.

## Упражнение 4. Прочитайте предложения, найдите лексические ошибки. Предложите свой вариант правки.

1. Я стояла в университете и смотрела свежим чувством: фонтан очень красивый, библиотека очень большая.
2. Праздники – это кристаллообразование ума народа, их нам надо беречь и широко развивать.
3. Игра – это развлечение, а не зависимость, от игр мы можем получить весёлость и свободу.
4. Работа у папы тяжёлая, даже в каникулы он иногда затягивается.
5. Я тоже люблю русскую художественную жизнь, меня очень интересуют и музыка, и фильмы.
6. Я хочу издать восклицание: «О спорт, ты мир!»
7. Осень в нашем городе очень красивая: тёмная погода, синее небо.
8. Не могу жить без школы, без детей, отдам им все свои знания, всю свою жизнь – это для меня самое любимое счастье.

# 2.3. Грамматические ошибки

**Грамматическая ошибка** – это нарушение норм грамматики. При написании сочинения нормы и правила родного языка непосредственно влияют на создаваемые на русском языке высказывания.

Как показывает сопоставительный анализ китайских и русских письменных текстов, существующая в китайском языке система связей слов в предложении (порядок слов, грамматические показатели, предлоги и послелоги) оказывает влияние на структуру предложения, систему морфологических изменений имён существительных в тексге на русском языке и т.д. Таким образом, в письменную речь непосредственно переносятся свойства и правила китайского языка. Одной из основных причин появления грамматических ошибок в сочинениях является отсутствие в китайском языке целого ряда грамматических категорий, свойственных русской грамматике. Ниже представим самые многочисленные по результатам сплошной выборки типы грамматических ошибок.

**1. Возвратные глаголы.** В китайском языке отсутствуют возвратные глаголы, в силу этого происходит смешение форм возвратного и невозвратного глагола, наличие/отсутствие возвратного суффикса -ся определяется интуитивно и часто допускаются ошибки в употреблении таких глаголов.

А. *Я **готовлю** к экзамену английского языка.* 我在准备英语考试。

Б. *Время летит быстро, мы уже **познакомимся** 10 лет.*
时间过得很快，我们已经认识十年了。

В. *Этот фильм рассказал о дружбе между девушками, и все мы **трогались** до слез.*
这部电影讲述了几个姑娘之间的友谊，使我们都感动得流下了眼泪。

Г. *В выходные дни ты можешь ехать в любое место, которым ты **увлекаешь**.*
休息日你可以去你感兴趣的地方。

**2. Категория вида.** В китайском языке нет категории вида, что вызывает затруднения при составлении предложений на русском языке.

А. *Пока я ходила в школу, папа **сказал**: «Нельзя откладывать на завтра то, что можно сделать сегодня».* 在我上小学的时候，爸爸就对我说过：“今日事今日毕。”

Б. *Я вдруг **чувствовала**, что мои одногруппники очень милые и я не хочу уходить из них.* 我忽然感到，我的同班同学很亲切，我不想离开他们。

В. *На Хайнане прекрасное море, и каждый год много русских **приехали** сюда на отдых.*
海南的大海非常好，每年有许多俄罗斯人来此度假。

Г. *Если Вы **едете** в наш город, обязательно побывайте на улице и попробуйте разные блюда.* 如果你到我们城市来，一定要上街品尝各种各样的美食。

**3. Категория времени.** В русском и китайском языках несовпадение форм времени приводит к нарушениям в их употреблении.

А. *Папа старается предостеречь меня от жизненных ошибок, **откроет** мне дорогу во взрослую жизнь.*
爸爸总是教我不要在生活中犯错误，为我铺就了一条长大成人的道路。

В. *Хотя мы не **встретимся**, я могу чувствовать, что ты живёшь и учишься хорошо.* 虽然我们见不上面，但是我能感觉到你生活、学习都很好。

**4. Формы единственного/множественного числа.** Категория множественности в китайском языке – это прагматическая категория, которая тесно связана с числовыми

（三本书、五把椅子、两瓶水）и нечисловыми показателями（一些人、一桌菜、一批游客）, что оказывает непосредственное влияние на письменную речь на русском языке китайских студентов. Возникают ошибки в использовании и образовании форм как единственного, так и множественного числа. Например:

А. *Люди отмечают Цинмин в разных краях Китая* ***разнообразными образами (разным образом).*** 中国不同地区过清明节的方式不同。

Б. *На Праздник весны они часто получают деньги,* ***красивые одежды (красивую одежду)*** *и вкусные продукты от родителей.* 春节时，他们都会收到父母给的压岁钱、漂亮的衣服、好吃的食品等。

В. *В детстве моя семья была очень бедной, иногда у нас недостаточно* ***хлебов (хлеба).*** 小时候我家很穷，有时还缺粮。

Г. *Он никогда не показывал нам* ***свои нерадости и усталости (свою нарадость и усталость).*** 他一向任劳任怨。

Д. *У молодёжи есть горячая любовь к* ***знанию (знаниям)****, успеху, счастью.* 年轻人热爱知识、渴望成功、向往幸福。

**5. Категория рода.** В китайском языке нет категории рода, поэтому возникают грамматические ошибки в русских предложениях, связанных с системными нарушениями в согласовании имён русского языка. Например:

А. *В древности они заметили, что* ***луна*** *в этот день особенно* ***яркое и круглое (яркая и круглая).*** 古时候，他们发现这一天月亮又亮又圆。

Б. *Я всегда стою за* ***твоё сторону (лучше: на твоей стороне).*** 我一直站在你的一边。

В. *Я уверенно иду* ***по своей пути (по своему пути).*** 我自信地走着自己的路。

**6. Возвратные местоимения.**

Особое место занимают возвратные местоимения, нарушения в употреблении которых связаны с частичным несоответствием местоимения *себя* в русском языке и местоимения 自己 в китайском.

А. *Когда я слышу это слово, я думаю о* ***моей*** *семье,* ***моих*** *друзьях.* 当听到这个词，我就想起我的家、我的朋友。

Б. *Я думаю, мне надо изменять себя, чтобы реализовать* ***мою*** *мечту.* 我想，为了实现理想，我应当改变自己。

В. *Сейчас российско-китайские отношения переживают наилучший период в истории* ***их*** *развития.* 现在中俄关系处在两国关系史上最好的时期。

**7. Смешение частей речи.**

А. *Она любит общаться с людьми и увлекается* ***читать (чтением)*** книги. 她爱与人交往，喜欢读书。

Б. *Я думаю, что русский язык очень* ***трудно****, но я ощущаю в себе уверенность.* 我觉得俄语很难，但是我有信心学好它。

В. *Семья – это семь я, как* ***красивое*** и ***интересное****, я сразу запомнила это слово.* 家——就是七个我，多么美好和有意思，我一下子就记住了这个词。

**8. Связь между глаголом и существительным.**

**8.1. Нарушение валентности.** Ошибки в падежах связаны с несовпадением грамматической валентности глаголов в русском и китайском языках. Например: в китайском языке глагол 相信 (*верить*) требует прямого дополнения, в русском –

косвенного, поэтому носитель языка переносит свойства сочетаемости на русский язык, допуская грамматическую ошибку. Аналогично:

А. *Дорогие родители, верите* ***меня****.* 亲爱的爸爸妈妈，相信我！

Б. *Если я о* ***чём-то не понял,*** *он всегда тщательно мне объяснял.* 如果我对什么东西不了解，他就仔细地给我解释。

В. *Старики сейчас* ***живут одиночество****, они не хотят мешать детям и не привыкли жить в городе.* 老人们现在生活很孤独，他们不想妨碍孩子们，也不习惯住在城里。

**8.2. Смешение падежей в русском языке.** Такие смешения, вероятнее всего, являются результатом изучения различных падежей и специфических значений их употребления.

А. *С детства папа начал* ***учить мне*** *быть сильным, смелым и честным.* 从小，我爸爸就教我要成为坚强、勇敢、诚实的人。

Б. *Людей, о которых я хочу рассказать, много, но сегодня я хочу рассказать об одном из них – нашем* ***преподаватели*** *– Ван Фан.* 我想讲的人很多，但是今天我想说说我们的俄语老师王芳。

В. *Счастье – это искренний привет, который подарил твой друг, чтобы* ***успокоить твоего раненого сердца.*** 幸福是在你心受伤的时候朋友送给你的真诚的问候。

**8.3. Нарушение связи между подлежащим и сказуемым.**

А. *После ужина вся семья сидят перед телевизором и смотрят концерт.* 晚饭后全家人坐在电视机前看音乐会。

Б. *В канун нового года вся семья готовят семейный ужин и вместе смотрям весенний вечер, потом пускает фейерверк и хлопушки.* 除夕之夜，全家人准备年夜饭，一起看春晚，然后放烟花爆竹。

**9. Порядок слов.** В целом, в неосложнённом повествовательном предложении порядок слов в китайском языке совпадает с русским. Однако под влиянием порядка слов китайского языка возникает нехарактерный для русского языка порядок слов.

А. *Он всегда посредничает в конфликтах* ***успешно****.* 他总是善于化解矛盾。

Б. *В зимние каникулы куда ты собираешься поехать?* 寒假你打算去哪里？

**10. Пропуск сказуемого.**

А. *На улице часто танец львов.* 街上经常有舞狮表演。

Б. *Наступит весна и всего нового.* 春天来了，万象更新。

Количество и качество ошибок на среднем этапе изучения русского языка варьируется, но они наглядно показывают, что происходит перенос навыков родного языка, отражая системные связи китайского языка вне зависимости от уровня владения русским языком.

### Внимание!

俄语写作应该遵循俄语语法规则，写作中出现的语法错误很多，在汉俄语言语法规则的差异之处都可能出现错误。本节的错误分析主要抓住句子的核心进行，以求提纲挈领。语法错误是指词法和句法方面的错误。前者除了构形方面的错误外，主要分析名词的性、数、格、动词的时、体、态等的运用。句法错误重点分析一致关系和词序等。

## Задания и упражнения

### Упражнение 1. Прочитайте предложения. Найдите грамматические ошибки.

1. Он всегда рассказывает, что человек не необходимо быть богатым и успешным, но необходимо быть человеком с высокой нравственности.
2. Традиционные праздники глубоко влияют на наш мышления и жизни.
3. Я верю, что будущее родина станет прекраснее и богаче.
4. Родители очень скучают по детей.
5. В этой семестр нам есть многие задания выполнять, так как каждый день я раньше всех встаю, позже всех сплю.
6. Все хорошо, жаль только свободное время у меня гораздо меньше, чем мне нужно.
7. В прошлом праздника мы с семьёй приезжали на юг к море.

### Упражнение 2. Прочитайте предложения. Укажите тип грамматической ошибки. Предложите свой вариант правки.

1. Я думаю, что русский язык очень трудно, но я ощущаю в себе уверенность.
2. После окончания университета я хочу стать переводчицей по-русски.
3. Два года назад я поступила университет и вернулась домой каждый месяц один раз.
4. Я увлекусь покупать одежду в Интернете.
5. Я горжусь всем моего города, потому что это моя родина.
6. Когда я слышу это слово, я вспоминаю родительские заботы и братские помощи.
7. Он рабочий и очень любит его работу.
8. Отец любил и заботил меня как прежде.
9. Папа, я люблю тебя! Хочу, чтобы ты всё время счастливым и здоровым!
10. Хотя я уже учусь в университете, но я часто вспоминаю о жизни в школе и скучаю моему учителю.
11. Моя мама оказалась на мою жизнь огромное влияние.
12. Я люблю мою жизнь и семью.
13. Я тоже рассчитала, что буду стать переводчиком.
14. Я мечтаю о том, чтобы ходить другое место, я хочу побывать Москва.
15. Чтобы отлично знала историю, мне приходится ходить на достопримечательность.
16. В свободное время я люблю читать книгу и петь песню.

### Упражнение 3. Найдите ошибки в словорасположении, исправьте и объясните их.

1. Её слова останутся в моей памяти навсегда.
2. Я редко слышала от отца замечания, но если он мне что-нибудь говорил, то это не забывалось и исполнялось беспрекословно.
3. Предложения в научной литературе велики по объёму. Следующий пример в этом отношении показателен.
4. Брату я подарил альбом для марок, а книгу – сестре.

5. Анна всегда желает, чтобы я читала классики больше. Так как эти книги живут всегда.

**Упражнение 4. Составьте предложения из данных слов, не изменяя порядок их следования в предложении.**

1. В, наша, группа, учиться, самый, артистичный, студент, и, работать, самый, опытный, преподаватель.
2. На, сегодня, мы, не, задать, домашнее, задание, потому что, наступать, праздник, Середина, осень, и, мы, поехать, домой.
3. Самый, лучший, в, мир, смотреть, как, нарождаться, день!
4. Я, стараться, и, не, мочь, понять, что, он, быть, за, человек.
5. Жизнь, люди, какой, бы, сложный, он, ни был, всего, лишь, частица, жизнь, природа.
6. По, дом, можно, судить, о, он, хозяин, и, часто, взглянуть, на, человек, можно, представить, себе, он, дом.
7. Воспитанный, люди, уважать, человеческая, личность, а потому, всегда, снисходительный, мягкий, вежливый.
8. Когда, человек, слишком, мечтать, он, ждать, жестокий, разочарование.
9. Мой, отец, обыкновенный, человек, он, уметь, вести, беседа, с, человек, любой, возраст, и, каждый, с, он, интересно.
10. Совершенно, правый, быть, Писарев, когда, говорить, что, величайший, счастье, человек, состоять, в, то, чтобы, влюбиться, в, такой, идея, который, можно, без, колебание, безраздельно, посвятить, себя.
11. Я, любить, гора, за, торжественный, тишина, который, царить, в, он.
12. Лотос, символ, чистота, и, благородство. Изящный, очертание, белый, или, нежно-розовый, лепесток, характерный, шелест, листья, лотос, производить, неизгладимый, впечатление.

## 2.4. Стилистические ошибки

**Стилистика** – раздел науки о языке, который изучает особенности употребления разных языковых средств. Владение стилями – это искусство выражать одно и то же содержание разными формами. Изучение стилистики имеет практическое значение. Стилистика помогает создавать образцовые тексты. Знания о функциональном аспекте языка, а следовательно, о языке в целом, которые даёт стилистика, служат фундаментом для практической работы, повышают языковую культуру, являющуюся существенной частью общей культуры.

**Стилистические нормы** – это исторически сложившаяся и развивающаяся общепринятая реализация стилистических возможностей, значений и окрасок, обусловленная целями, задачами и содержанием определённой сферы общения. Нарушения принципов стилистики порождает стилистические ошибки. Эти ошибки очень трудно выделять.

Слово **стиль** происходит от греческого слова stylos (палочка для письма). Слово стиль имеет два значения. Во-первых, это разновидность языка (стиль языка), используемая в какой-либо типичной социальной ситуации – в быту, в семье, в официально-деловой сфере и т.д. – и отличающаяся от других разновидностей того же языка чертами лексики, грамматики, фонетики. Основные стили представлены на схеме (См. схему 6.).

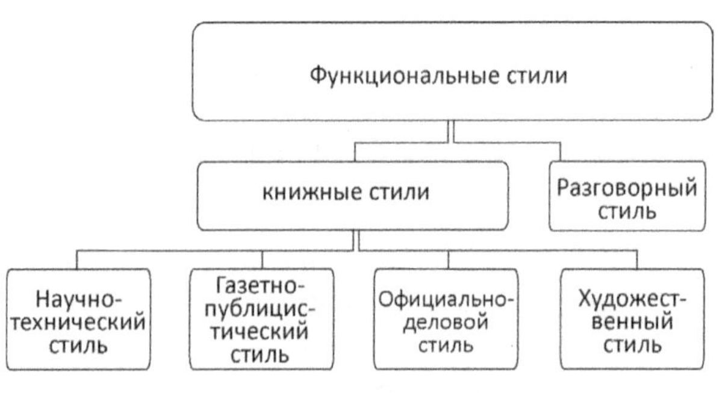


**Схема 6. Функциональные стили русского языка**

Во-вторых, стиль – это манера говорить или писать (стиль речи). Говорят, что стиль – это человек. Каждый писатель обладает своим индивидуальным стилем. Мы с лёгкостью можем отличить тексты великих писателей: А.С. Пушкина, Л.Н. Толстого, М.А. Горького, А.П. Чехова. Это связано с тем, что у каждого автора по-разному используется лексика, грамматика. Именно так формируется индивидуальный стиль автора.

**Краткость речи** – одно из основных требований к письменной речи, это изложение мыслей с использованием наименьшего количества слов. Говорят, что краткость – сестра таланта. Для того, чтобы излагать кратко, необходимо отделять главное (по качеству) от второстепенного (количество), концентрировать изложение на контексте, убирать из текста нагромождение лишних слов. Многословие, вызванное бедностью содержания, надоедает читателю. Н.А. Некрасов говорил, что писать надо так, «чтобы словам было тесно, мыслям – просторно». Плоха будет речь, если в ней много лишних слов. Те слова, которые не вводят в текст ничего нового, следует безжалостно выбрасывать. При нарушении краткости речи возникают стилистические ошибки. Например:

А. *Чжан Цзюнь – мой учитель по китайскому языку. Он учил нас китайскому языку. Он хорошо знает китайский язык. Наш учитель любит преподать китайский язык.*

Б. *Для того чтобы хорошо учиться, ученики должны уделять больше внимания учению.*

В. *Я узнала, что в этом городе жил поэт. Его зовут Ян Бо. Он очень известный в Китае.*

Г. *Я истосковалась по родному краю, мне хочется на родину, я хочу вернуться в родную деревню, хочу увидеть родной двор.*

Д. *Мы собирались у ворот университета, чтобы поехать в музей изобразительного искусства. Мы ждали несколько минут времени. Когда все собрались, мы сели на автобус, который ждал нас у ворот университета, и мы поехали в музей изобразительного искусства.*

**Богатство речи** проявляется в использовании различных языковых средств, чтобы избежать повтора слов и конструкций. Этот принцип тесно связан с **краткостью**. Сравните:

| | |
|---|---|
| *А. В правом углу комнаты стоит телевизор. В левом углу стоят два кресла. В середине комнаты стоит стол.* | *В правом углу комнаты стоит телевизор, в левом – два кресла, а посредине – стол.* |
| *Б. В нашем университете хорошие преподаватели и студенты: здесь мягкие и серьёзные преподаватели, здесь дружные и старательные студенты.* | *В университете мягкие и серьёзные преподаватели, дружные и старательные студенты.* |
| *В. В первую очередь, мне нужно научиться профессиональным знаниям, я должна научиться своей профессии. Иными словами, мне надо хорошо научиться русскому языку, только в этом случае я могу иметь больше возможность реализовать собственное значение.* | *В первую очередь, я должна хорошо освоить свою профессию – русский язык, чтобы иметь возможность реализоваться в жизни.* |

Для создания краткой и богатой речи используются следующие приёмы.

**1. Пропуск слов.** При повторе существительных и глаголов необходимо убирать повторяющиеся слова.

А. *Друзей у него не было.* ***Одни****, по его мнению, оказались фальшивыми,* ***других*** *он просто забраковал, от* ***третьих*** *лучше всего быть подальше.*

Б. ***Люди получше*** *любили его,* ***похуже*** *– боялись.*

В. *Он не любит заниматься спортом, а я люблю.*

Г. *Молодёжь нашей страны активно участвует в волонтёрском движении, а старики – в общественной работе.*

2. **Замена местоимением.** Чтобы не было повторов существительных, они часто заменяются местоимениями.

А. *Перед приездом в Москву Ван Сян учился в университете. В университете (Там) он выучил русский язык.*

Б. *Я взял чашку. В чашке (там) был чай.*

В. *Студенты после занятия пошли в столовую. Из столовой (оттуда) они пошли в общежитие.*

А. *Когда* ***Путин*** *вошёл в зал заседаний, там уже собралось* ***много людей. Они*** *пришли обсуждать проблемы образования.*

Б. *В канун нового года* ***Мария*** *пришла к* ***Татьяне. Она*** *встретила* ***её*** *как самого дорогого гостя.*

В. *На вокзале они распрощались.* ***Марина*** *пошла в школу, разыскала* ***Ольгу Ивановну Аникину****, и* ***та*** *проводила* ***её*** *в маленькую комнатушку рядом с учительской.*

Если использование местоимений приводит к двусмысленности, то замена не рекомендуется.

**3. Грамматическая замена.** При грамматической замене используются слова разных частей речи с одним лексическим значением. Сравните: *поехать – поездка, любить – любовь, радоваться – радость – радостный.*

Г. *В полдень он* ***прибыл*** *на место. Его* ***приход*** *даже не заметили.*

Д. *Из Москвы директор* ***полетел*** *в Париж, встретился там с руководителями предприятий, затем* ***отправился*** *в Лондон. Все эти* ***поездки*** *утомили его.*

**Выразительность речи** позволяет усилить впечатление от сказанного (написанного), вызвать и поддержать внимание и интерес у читателя, воздействовать не только на его разум, но и на чувства, воображение. Выразительность речи зависит от многих причин и условий – собственно лингвистических и экстралингвистических. К выразительным средствам языка обычно относят тропы (переносное употребление языковых единиц) и стилистические фигуры, называя их изобразительно-выразительными средствами.

*А. Как говорят: «Книга в счастье украшает, в несчастье утешает». И мне кажется, друг, как хорошая книга, всегда рядом с нами, приносит утешение и радость.*

*Б. Какой счастливый у меня папа! В нашей семье четыре женщины и все любят его!*

*В. Родные чувства не расскажешь в двух словах, но я буду любить отца пока дышу.*

*Г. Я верю, что такого человека трудно найти, она для меня будто драгоценная жемчужина!*

*Д. Слово «университет» всегда ассоциировалось с такими волшебными словами, как первая любовь, мечта, веселье и молодость.*

*Е. Высоко собранные длинные волосы, строгий костюм, небольшие каблуки, лёгкий, едва заметный макияж – это наш преподаватель русского языка.*

*Ж. Как говорят, жизнь разнообразна: кислая, как лимон, горькая, как кофе, сладкая, как конфета, острая, как лук, и солёная, как слезы. Все попробуют эти вкусы.*

**Богатство речи.** Если человек говорит или пишет по шаблону, по общепринятому образцу, в его речи нет собственной мысли, повторяются одни избитые выражения или общие фразы, то такая речь не может быть выразительной. Например:

*А.* ***Время летит птицей.*** *Скоро я закончу университет.*

*Б. На его занятии* ***красной нитью*** *проходит любовь к поэзии М.Ю. Лермонтова.*

*В. Я хочу отдать свою жизнь* ***за светлое будущее*** *всего человечества.*

*Г.* ***Титанические усилия*** *принесли свои плоды: в прошлом году мы успешно сдали экзамены.*

При употреблении синонимов (слов, различных по звучанию или написанию, но близких или тождественных по значению) следует обращать внимание на следующие различия:

- оттенки значения (*фирма – компания – корпорация – объединение; договор - соглашение – контракт – пакт; способный – талантливый – гениальный; внимательный – сердечный – участливый*);

- сферу употребления (*подниматься – восходить – взбираться – карабкаться – влезать; просить – ходатайствовать – взывать – выпрашивать – клянчить; хорошо – классно – нехило – распрекрасно*);

- экспрессивную окраску (*конь – лошадь – кляча; лик – лицо – рожа; бродить – блуждать – шляться*).

«Слово – выражение мысли..., и поэтому слово должно соответствовать тому, что оно выражает», – говорил Л.Н. Толстой. Неточное употребление слов и грамматических форм может принести к двусмысленности, недоразумению и даже нелепости.

Для создания выразительности используется идиоматический пласт языка – фразеологизмы (*тришкин кафтан, каша в голове, лечь на наши плечи, провалиться сквозь землю, знать, как свои пять пальцев*), пословицы и поговорки, крылатые выражения и афоризмы:

*Не всё золото, что блестит.*

*Цыплят по осени считают.*
*С волками жить – по-волчьи выть.*
*Невозможное возможно.*
*Жизнь – это не те дни, которые прошли, а те, которые запомнились.*
*Чем человек умнее и добрее, тем больше он замечает добра в людях.*
*Чтоб мудро жизнь прожить, знать надобно немало.*

Выразительность речи в значительной степени зависит и от того, насколько заинтересован сам автор в том, о чем он говорит или пишет. Не может быть выразительной речь «без души», без страсти, без чувств. Равнодушие автора может только убивать интерес читателя.

Выразительность речи достигается и усиливается разными изобразительно-выразительными средствами языка, которые делают речь яркой и образной. Главными из изобразительно-выразительных средств можно назвать следующие: эпитет, сравнение, метафора, анафора, восклицание, риторический вопрос. Выразительная речь представлена на схеме (См. схему 7).

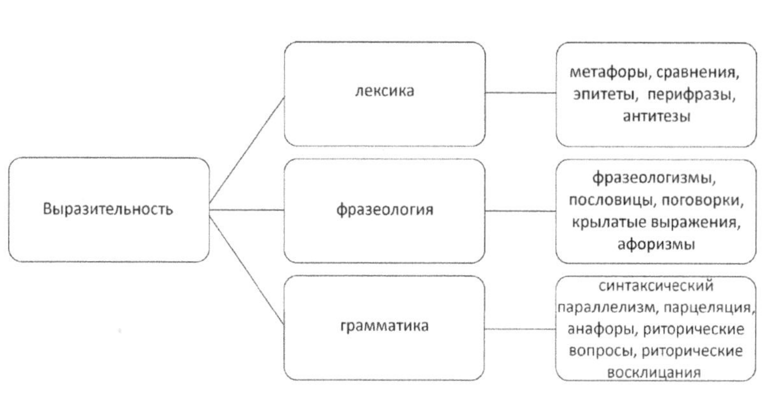


**Схема 7. Выразительность речи**

**1. Сравнение.** Сравнения считают одним из самых сильных средств изобразительности. И в то же время сравнение представляет собой простейшую форму образной речи. Почти всякое образное выражение можно свести к сравнению. Например: *золото листвы – листва жёлтая, как золото; дремлет лес – лес недвижим, как будто он дремлет* и т.д. Сравнение всегда двучленно: в нем называются оба сопоставляемых предмета или явления, качества, действия:

*А. Его добрая душа как широкое море.*
*Б. Жёлтые листья, как золото, покрывают землю.*
*В. Твой ум глубок, что море.*
*Г. Он у нас упрямый, как осел.*
*Д. Облако неслось по небу, как воздушный змей.*

**2. Метафора.** Метафора – это слово или выражение, которые употребляются в переносном значении на основе сходства в каком-либо отношении двух предметов или явлений. Например, прямое значение слова «осень» – это время года. А в переносном значении «осень жизни» – это время, когда человек начинает стареть, но душой ещё молод и полон жизни.

*А. На базаре **горы** арбузов и дынь. На улице **море** людей.*
*Б. Мне **улыбалось** ночное небо.*
*В. Эта девушка – прекрасный **цветок**.*
*Г. Наука даёт **крылья** уму.*

**3. Эпитет** – определение при слове, влияющее на его выразительность. *Весёлый ветер, мёртвая тишина, глухая ночь, седой туман, чёрная тоска, бродяга-ветер, старик-океан* и т.д.

А. *Сила речей Ленина – в* ***железной*** *логике и непреклонной вере в правоту своего дела, в простоте, ясности и правдивости.*

Б. *Между тучами и морем* ***гордо*** *реет Буревестник (Горький).*

В. *Петроград жил в эти январские ночи напряжённо, взволнованно, злобно, бешено (А.Н. Толстой).*

**4. Перифраза** – описательное выражение, употреблённое вместо того или иного слова. Общеязыковые перифразы обычно получают устойчивый характер. Например: *город на Неве* (Санкт-Петербург), *столица Сибири* (Новосибирск), *красный дракон* (Китай), *страна голубых озёр* (Беларусь), *туманный Альбион* (Англия), *зелёный друг* (лес), *наши меньшие братья* (животные), *люди в белых халатах* (врачи), *добытчики чёрного золота* (шахтёры), *покорители горных вершин* (альпинисты). Для любого объекта речи можно подобрать разные перифразы. Так, А.С. Пушкина можно назвать *«Солнцем русской поэзии», гордостью русской литературы, гениальным учеником Г.Р. Державина, блестящим преемником В.А. Жуковского, невольником чести, дивным гением, нашей славой.* Всё это перифразы.

**5. Антитеза** – это сопоставление логически противоположных понятий или образов для усиления впечатления. Например:

А. *Богатый и в будни пирует, а бедный и в праздник горюет (Посл.).*

Б. *Умный научит, дурак наскучит.*

В. *Ты и убогая*
*Ты и обильная,*
*Ты и могучая,*
*Ты и бессильная,*
*Матушка-Русь! (Некрасов)*

Для создания выразительности используются различные стилистические фигуры: параллелизм, парцелляция, риторическое восклицание, риторический вопрос, эллипсис, умолчание, инверсия и т.д. Рассмотрим некоторые из них.

**1. Параллелизм** – риторическая фигура, представляющая собой расположение тождественных или сходных по грамматической и семантической структуре элементов речи в смежных частях текста. Параллельными элементами могут быть предложения, их части, словосочетания, слова. Например:

А. *Учение – свет, неученье – тьма.*

Б. *Твой ум глубок, что море,/ Твой дух высок, что горы (Брюсов).*

В. *Я – царь, я – раб, я – червь, я – бог! (Державин)*

**2. Анафора** – это повторение отдельных слов или оборотов в начале соседних предложений. Например:

А. ***Это было*** *в День Победы, 9 мая 1964 года.* ***Это было*** *в солнечном Баку, в сквере, где буйная зелень, яркие цветы и весёлые ребятишки, – всё говорит о весне и жизни.* ***Это было*** *там, где похоронены 26 Бакинских комиссаров, над братской могилой которых горит вечный огонь (Маевский).*

*Б.* ***Книга*** *– хранилище знаний.* ***Книга*** *– вместилище всего великого опыта человечества.* ***Книга*** *– неистощимый источник высокого эстетического наслаждения, глубоких раздумий.*

**3. Риторический вопрос** – это выражение вопросительной формой мысли, которая сама по себе ясна. Вопрос ставится только для того, чтобы привлечь внимание читателя или слушателя к тому или иному явлению. Сравните следующие риторические вопросы и повествовательные предложения.

*1. А. Кому в голову придёт, что можно не писать сочинение?*

*Б. Никому в голову не придёт, что можно не писать сочинение.*

*2. А. Кто не восхищается произведениями танской поэзии?*

*Б. Все восхищаются произведениями танской поэзии.*

Большое значение для достижения выразительности имеет разнообразие лексики и синтаксических конструкций речи. Частое повторение одних и тех же или однокоренных слов в узком контексте всегда ослабляет выразительность, обедняет речь. Чтобы сделать речь разнообразной, богатой, нужно постоянно увеличивать активный запас слов, овладевать множеством моделей словосочетаний и предложений (простых и сложных), непрерывно совершенствовать навыки применения лексических, грамматических, стилистических средств языка.

В письменной речи должна учитываться стилистическая дифференциация речи. Нужно использовать, слова, выражения и грамматические конструкции уместные в данном стиле. Использование языковых средств разных стилей, смешение стилей нарушает принцип **уместности**. Например:

*А. Кухня бабушки* ***соответствует санитарно-техническим нормам****.*

*Б. Папа* ***посвятил жизнь*** *работе на заводе.*

*В. Я* ***могу стать посланцем*** *распространения национальной культуры.*

*Г. У моих родителей не хватало денег, мне пришлось бросить танцы, выбрать себе другой* ***человеческий век****.*

*Д. Учительница Ван была очень тронута и взволнована,* ***заплакала публично****.*

*Е. Отец хочет научить меня водить машину и вскоре* ***сопутствовать покупке*** *автомобиля, так как считает, что средства передвижения, в том числе* ***личный транспорт****, один из важных* ***факторов комфорта****.*

*Ж.* ***Бизнес*** *моих родителей* ***сталкивался*** *с некоторыми* ***трудностями****.*

*З. Мы* ***получили удовлетворение*** *от первого урока, который провёл для нас наш новый русский преподаватель.*

*И.* ***Ради любования*** *восходом солнца мы* ***лезли*** *на гору всю предыдущую ночь.*

*К. Многие* ***загружены по уши*** *каждый день, не зная своей мечты и своего идеала.*

**Эмоциональность речи.** Эмоция – душевное переживание, чувство человека. В речевом общении люди не только сообщают о чем-то, но и нередко стремятся выражать своё чувство, свою оценку по отношению к тому, что сообщается. Эмоциональная речь – это такая речь, в которой ярко выражены эмоции, разные чувства – восхищение, недовольство, насмешка, издевательство, презрение и т. д., а также его оценочные отношения к сообщаемому. Эмоциональная речь всегда выразительна и сильно воздействует на человека, вызывая чувство сопереживания.

Для достижения эмоциональности используются разные средства, главными из них являются следующие:

1. Эмоционально окрашенные слова и фразеологизмы, например:
   А. *Это* ***великолепно****, что мы можем учиться.*
   Б. *Зачем тебе эта книга? Сколько денег* ***отвалил – уму не постижимо****.*
   В. ***Докатился****! Опять не сдал экзамен.*
   Г. ***Ослеп от счастья!*** *Даже с друзьями не поздоровался.*
   Д. ***Так мне и надо!*** *Следующий раз буду умнее.*

2. Слова с суффиксом субъективной оценки, например:
   А. *У всех ручки, а моя* ***ручечка*** *– самая красивая.*
   Б. *У дверей стояла* ***бабуська****.*
   В. *Мой брат* ***шалунишка****, каждый раз придумывает новые игры.*
   Г. *Он не* ***уродина****, но и не красавец.*

3. Частицы и междометия, например:
   А. ***Тоже*** *мне указчик!*
   Б. ***Ох,*** *вы мучители мои!*

Внимание!

作文选词时应该认真剖析所要表达的实际意思，然后找出俄语中贴切的词语，避免简单的字面对等；避免由于汉语思维对俄语选词的影响而造成中国腔。词语的准确性还应注意一些俄语词语因形式的变化而引起的意义的差别，比如有的名词的单复数意义不同，有的动词对应体的用法不同，形容词的长短尾的用法不同等。俄汉语修饰与限定的词类差异等等。

以最精练的语言传达最大的信息量，具体做法有二：一是在清楚表达思想的前提下，删掉不必要的词，避免词语堆砌。二是尽量使用各类同义手段，忌反复重复某些词汇。

## Задания и упражнения

### Упражнение 1. Определите, какие изобразительно-выразительные средства использованы в следующих предложениях.

1. Не может преподаватель работать спустя рукава, ведь он образец для подражания.
2. Неужели это возможно?
3. Мама, мамочка, я скучаю о тебе.
4. Весна словно девушка, дарящая всем любовь и тепло.
5. Как прекрасно раннее утро в нашем университете!
6. О спорт, ты – мир!
7. Я оглянулся посмотреть, не оглянулась ли она, чтоб посмотреть, не оглянулся ли я.
8. Молодым везде у нас дорога, / Старикам везде у нас почёт.

### Упражнение 2. Вставьте пропущенные прилагательные, используя слова для справок.

Было ________ утро. В ________ овраге журчал ________ ручей. В кустах заливался ________ соловей. В поле чуть-чуть колыхалась ________ рожь. В воздухе слышалась ______ песенка жаворонка. ______ солнышко всё выше и выше поднималось по ______ небу.

Слова для справок: тёплый, лазурный, весёлый, голосистый, летний, глубокий, звонкий, студёный, яркий.

### Упражнение 3. Сравните варианты приведённых ниже предложений и определите, какие из них отличаются выразительностью. Укажите средства её создания:

1. А. Эгоисты – это люди, которые не замечают или не хотят замечать других людей.
   Б. Неужели есть такие люди, которые не замечают или не хотят замечать других людей? Оказывается, есть. Это эгоисты.
2. А. Каждый должен любить свою Родину!
   Б. Разве можно не любить свою Родину?
3. А. И вот перед ними величественная Красная площадь, вся усыпанная цветами.
   Б. Перед нами раскинулась величественная Красная площадь, усыпанная цветами.
4. А. Вот и кончилось моё счастливое детство. Прощай, мой приветливый, скромный домик, прощайте, милые люди, с которыми я провёл эти счастливые дни!
   Б. Я прощаюсь с моим приветливым, но скромным домиком, в котором прошло моё счастливое детство, прощаюсь с милыми людьми, с которыми незаметно пролетели счастливые дни детства!

### Упражнение 4. Прочитайте образец. Придумайте четыре предложения, в которых употребляются разные изобразительно-выразительные средства.

**Образец:**

Мамочка! Я никогда не забуду твои ласковые слова, которые ты говорила мне в детстве (обращение, уменьшительно-ласкательные слова, порядок слов).

### Упражнение 5. Укажите слова, выражающие оценочное значение, обратите внимание на синтаксическую структуру предложений.

1. Как хорошо, что я снова нашёл тебя!
2. Рискнуть и то лучше, чем сидеть и ждать у моря погоды.
3. Это хорошо, что о тебе так говорят. Молодец!
4. У тебя странное понятие о своём и чужом – вот в чём беда.
5. И прежде всего я благодарю Анюту – это же золото, а не хозяйка!
6. Счастье, что мы успели вовремя.
7. Правильно вы заметили, людишки стремятся только к сытости и достатку.
8. Считается дурным тоном, если, например, человек чересчур броско одевается.

**Упражнение 6. Прочитайте и исправьте предложения, устранив лишние слова.**

1. Я южанин, родился на юге страны, в провинции Гуандун.
2. Он отличник, хорошо учится. За хорошую учёбу ему и присвоили звание отличника.
3. Я думаю, что вопрос, на мой взгляд, будет решён в скором будущем и, как мне кажется, в нашу пользу.
4. На этой неделе времени у меня едва хватило лишь для выполнения домашних заданий.
5. Шесть лет тому назад я был учеником. Тогда я учился в средней школе. Все в нашем классе усердно учились и дружили друг с другом, поэтому наш класс был очень дружным.
6. Дул сильный ветер. Ветер дул с севера, он был очень холодный. В такую холодную погоду ехать на велосипеде было очень трудно.
7. Слова учителя произвели на меня глубокое впечатление, глубоко запали мне в душу, и я запомнил их навсегда, их никогда не забуду.
8. По-моему, нельзя так считать, что сына любит папа, а дочь нет.

**Упражнение 7. Прочитайте предложения. Найдите ошибки и укажите их тип. Предложите свой вариант правки.**

1. Увлекаться романом я начала лет с 13.
2. Сегодня у меня удивлённое дело.
3. Город Сиань уже более тысячи лет, он известен кухнями и фруктами.
4. Сейчас я каждый день встаю в 6 часов, умываюсь и завтракаю сама.
5. Я понимаю, что учиться очень главно для меня.
6. Только думаю об этих, я чувствую себя весёлой, бодрой, счастливой и приподнятой.
7. В этом году я вступила в третий курс, и занятия стали труднее.
8. В наши дни если у нас нет мечты, то жить в этом мире уже потерял значение.
9. Хотя между нами расстояние тысячи километров, но расстояние нашей души всегда вместе.
10. Я хотел быть президент раньше, но сейчас только хочу жить счастливо.
11. В ходе этих деятельностей молодые люди из Китая и России хорошо узнали друг друга.
12. Эти слова глубоко тронули меня до самого внутреннего сердца.
13. Я болельщик детективного и научно-фантастического романа.
14. Китай - это древнеисторическая страна, одна из четырёх цивилизованных древних стран.
15. Отец подарил мне много книг в подарок.
16. Он хорошо пишет писчей кистью, он часто писал парные полосы - красные бумаги с новогодними пожеланиями в канун нового года.

**Упражнение 8. Напишите сочинение (не менее 160 слов) на тему «Мой учитель (отец...)», обращая особое внимание на качества образцовой речи.**

# Текст и структура письменного текста

текст 课文、文章、文本
абзац 段落
тема 主题
микротема 小主题
подтема 分主题
сложное синтаксическое целое 复杂句子整体
целостность 完整性
связность 联系、关联性
завершённость 完整
план 提纲
заголовок 标题
вступление 导言、导语、序言
основная часть 基本部分
заключение 结论、结语
умозаключение 推论、论断
недостаток 缺少、不足
тематическое и смысловое единство 主题语义统一体
стилистическое единство 修辞统一体
структурное единство 结构统一体
орфограмма 正字规则
образец 范例
подражание 模仿
хаотичное изложение 杂乱无章的叙述
расплывчатость 模糊不清
неопределённость 不确定性
небрежность 马虎、粗制滥造
композиция 结构
анализ 分析
осмысление 领会
воспроизведение 复制
смысловые части 意义段
простой план 简单提纲
сложный план 复杂提纲
назывной план 称名提纲
вопросный план 问题式提纲
тезисный план 论题式提纲
смешанный план 混合式提纲
методика 教学法
обучающий диктант 学习性听写
предупредительный диктант 提示性听写
комментированный диктант 注释性听写
объяснительный диктант 解释性听写
выборочный диктант 选择性听写
творческий диктант 创造性听写
свободный диктант 自由听写
самодиктант 默写
тире 破折号
дефис 连字符
сравнительный союз 比较连词
неполное предложение 不完全句
пауза 停顿、停歇
модальная оценка 情感评价、情态评价

## Предтекстовые задания и упражнения

**Задание 1. Ответьте на вопросы.**

1. Что такое текст? Какие высказывания нельзя назвать текстом?
2. Из каких частей состоит текст?
3. Какие знаки препинания Вы знаете? Есть ли отличия в системе знаков препинания в русском и китайском языках?
4. Какая наука изучает правильное написание слов? Есть ли аналогичная наука в китаистике?
5. Что такое орфограмма? Какие орфограммы Вы знаете?

**Задание 2. Составьте небольшой диктант из 12-15 слов, написание которых Вам труднее всего запомнить.**

## 3.1. Основные понятия текста

**Текст** (от лат. textum – связь, соединение) – основная единица общения, это речевое произведение. Роль текста очень важна в общении, потому что люди общаются не отдельными словами и предложениями, а именно текстами. По объёму и содержанию тексты могут быть разными (см. схему 8):

1. Простое предложение: *Это дорога к университету. Скоро будет дождь.*

2. Сложное предложение: *Я знаю, что эта дорога к университету. Эта дорога ведёт к морю, и мы выбрали её без колебаний. Мне кажется, что скоро пойдёт дождь. На сайте я прочитал, что сегодня будет дождь.*

3. Соединение нескольких предложений: *Студенты сдают экзамены два раза в год: в январе бывает зимняя сессия, а в июне – летняя. Во время сессии обычно сдают от 4-5 экзаменов и от 3-5 зачётов.*

4. Сложное синтаксическое целое (межфразовое единство), совпадающее обычно с абзацем, которое пишется с новой строки (красной строки): *Когда говорят о русской живописи, непременно вспоминают о Третьяковской галерее. Иначе и быть не может: за 100 с лишним лет существования в её залах собраны самые лучшие произведения искусства с древнейших времён до наших дней.*

5. Глава – соединение нескольких сложных синтаксических целых. Сравните объем текста первой главы разных авторов.

6. Более сложный по объёму текст включает в себя и более крупные части: главы объединяются в разделы и могут составить повесть, роман, эпопею из нескольких томов.

Основными признаками текста как речевого произведения считаются следующие:

1) цельность (то есть его связность и структурная завершённость);
2) завершённость (то есть исчерпанность авторского замысла);
3) модальность (отношение автора, авторская оценка и самооценка);
4) целенаправленность и прагматическая установка.

В смысловой цельности текста отражаются те связи и зависимости, которые имеются в самой действительности (общественные события, явления природы, человек, его внешний облик и внутренний мир, предметы неживой природы и т. д.).

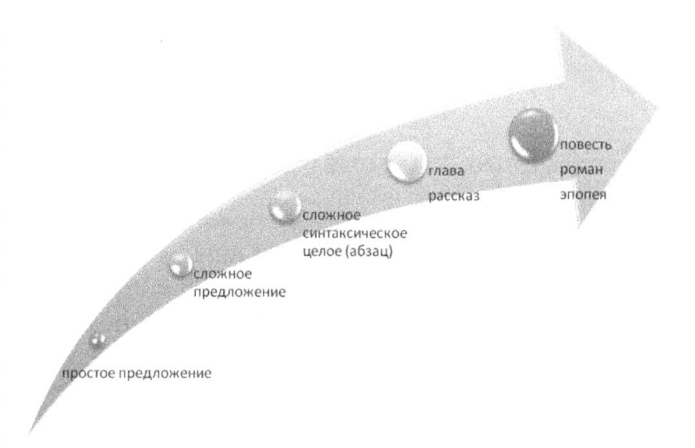


**Схема 8. Виды текстов**

Единство предмета речи – это **тема** высказывания. В большом тексте ведущая тема распадается на ряд составляющих подтем; подтемы членятся на более дробные, на абзацы (микротемы). Завершённость высказывания связана со смысловой цельностью текста. Показателем законченности текста является возможность подобрать к нему заголовок, отражающий его содержание. Таким образом, из смысловой цельности текста вытекают следующие **признаки текста**:

1. Текст – это высказывание на определённую тему.
2. В тексте реализуется замысел говорящего, основная мысль.
3. Текст любого размера – это относительно автономное (законченное) высказывание.
4. Предложения в тексте связаны между собой логически.
5. Есть языковые средства связи между предложениями.
6. К тексту можно подобрать заголовок.
7. Правильно оформленный текст обычно имеет начало и конец.

**Сочинение** – это текст, поэтому он должен обладать всеми признаками текста. Текст сочинения быть связным, логичным, должен соответствовать теме, иметь начало и конец, кроме того, должен быть написан самостоятельно.

Внимание!

“Текст”一词广泛应用于语言学及相关学科中，但其含义丰富而不易界定，给实际运用和理解带来一定困难，在这里我们理解为“文本”。一般地说，文本是语言的实际运用形态，用来交际同时也是交际的产物。文本可以是一个单句，但比较普遍的文本是一系列句子的组合。该组合具有系统性、完整性、情态性和目的性。俄语写作中应该认识到一篇俄语作文就是一个俄语文本，应该符合俄语文本的所有特征。

## Задания и упражнения

### Упражнение 1. Прочитайте текст и расставьте знаки препинания.

В 1969 году вышел роман французского писателя Жоржа Перéка. Одной из ключевых особенностей романа стало то что в нём не было ни одной буквы е – самой употребляемой буквы во французском языке. По такому же принципу без буквы е книга была переведена на английский немецкий и итальянский языки. Как же перевели на русский язык роман в котором не было ни одной буквы е. В 2005 году в переводе Валерия Кислова на русском языке вышел в свет роман который назвался Исчезание. В этом варианте нельзя встретить букву о так как именно она является самой частой в русском языке.

### Упражнение 2. Прочитайте текст. Разделите его на предложения. Поставьте нужные знаки препинания.

**Природа и человек**

Наша жизнь тесно связана с природой природа даёт нам пищу одежду жилище из земли мы достаём ископаемые на полях выращиваем урожай в лесу заготовляем древесину пушнину ягоды грибы природа украшает нашу жизнь она несёт нам много радости с каким удовольствием слушаем мы пение птиц журчание ручейка как любуемся простором полей зеркальной гладью рек хороша наша русская природа в нашем государстве принят закон об охране природы этот закон обязывает всех людей беречь природные богатства Родины природа должна ещё долго служить людям и украшать нашу жизнь. (По З.А. Клепениной)

### Упражнение 3. Прочитайте текст-образец и ответьте на вопросы.

1. О чём данный текст?
2. Сколько в тексте абзацев?
3. О чём каждый абзац?
4. Как связаны между собой абзацы? Докажите свою точку зрения.

**Легенда о старике Байкале и его дочери Ангаре**

В мире есть много озёр – больших и маленьких, глубоких и мелких, суровых и живописных, но ни одно из них не может сравниться с Байкалом по широкой известности и громкой славе. И ни о каком другом озере не сложено столько легенд и сказаний, песен и стихов. В них звучит не только почитание, но и нечто такое, что подчёркивает присущее только Байкалу величие и резко выделяет его из всех озёр земного шара.

О Байкале существует легенда, которую в тех краях знает и стар и млад. Эта легенда гласит, что в местах, где сейчас плещется Байкал и берёт свои воды бурная река Ангара, жил богатырь по имени Байкал, и была у него дочь по имени Ангара. Также у Байкала было 336 сыновей, которых он держал в ежовых рукавицах. Суровый отец заставлял сыновей трудиться не покладая рук. Они топили снега и ледники и гнали хрустальную воду в одну большую котловину. То, что они с таким трудом добывали, проматывала их сестра. Ангара растрачивала собранное на наряды и разные прихоти.

Однажды прослышала Ангара от странствующих певцов, что живёт за горами красавец Енисей. Узнав о его красоте и силе, она полюбила его всем сердцем. Но Байкал прочил ей в мужья старого Иркута. Ещё строже стал стеречь старик дочь: заточил ее в хрустальный дворец на дне подводного царства. Ангара плакала и просила богов помочь ей. Сжалились боги над пленницей и повелели ручьям и рекам размыть хрустальный дворец. Ангара вырвалась на свободу и бросилась бежать по узкому проходу в скалах.

От шума проснулся старый Байкал и бросился в погоню. Но куда ему было угнаться за молодой дочкой! Всё дальше убегала Ангара, и тогда разъярённый Байкал метнул в беглянку каменную глыбу, но не попал. Так и осталась с тех пор лежать эта глыба в месте выхода реки из озера, и называют ее Шаманским Камнем.

Разбушевавшийся старик всё бросал и бросал в дочь осколки скал, но каждый раз чайки кричали: «Обернись, Ангара!», и девушка ловко уклонялась от смертоносных посланцев отца.

Прибежала Ангара к Енисею, обняла его, и потекли они вместе к Студёному морю.

Легенда переплетается с правдой. 336 сыновей – это реки, питающие Байкал. Они собирают воду с территории, которая примерно равна площади Франции. Вытекает же из озера могучая река Ангара, постоянно обновляющая воды Байкала. Ширина потока составляет примерно километр. Это про неё говорят: «Разоряет дочка старика Байкала!»

**Упражнение 4. Известны ли Вам легенды о горах, реках, озёрах в Китае? Расскажите (напишите) одну из них.**

Существует много старинных легенд, каждый раз каждая из них рассказывается немного по-другому, но это и понятно, ведь рассказывая легенду, человек вкладывает в неё своё видение мира, своё воображение.

Есть древняя легенда, которая гласит, что ...

## 3.2. План текста

Каждый текст состоит из отдельных частей. Если вы хотите написать хорошее сочинение, необходим план. Ведь текст без плана хаотичен, не продуман, мысль «бродит по кругу». Значит, нужно научиться правильно, грамотно оформить план. А это не так просто. **План** – это запись определённого порядка изложения материала, перечень главных вопросов, которые должны быть рассмотрены в сочинении.

Составить план – значит разбить его на фрагменты (части текста), мысленно выделив основные этапы пути, по которым

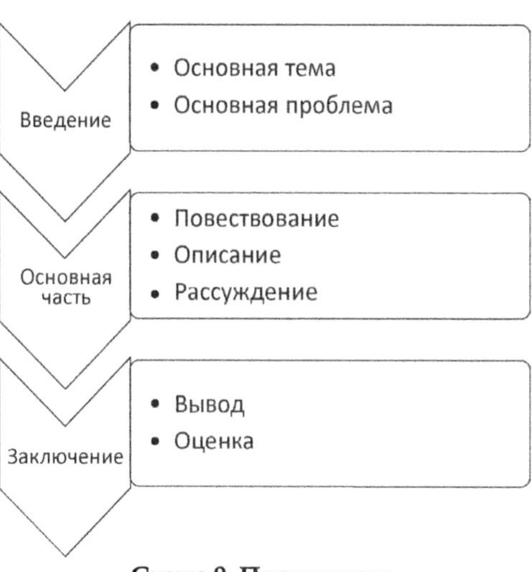


**Схема 9. План текста**

будет развиваться мысль. Каждый такой фрагмент – это микротекст, который может быть равен одному абзацу, а может состоять из нескольких. Каждый микротекст будет соответствовать пункту плана. Важно, чтобы он был объединён главной мыслью, имеющей в его границах своё начало, развитие и завершение. План зависит от темы, содержания, глубины изучения вопроса, индивидуальности пишущего, поэтому стандартного плана для всех текстов не может быть.

Планы бывают разные: с точки зрения структуры – простые и сложные; по синтаксическим особенностям заголовков планы в форме двусоставных или односоставных предложений, повествовательных или вопросительных предложений; смешанные: по близости к исходному тексту – цитатные, оформленные своими словами и смешанные. Приведём примеры различных планов изложений.

**Простой план** – очень краткое изложение существенного содержания материала.

**Сложный план** – несколько более подробное, чем в простом плане, изложение существенного содержания материала.

**Назывной план** является таким планом, в котором ведущие слова являются или именами существительными, или инфинитивами.

**Вопросный план** состоит из предложений-вопросов.

**Тезисный план** представляет собой совокупность повествовательных предложений, в которых выражена основная мысль текста.

В **смешанном плане** имеют место и элементы назывного плана, и предложения повествовательные и вопросительные.

В качестве примера рассмотрим план к рассказу «Спасение мальчика».

**Текст 1**

**Спасение мальчика**

*Валерий Чкалов учился во втором классе. Стояли тёплые осенние дни. Днём было ещё тепло, а по вечерам, когда солнце уходило за горизонт, от воды веяло холодным ветром.*

*Как-то раз ребятишки разыгрались на берегу до сумерек. Вдруг, перекрикивая звонкие детские голоса, от реки донёсся отчаянный крик: «Спасите!» Все замолчали и смотрели друг на друга. Никто не знал, что делать, но Валерий не растерялся, а прыгнул в лодку. Грёб он изо всех сил, так что рубашка стала мокрой от пота.*

*В темноте с трудом можно было разобрать, что кто-то есть на волнах. Он подплыл поближе и с большим трудом втащил в лодку уже сильно замёрзшего незнакомца.*

*Валерий довёз спасённого до места, где на берегу лежала его одежда, и крикнул вслед: «Беги скорее домой, а то простынешь!» Ребята на берегу с восторгом смотрели на спасителя.* (По М. Водопьянову)

**Простой план**

*1. Поздний осенний вечер.*

*2. Спасение незнакомца.*

*3. Восторг ребят.*

**Сложный план**

*1. Осенняя погода*

*а) Валерий Чкалов – ученик 2 класса;*

*б) осенние вечера стали холодными.*

*2. Спасение незнакомого человека*
*а) никто не знал, что делать;*
*б) Валерий поплыл на лодке к незнакомцу;*
*г) Валерий втащил в лодку пострадавшего и довёз до берега.*
*3. Восторженные взгляды ребят на спасителя.*

*План может составляться в трёх видах: вопросительный, повествовательный или в форме заголовков. Для примера проанализируем текст 2.*

## Текст 2
## Юная актриса

*Уже больше 40 лет замечательному советскому фильму «Ох, уж эта Настя!», главную роль в котором сыграла московская школьница Ирина Волкова.*

*В четыре года и девять месяцев Ирину отдали в художественную гимнастику. Когда ей исполнилось десять, на занятия пришли люди с Киностудии имени Горького, отобрали девочек, пригласили на пробы картины «Ох, уж эта Настя!». Среди них была и Ирочка. Ученица четвёртого класса Волкова прочла стихотворение «Подснежник», прошла тест на фотогеничность и сыграла на камеру сценку.«Из 250 приглашённых девочек до кинопроб дошло пятеро, – рассказывает Ирина. – Мне достался эпизод на кухне с мамой. Нужно было есть противную остывшую манку и при этом ещё мечтать». После проб девочку отправили домой, пообещав сообщить родителям, если ее утвердят на роль. Когда раздался тот самый звонок, мама будущей артистки приняла новость спокойно. Ажиотаж начался, когда за ученицей стала приезжать машина из киностудии.*

*Съёмки заняли почти полгода. Ирочке приходилось совмещать работу с учебой. Учительница вошла в положение и не нагружала домашними заданиями. На площадке все признавали талант юной артистки. После выхода картины юная актриса стала кумиром миллионов. Её талант и обаяние покоряют и сегодня.*

*По окончании съёмок Волкова погрузилась в учёбу. Её узнавали на улице, поклонники продолжали забрасывать письмами. Но о дальнейшей актёрской карьере девочка даже не мечтала.*

**Таблица 9. План**

| | **Вопросительные предложения** | **Заголовки** | **Повествовательные предложения** |
|---|---|---|---|
| 1 | О каком фильме рассказывается в тексте? | Фильм 70-х годов «Ох, уж эта Настя!» | Больше 40 лет назад был снят фильм «Ох, уж эта Настя!». |
| 2 | Чем занималась Ирина до школы? | Маленькая гимнастка | В четыре года Ирину отдали в художественную гимнастику. |
| | Кто отбирал девочек на главную роль в фильме? | Пробы на Киностудии им. Горького | Киностудия им. Горького пригласила на кинопробы девочек. |
| | Как отнеслись родители к роли дочери? | Спокойствие родителей | Мама спокойно восприняла новость о съёмках дочери. |
| | Как проходили съёмки? | Совмещение работы и учёбы | Ирине приходилось совмещать работу с учёбой. |
| | Кем стала Ирина Волкова после выхода картины? | Юная актриса Ирина Волкова | Юная актриса Ирина Волкова покоряет своим талантом и обаянием. |
| 3 | Что девочка делала после съёмок? | Напряжённая учёба | По окончании съёмок Ирина напряжённо училась и не мечтала стать актрисой. |

Любая тема может быть представлена в виде плана, к которому подбирается необходимый языковой материал. Например: Тема: Сотрудничество Китая и России в области высшего образования.

**План**

*1. Цели и задачи сотрудничества.*
*2. Сотрудничающие органы:*
*а) сотрудничество правительственных органов;*
*б) сотрудничество вузов, институтов, кафедр.*
*3. Формы реализации сотрудничества:*
*а) обмен опытом, обмен специалистами;*
*б) договоры, соглашения, долгосрочные программы;*
*в) совместные мероприятия.*
*4. Перспективы сотрудничества.*

В конце каждого пункта плана обычно ставится точка, точка с запятой, двоеточие, вопросительный знак, восклицательный знак или просто запятая. Если в конце предыдущего пункта стоит точка, вопросительный или восклицательный знак, то последующий пункт начинается с прописной буквы. В других случаях – с маленькой.

### Внимание!

提纲是文本的基本框架，体现写作的要点和思路。转述文本和作文都需要写提纲。转述文本时写提纲是思考、理解和再现原文主题和要点的重要手段。写作文先列提纲是为了写作时胸有成竹，有序、完整地展开思路。提纲有简要提纲和详细提纲之分。要点的表达方式可以一律采用称名句、陈述句和疑问句等形式，也可以采用混合式。

## Задания и упражнения

### Упражнение 1. Составьте план сочинений на один из предложенных тематических разделов. Сформулируйте тему.

Тема 1. Спорт.
Тема 2. Родина.
Тема 3. Искусство.

### Упражнение 2. Прочитайте планы сочинений. Какие изменения, на Ваш взгляд нужно внести в каждый из них.

**1. «Самый счастливый день в моей студенческой жизни»**

1. Я изучаю русский язык в университете иностранных языков.
2. Мои друзья и преподаватели.
3. Никогда не забуду свою учёбу в университете.

**2. «Мой родной город»**
1. Местоположение родного города.
2. История родного города.
 2.1. Происхождение названия.
 2.2. Люди родного города.
 2.3. Архитектура и транспорт родного города.
3. Будущее моей родины.

**Упражнение 3. Составьте план сочинений на следующие темы:**

1. Молодёжь – это будущее Китая.
2. Роль молодёжи в развитии отношений между КНР и РФ.
3. Легко ли быть молодым?

**Упражнение 4. Прочитайте тексты диктантов в разделе 3.4 и к любым 2 текстам составьте назывной (вопросный) план.**

## 3.3. Структура абзаца и связь между абзацами в тексте

### 3.3.1. Структура абзаца

**Абзац** – это отрезок письменной речи, состоящий из одного или нескольких предложений. Он начинается с красной строки и состоит из одного или нескольких предложений. Абзац имеет единство и относительную законченность содержания. По выражению Л.В. Щербы, абзац «углубляет предшествующую точку и открывает совершенно новый ход мысли». Иными словами, абзац оформляет начало новой мысли и в то же время сигнализирует об окончании предшествующей.

Объём и структура абзаца всецело связаны с желанием автора, его установкой (с учётом, конечно, видовых и жанровых признаков текста), наконец, его личными предпочтениями, особой манерой письма.

Основное назначение абзаца – расчленение текста с целью выделения его компонентов, что, безусловно, облегчает восприятие сообщения, так как даёт некоторую «передышку» при чтении, а также расставляет акценты. Текст, не расчленённый на абзацы, читается с трудом, что приводит к потере интереса и притуплению внимания. Рассмотрим в качестве примера отрывок из рассказа А. Исупова «Ленка-Еленка».

**Вариант 1**

*Ноги. Десятки, сотни, тысячи ног за день. Шаркающие ноги стариков и старух, цоканье шпилек модниц, поскрипывание кед и кроссовок молодёжи, буханье тяжёлой обуви здоровых мужиков, звеньканье тележек и постукивание чемоданных колёсиков по стыкам плит пола. А ещё пыль. Тучи пыли. Особенно весной и осенью. Подсохнет грязь, натасканная утром на обуви. Размелется тысячами ног и мелкой взвесью повиснет в воздухе. Пыль плотной завесой поднимается до метровой высоты, а иногда и выше. И тогда совсем дышать тяжело, особенно ей.*

**Вариант 2**

*Ноги. Десятки, сотни, тысячи ног за день.*

*Шаркающие ноги стариков и старух, цоканье шпилек модниц, поскрипывание кед и кроссовок молодёжи, буханье тяжёлой обуви здоровых мужиков, звяканье тележек и постукивание чемоданных колёсиков по стыкам плит пола.*

*А ещё пыль. Тучи пыли. Особенно весной и осенью. Подсохнет грязь, натасканная утром на обуви. Размелется тысячами ног и мелкой взвесью повиснет в воздухе. Пыль плотной завесой поднимается до метровой высоты, а иногда и выше. И тогда совсем дышать тяжело, особенно ей.*

Очевидно, что второй вариант более удобен для восприятия: выделение значимых частей текста способствует усилению его воздействующей роли на читающего.

По структуре и содержанию каждый абзац имеет свою микротему (или информативный центр). Абзац строится нередко по модели «начало – развитие микротемы – концовка». Началом служит первое или первые предложения. Здесь выражается главная мысль абзаца. Дальше следуют предложения, которые раскрывают, расширяют и углубляют главную мысль, или обосновывают основные положения данного абзаца, или иллюстрируют их. Концовка обобщает всё сказанное выше, закрывает абзац. Но она имеется не во всех абзацах. Например:

*А. [Строительство Петербурга осуществлялось по архитектурному плану, утверждённому Петром.] Для постройки города со всех концов России ежегодно сгоняли до 30 тысяч крестьян. Работать приходилось в очень тяжёлых условиях: в холоде, под дождём и пронизывающим ветром, стоя по колено в воде и грязи. Десятки тысяч людей погибли от болезней, голода и непосильного труда. [В короткий срок возник большой город с прекрасными дворцами и парками.]* (Н. Сыров)

*Б. [Главенствующий пафос публицистики А.Н. Толстого и его художественного творчества един – это пафос созидания в стране новой государственности, воспитывающей новую личность.] В своих художественных произведениях, в публицистике писатель показал Родину в её стремительном историческом росте. «Родина! Слово – древнее, но мы понимаем его по-новому и по-новому любим нашу родину». «Что такое родина? – писал он. – Это – весь народ, совершающий на данной площади своё историческое движение. Это – прошлое народа, настоящее и будущее. Это – его своеобразная культура, его язык, его характер, это – цепь совершаемых им революций, исторических скачков, узлов его истории. К этому народу принадлежу я. Это – моя родина. Моя задача – вкладывать все свои силы в дело моей родины, чтобы моя родина шла великой, счастливой среди других народов к тем целям, которые мы и в данном случае – мы, сыны Советского Союза (и это наша гордость и наша слава!) – указали другим народам».* (В. Щербина)

### 3.3.2. Основные правила выделения абзацев

Цель выделения абзацев – смысловое подчёркивание или ограничение от контактирующих с ними предшествующих предложений. Выделение абзацев показывает нить мыслей автора, последовательность изложения, помогает глубже понять содержание текста. В абзацы входят:

**1. Предложения, в которых заключается новая информация.**

Например:

*А. Густая растительность по краям* ***дороги...***

*Полустанки. Домики обходчика. Чьи-то избушки и панельные муравейники для людей. Грунтовки и тропинки, по которым ходят одни и те же люди всю свою жизнь. Кирпичные и деревянные* ***вокзалы-вокзалы-вокзалы...***

*Зачем столько вокзалов на Земле? Чтобы люди садились в* ***поезда*** *и уезжали в дальние дали.* (М. Чаплина)

*Б.* ***Розы были изумительные.*** *Ваза на столе придавала торжественность обстановке, а букет на окне на фоне тёмного вечернего неба выглядел вообще впечатляюще, тем более, что отблески рекламы, пробиваясь сквозь стекло, придавали цветам некую очаровательность в игре света и тени. Ольга, поставив вазу на подоконник, задержалась у окна, всматриваясь в темноту вечера. Комната наполнилась ароматом роз.* (Ю. Горюнов)

**2. Предложения, в которых заключаются основные мысли текста**, т.е. выводы или итоги всему сказанному выше. Такие абзацы начинаются обычно вводными словами **итак, следовательно, в общем, таким образом** и т.д.

Например:

*А.* ***Словом****, роль каждого человека огромна. Невозможно представить себе человека, который не думал о том вкладе, который он внёс в развитие нашей страны.*

*Б.* ***Таким образом****, при выделении абзацев необходимо учитывать логическую однородность, сопоставимость абзацных предложений.* (Л. Лосева)

*В.* ***Наконец****, появился сам Станислав в сопровождении таинственной незнакомки. Когда уложили многочисленную кладь в купе, снова вышли на перрон.* (Т. Московцева, Ф. Московцев)

**3. Диалог, полилог, а также предложения, идущие после них.** В таком случае абзац служит для разграничения разных лиц. Например:

*Жена встретила Звягина кухонной вознёй.*

*– Гулял? – доброжелательно поинтересовалась она.*

*– Гулял, – согласился Звягин.*

*– После суточного дежурства?*

*– После суточного дежурства.*

*– А это что? – жена обличающе указала на молочные бутылки.*

*– Это бутылки из-под молока, – честно ответил Звягин. (М. Веллер)*

### 3.3.3. Связь между абзацами

Текст состоит из абзацев. В каждом абзаце имеется **микротема**. Микротемы тесно связаны друг с другом. Итак, между абзацами существует смысловая связь, т.е. отношения, определяемые задачами коммуникации. Например:

*Сергей Фёдорович* ***Бондарчук*** *– всемирно известный кинорежиссёр.*

*Его* ***отец*** *– Фёдор Петрович – был коммунистом. На момент рождения* ***сына*** *он работал председателем колхоза.* ***Мать*** *– Татьяна Васильевна – работала в том же колхозе.*

*В Ейске* ***С. Бондарчук*** *окончил школу. Когда выпускные экзамены были позади и на руках у нашего героя появился диплом об окончании средней школы,* ***отец*** *посоветовал ему идти в инженеры. «Солидная профессия», – объяснил он* ***сыну****. Однако тот отца не послушал. «В артисты хочу пойти, батя».* ***Отец*** *настаивал на учёбе, мечтал увидеть сына инженером и, когда* ***сын*** *в сотый раз ответил «нет», попросту прекратил с ним всякие отношения.* (По Ф.И. Раззакову)

Смысловая связь в тексте осуществляется при помощи синтаксических, лексических средств. Для выражения такой связи используются слова, предложения, а также абзацы.

**1. Слова.** Слова как средство связи между абзацами обычно находятся в начале следующего абзаца. Вводные слова, союзы (*а, и, но*) часто употребляются как средство связи между абзацами и показывают развитие и изменение микротемы. Для примера прочитаем текст «Как появилась матрёшка».

**Как появилась матрёшка**

***Матрёшка*** *считается традиционным русским сувениром, самым популярным среди россиян и иностранных гостей, но далеко не каждый знает историю возникновения матрёшки.*

***Появилась матрёшка*** *в 1890 году. Ее прообразом стала точёная фигурка, которую привезли с острова Хонсю в подмосковную усадьбу Абрамцево. По образу этой игрушки токарь Василий Звёздочкин выточил фигурки, а художник Сергей Малютин расписал их. Он изобразил на фигурках девочку в сарафане и платке с черным петухом в руках. Игрушка состояла из восьми фигурок. За девочкой шёл мальчик, затем опять девочка и т.д. Все они чем-нибудь отличались друг от друга, а последняя, восьмая, изображала завёрнутого в пелёнки младенца. Распространённым именем в то время было имя Матрёна – так и появилась всеми любимая Матрёшка. Эта первая матрёшка сейчас находится в Музее игрушки в Сергиевом Посаде.*

***Появление*** *в России в самом конце XIX века* ***матрёшки*** *не было случайным. Именно в этот период в среде русской художественной интеллигенции начали всерьёз заниматься коллекционированием произведений народного искусства, а также пытались творчески осмыслить национальные художественные традиции. Интерес к* ***матрёшке*** *объясняется не только оригинальностью её формы и декоративностью росписи, но и, вероятно, своеобразной данью моде на все русское.*

*Массовому экспорту* ***матрёшки*** *способствовали и ежегодные ярмарки в Лейпциге. С 1909 года русская матрёшка стала так же постоянной участницей выставок в Берлине и Лондоне: Берлинской выставки и ежегодного базара кустарных изделий, проходившего в начале XX века в Лондоне. Благодаря передвижной выставке с русской* ***матрёшкой*** *познакомились жители приморских городов Греции, Турции и стран Ближнего Востока.*

*Роспись* ***матрёшек*** *становилась все красочней, разнообразней. Изображали девушек в сарафанах, в платках, с корзинами, узелками, букетами цветов. Появились* ***матрёшки****, изображающие пастушков со свирелью, и бородатых стариков с большой палкой, жениха с усами и невесту в подвенечном платье. Фантазия художников не ограничивала себя ничем.* ***Матрёшки*** *компоновались так, чтобы отвечать основному своему назначению – преподносить сюрприз.*

*Сейчас* ***матрёшки*** *создают народные мастера разных регионов России. Отличаются они формой, размером, росписью, которая ориентирована на демонстрацию особенностей национальной женской одежды, характерным цветом и деталями костюма. Самыми популярными считаются Майдановские и Семёновские* ***матрёшки****.*

*Русская* ***матрёшка*** *– настоящее чудо света. Настоящее, поскольку была и остаётся творением человеческих рук. Чудо света – потому что удивительным образом игрушечный символ России перемещается по всему миру, не признавая ни расстояний, ни границ, ни политических режимов.*

**2. Предложения.** Предложения как средство связи между абзацами часто находятся в конце предыдущего или в начале последующего абзаца. Например:

*А.* ***Время было страшное, военное.*** *Менялось всё вокруг – люди, страна, мир, причём исключительно к худшему, ибо что доброго может воспоследовать от каждодневного кровопролития и тотального озверения? (Б. Акунин)*

*Б.* ***Пыльневский район – это сердце нашей Сибири, разбитое не одним инфарктом.*** *Это десяток деревень, от которых открестилась любая власть, пара-тройка медведей и кусок тайги. Самая большая деревня – Пыльнево. За особые заслуги она носит звание районного центра. (А. Силаев)*

*В. Отдельные предложения в речи могут соединяться теми же служебными словами, что и части сложных предложений, хотя функции у них различны.* ***Обратимся к примерам: ...***

**3. Абзац.**

*А. Связь такого рода существует не только между контактными, но и между дистантными предложениями.*

***Вот несколько примеров из одного текста: ...***

*Б.* ***Но в детстве я видел и хорошее.***

*К нам часто приходил старый охотник Ораз. Я и сейчас его помню.*

*С тех пор не встречал я человека с такой прекрасной длинной белой бородой и с такими молодыми глазами.* (С. Муканов)

### 3.3.4. Три принципа написания абзаца

**1. Принцип ключевых слов и предложений**

**Ключевые слова** – это слова, которые могут представить основную тему (микротему) текста (абзаца). Ключевые слова обладают высокой степенью повторяемости в тексте. Ключевым предложением считается предложение, содержащее два и более ключевых слова или ключевых словосочетания. В тексте следует выбирать те ключевые слова, которые наиболее точно отражают специфику именно данной темы. Их много в начале текста, они могут быть названием текста. Например:

*Выбор* ***книги*** *– очень важное дело. Но* ***выбор способа чтения*** *– в тысячу раз важней. Настоящий* ***читатель*** *должен быть одинаково умелым во всех способах* ***чтения****. Он должен суметь выбрать и решить: когда* ***читать*** *мало – а когда много, когда быстро – а когда медленно, когда один раз – а когда десять.*

*Какое-нибудь техническое описание обработки металла нужно инженеру для работы. И вот вечером он садится с карандашом в руках и, заглядывая в* ***книгу****, что-то там высчитывает, прикидывает, соображает. Иногда листает* ***техническую энциклопедию****. Просматривает* ***статью*** *в специальном журнале. Это, по сути дела, продолжение рабочего дня.*

*Но человеку положен ещё и отдых. Можно сесть в кресло, зажечь маленькую лампу и неторопливо читать большую, долгую* ***книгу****, каждый раз продвигаясь на десяток страниц, каждый раз чувствуя всё ближе жизнь её героев. Такую* ***книжку*** *не возьмёшь с собой в метро, потому что слишком важно для тебя это дело –* ***чтение****.*

*Есть люди, которые читают одновременно чуть ли не десяток* ***книг****. Только все –* ***по-разному****. И потом всё – приносит пользу. И потому так читать – хорошо.* (По И. Линковой)

**2. Принцип единства**

Ключевое предложение является центром абзаца. Другие предложения должны логически связываться с ним и подчиняться ему, что образует цельность и единство абзаца. Например:

*Житейское правило, что дети должны уважать родителей, а родители должны любить детей, нужно читать наоборот: родители именно должны уважать детей – уважать их своеобразный мирок и их пылкую, готовую оскорбиться каждую минуту, натуру; а дети должны только любить родителей, – и уже непременно они будут любить их, раз почувствуют уважение к себе. Как это глубоко и как ново! (В.В. Розанов)*

**3. Принцип последовательности**

Все предложения в абзаце связаны логически. Для осуществления последовательности очень эффективны связующие слова (союзы и вводные слова). Такие связующие слова приведены ниже.

3.1. Обозначающие время и последовательность: *сначала, прежде всего, в первую очередь, сейчас, теперь, одновременно, в это время, опять, снова, затем, позже, позднее, впоследствии, в дальнейшем, наконец, во-первых, во-вторых, в-третьих.*

Например: *Что мы должны делать, чтобы стать полезным обществу человеком? Я считаю, **во-первых**, нам надо постоянно пополнять свои знания. **Во-вторых**, мы должны отдать всю свою душу любимому делу.*

3.2. Обозначающие причинно-следственные отношения или условия: *поэтому, следовательно, стало быть, благодаря этому, в связи с этим, в таком случае, в этом случае, при этом случае.* Несколько примеров:

А. *Молодость – это золотое время для человека,* **поэтому** *в это время особенно важно ещё старательнее учиться.*

Б. *Мы находимся под охраной Красного креста, **и, следовательно**, нам ничто угрожать не может.*

3.3. Обозначение противопоставления, сравнения или сопоставления: *наоборот, напротив, иначе, однако, зато, таким образом, таким путём, с одной стороны, с другой стороны.* Несколько типичных случаев употребления данных слов:

А. ***С одной стороны**, родители должны подавать пример детям, **с другой**, у детей родители тоже могут научиться многому.*

Б. *Надо хорошо изучить карту, **иначе** легко заблудиться на этих узких кривых улочках.*

3.4. Дополнение или уточнение: *причём, вместе с тем, кроме того, более того, кстати, между прочим, в частности.* Примеры употребления:

А. *Писателю необходимо хорошо знать искусство, **в частности**, живопись.*

Б. *Наша задача – учиться, стараться* накоплять *больше знаний. **Кроме того**, мы должны интересоваться текущими событиями* (или: *политической ситуацией в стране и в мире*).

3.5. Приведение примеров или выделение: *например, даже, только, особенно, другими словами, иначе говоря, говоря точнее, именно.* Например:

А. *Я люблю общаться с образованным и добрым человеком, **говоря точнее**, с хорошим человеком.*

Б. *Искусство играет огромную роль в жизни человека, **а именно** в формировании его взглядов и моральных качеств.*

3.6. Обобщение или вывод: *таким образом, итак, короче, короче говоря, вообще, (одним) словом, следовательно* и др. Например:

А. ***Одним словом**, тоска заела.*

Б. ***Короче говоря**, он – человек хороший.*

3.7. Цитаты или ссылки: *как было сказано, как видно, согласно этому, как говорится* и др. Несколько случаев употребления:

*А. Теперь,* ***как утверждают учёные****, существует тесная связь между развитием промышленности и климатическими изменениями.*

Б. *Теперь,* ***как было сказано****, человечество вошло в информационное общество.*

3.8. Выражение эмоций: *к счастью, к несчастью, к сожалению, к моему удивлению, странное дело.* Например:

*А. Теперь,* ***к сожалению****, люди всё больше гонятся за деньгами.*

*Б. Мы,* ***к счастью****, родились и выросли в Новом Китае.*

3.9. Утверждение, сомнение, предположение: *видимо, по-видимому, конечно, действительно, без сомнения, в сущности, вполне очевидно, само собой разумеется, кажется, может быть, должно быть.*

*А. Проблема охраны окружающей среды,* ***бесспорно (без сомнения, само собой разумеется)****, очень важна для каждого человека.*

*Б. Китай,* ***действительно****, намного отстал от развитых стран, но я верю, что наступит день, когда Китай станет богатой и могучей страной.*

Итак, членение на абзацы в разных видах текста имеет общую основу – логико-смысловую, однако есть специфические различия в использовании абзаца. Эта специфика создаётся разным характером воздействия на читателя: для текстов, направленных только на интеллектуальное восприятие, показательны абзацы, построенные по принципу тематическому (новый абзац раскрывает новую тему), для текстов, рассчитанных не только на интеллектуальное, но и на эмоциональное восприятие, – абзацы акцентные, экспрессивно-выделительные. Известно, что объем текста между абзацными отступами у разных авторов различен, и объясняется это многими причинами: жанровыми особенностями произведения, его функционально-стилевой принадлежностью, стилистической тональностью, общим объёмом произведения, его назначением, авторской манерой изложения и т.д.

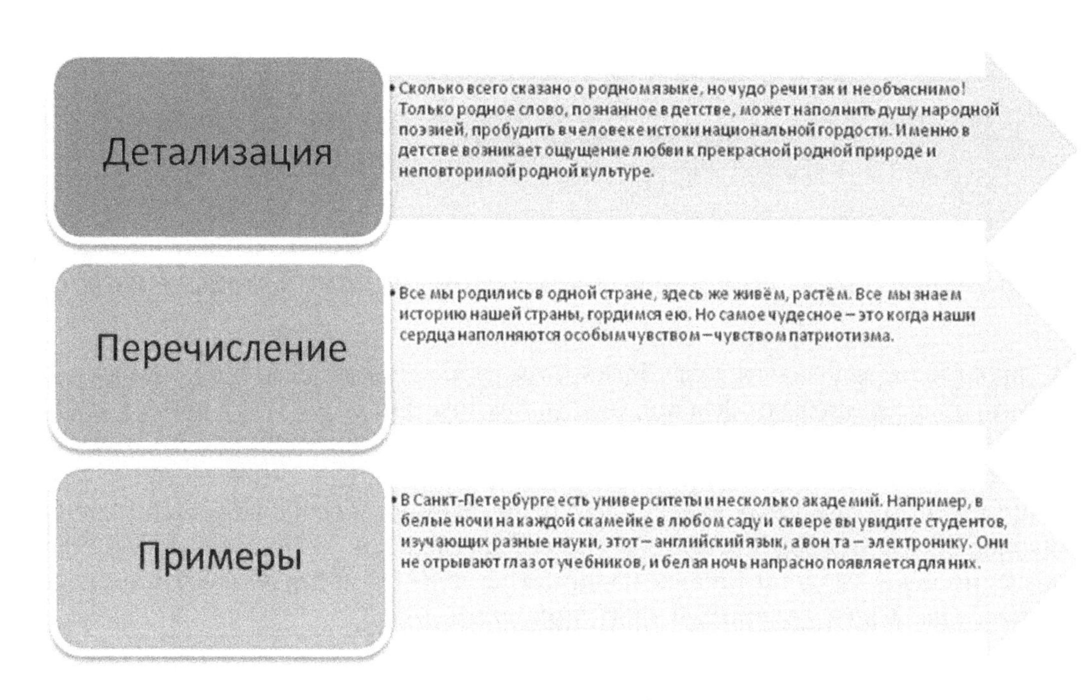

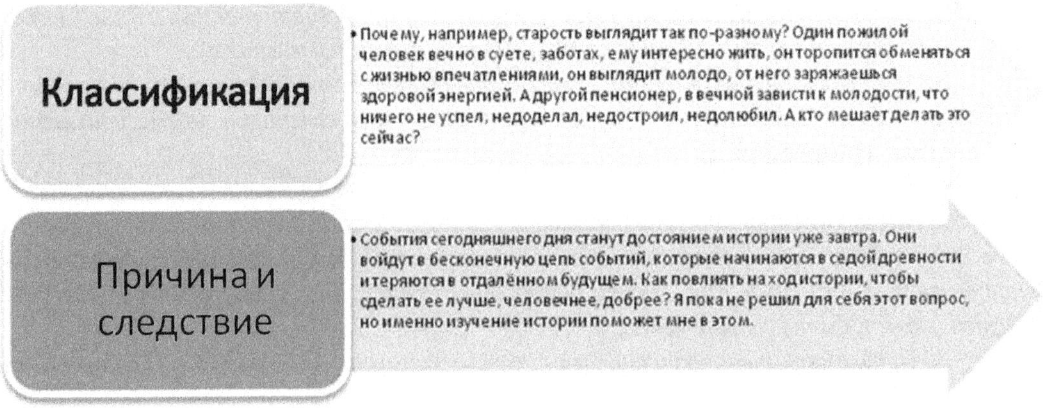

**Классификация**

- Почему, например, старость выглядит так по-разному? Один пожилой человек вечно в суете, заботах, ему интересно жить, он торопится обменяться с жизнью впечатлениями, он выглядит молодо, от него заряжаешься здоровой энергией. А другой пенсионер, в вечной зависти к молодости, что ничего не успел, недоделал, недостроил, недолюбил. А кто мешает делать это сейчас?

**Причина и следствие**

- События сегодняшнего дня станут достоянием истории уже завтра. Они войдут в бесконечную цепь событий, которые начинаются в седой древности и теряются в отдалённом будущем. Как повлиять на ход истории, чтобы сделать ее лучше, человечнее, добрее? Я пока не решил для себя этот вопрос, но именно изучение истории поможет мне в этом.

**Схема 10. Способы расширения абзаца**

### Внимание!

"Абзац"指自然段落，它由一个或几个句子组成，具有相对完整的意义。段落开头要大写，并空余出三到五个字母。划分段落使表达层次更加清晰，便于阅读和理解。段落有多种形式，其大小和结构取决于作者的意图，段落划分的基本原则是段落中有包含新信息的句子，或者包含主题思想的句子，或者有强调信息的句子。段落不仅从内容上构成一个意义整体，而且相邻段落还借助词、句或段落保持形式的联系。

"开头——展开——结尾"是写作中需要着重训练的常见的段落结构模式。写好主题句、体现出连贯性和整体性是写好这种段落的三个基本原则。主题句确定后，可以采用定义法、列举法、举例法、分类法、因果法等来扩展主题句，完成段落。

## Задания и упражнения

### Упражнение 1. Прочитайте следующие отрывки. Определите микротему каждого абзаца и смысловую связь между ними.

– 1 –

Арбат – это заповедная зона Москвы, где живут москвичи, давно привыкшие к тому, что их соседями были Пушкин, Герцен, Лев Толстой.

Да, так вышло, что в арбатских переулках жили многие писатели, учёные, художники, артисты – гордость русской культуры.

В маленьких переулках уместились сотни старинных особняков. Одни из них появились после пожара Москвы в 1812 году, другие в конце XIX – начале XX века. Арбатские переулки вливались в маленькие площади, которые назывались по-арбатски – площадки. (А. Абрамович, И. Потапова)

– 2 –

Осенью 1918 Ленин горячо поддержал мысль о развитии жилищного строительства в юго-западном направлении.

Сейчас Юго-Запад – это район массовой жилищной застройки. Строительство было начато в 50-е годы в Черёмушках. Именно там, на месте села Черёмушки, известного с XVI в., и стали быстро расти новые жилые кварталы. Теперь, когда говорят «Юго-Запад», то имеют в виду и 40 кварталов Новых Черёмушек, раскинувшихся на несколько километров по сторонам Профсоюзной улицы, Ленинградский проспект и проспект Вернадского с десятками их кварталов, и район у Севастопольского проспекта.

И все это выросло на глазах одного поколения!

**Упражнение 2. Прочитайте следующие отрывки. Определите, как связаны абзацы.**

– 1 –

– Лидия Степановна, больше ждать не могу, тут очередь. Пусть Игорь позвонит мне через полчаса.

И я повесил трубку.

Приехав домой, я сбросил пальто и сел возле телефона. Не отрываясь, я смотрел на аппарат. Я ждал. Ждал разговора с Игорем.

Наконец, он позвонил. (Б. Ласкин)

– 2 –

Как правильно составить такое письмо, какова должна быть последовательность сообщений?

Очевидно, на первое место надо поставить сообщение о выезде делегации, так как это по времени, наверное, самое срочное сообщение. Вторым пунктом надо поставить третий, так как он связан с первым пунктом одним событием. Третий пункт – сообщение о конференции. Четвёртый – об экспонатах.

Теперь надо обратить внимание на связь частей информации между собой и на слова, которые будут вводить каждый пункт плана. (А. Акишина)

**Упражнение 3. Закончите начатые тексты (не менее двух абзацев), обращая внимание на связь между предложениями и абзацами.**

1. Брат окончил институт. Сегодняшний день стал настоящим праздником всей семьи...
2. Мы с сестрой не виделись уже 5 лет. Сегодня получил от неё сообщение о том, что она прилетит через 3 дня...
3. Отец закончил работу над проектом моста новейшего типа. Друзья пришли к нему поздравить, но...

## 3.4. Диктант как одно из эффективных средств развития письменной речи

Диктант – один из видов письменных работ, наибольшее распространение получил при обучении орфографии, пунктуации, грамматике и строении текста. Это самая популярная форма проверки письменной речи на начальном этапе изучения русского языка. Учёные указывают, что диктант способствует воспитанию чутья языка и развитию письменной речи (сочинению).

Диктанты бывают разные: **обучающие и контрольные.** Обучающий диктант в зависимости от метода проведения может быть предупредительным, комментированным или объяснительным. Во время предупредительного диктанта орфограммы и знаки препинания объясняются перед записью текста, во время комментированного диктанта – по ходу записи, при объяснительном – после.

В данной главе представлены диктанты для обучения и контроля.

## Примерные тексты диктантов

### Текст 1
### Мама

*Мама – твой первый друг. Она внимательная и нежная, заботливая и ласковая. С ней рядом всегда чувствуешь себя хорошо. Мама научила тебя говорить и ходить. Она прочитала тебе первую книжку, где были рассказы и сказки. Наши мамы много работают. Они трудятся на заводах, на полях, в больницах и школах. Гордись своей мамой и помогай ей! (54 слова)*

### Текст 2
### Волга

*Бьёт родник. Светлая вода из родника течёт ручейком. Ручеёк мал, но он быстро набирает силу. Здесь начало великой русской реки Волги, отсюда отправляется она в далёкий путь. Через всю страну несёт она свои воды, проходя через места, удивительно красивые и разнообразные по климату, растительному покрову и животному миру.*

*На могучей реке раскинулись древние русские города: Тверь, Ярославль, Нижний Новгород, Казань, Саратов, Волгоград, Астрахань. Волга – красавица. Красота этой реки прославлена и народом в сказаниях, и поэтами, и художниками. Волга близка и дорога всем русским людям. (84 слова)*

### Текст 3
### Значение грамотности

*Грамотность – степень владения навыками письма и чтения. В современном смысле это означает способность писать согласно установленным нормам грамматики и правописания. Людей, умеющих только читать, также называют «полуграмотными».*

*Грамотность – фундамент, на котором можно построить дальнейшее развитие человека. Открывая доступ к книге, она даёт возможность пользоваться сокровищницей мысли и знания, созданной человечеством. (50 слов)*

### Текст 4
### Прогноз погоды

*Человеку приходится бороться со стихией ежедневно, ежечасно, ежеминутно. Каждый день погода приносит людям радость или беды. В одних районах мира ярко светит прелестное солнце, а в других – завывает метель, штормовые ветры неистово обрушиваются на сушу и море, густые туманы окутывают большие пространства. Чтобы предотвратить бедствия, которые приносит людям приближающаяся стихия, нужно вовремя предсказывать погоду.*

*Постоянных наблюдений за погодой до середины девятнадцатого века не велось, и, например, моряки не могли знать о предстоящей буре. Так, именно по этой причине во время Крымской войны англо-французский флот был почти полностью уничтожен во время шторма на Чёрном море. Это событие и привело к организации регулярных наблюдений за погодой. Сначала они проводились в наиболее развитых странах.*

*В России первый бюллетень погоды был издан в тысяча восемьсот двенадцатом году. (123 слова)*

### Текст 5
### Нравственность

*Что такое нравственность? Это система правил поведения личности, прежде всего, отвечающая на вопрос: что хорошо, а что плохо, что добро, а что зло. Каждый человек при оценке своего поведения, поведения других людей пользуется этой системой правил. В основу этой системы входят ценности, которые данный человек считает важными и необходимыми. Как правило, среди таких ценностей жизнь человека, счастье, семья, любовь, благосостояние и другие.*

*В зависимости от того, какие именно ценности выбирает человек для себя, в какой иерархии он их располагает и насколько придерживается их в поведении, и определяется, какими будут поступки человека – нравственными или безнравственными. Поэтому нравственность – это всегда выбор, самостоятельный выбор человека.*

*Что может помочь сделать правильный выбор и обеспечить нравственное поведение человека? Только совесть. Совесть, которая проявляется в чувстве вины за безнравственный поступок. Это та единственная сила, которая может обеспечить нравственное поведение человека.* (По А. Никонову, 134 слова)

### Текст 6
### О русском языке

*В наши дни русский язык, несомненно, активизирует свои динамические тенденции и вступает в новый период своего исторического развития.*

*Сейчас, конечно, ещё рано делать какие-либо прогнозы о путях, по которым пойдёт русский язык, служа развитию новых форм сознания и жизнедеятельности. Ведь язык развивается по своим законам, хотя и живо реагирует на разного рода «внешние воздействия».*

*Именно поэтому наш язык требует к себе постоянного пристального внимания, бережной заботы – особенно на том переломном этапе общественного развития, который он переживает. Мы должны помочь языку обнаружить его первоначальную суть. Ведь хорошо известно, что любой знак – это не только орудие общения и мышления, но также ещё и практическое сознание.*

*Новое политическое мышление требует и новых речевых средств, точного их употребления. Ведь без языковой точности и конкретности не может быть ни подлинной демократии, ни стабилизации экономики, ни прогресса вообще. Ещё М.В. Ломоносов высказывал мысль о том, что развитие национального сознания народа прямо связано с упорядочением средств общения.* (Л. И. Скворцов. Экология слова, или Поговорим о культуре русской речи. 1996 г., 150 слов)

### Текст 7
### Евангелие от Интернета

*Однажды, много лет назад, я разговорилась со знакомым программистом и среди прочих реплик помню его фразу о том, что изобретена Всемирная информационная сеть.*

*– Это восхитительно, – вежливо отозвалась я.*

*– Представьте, – продолжал он, – что для диссертации о производстве глиняной посуды у этрусков, например, уже не нужно копаться в архивах, а достаточно набрать определённый код, и на экране вашего компьютера появится всё, что требуется для работы.*

*– А вот это – прекрасно! – воскликнула я.*

*Он между тем продолжал:*

*– Перед человечеством открываются неслыханные возможности – в науке, в искусстве, в политике. Каждый сможет донести своё слово до сведения миллионов. В то же время любой человек, – добавил он, – станет гораздо более доступен спецслужбам и не защищён от разного рода злоумышленников, особенно когда возникнут сотни тысяч Интернет-сообществ.*

*– Но это ужасно… – задумалась я.*

*Прошло много лет, а я отлично помню этот разговор. И сегодня, сменив добрый десяток компьютеров, переписываясь с сотнями корреспондентов, прогоняя очередной запрос из Гугла в Яндекс и мысленно благословляя великое изобретение, я так и не могу однозначно ответить себе: Интернет – «прекрасно» это или «ужасно»?*

*Интернет для меня третий перелом в истории человеческой культуры – после появления языка и изобретения книги. В Древней Греции оратора, выступавшего на площади в Афинах, слышали не более двадцати тысяч человек. Это был звуковой предел общения: география языка – это племя. Потом пришла книга, которая расширила круг общения до географии страны. С изобретением Всемирной сети возник новый этап существования человека в пространстве: география Интернета – земной шар!* (По Д. Рубиной, 231 слово)

Источник: Текст диктанта 2013 года// Тотальный диктант. http://totaldict.ru/texts/2013-1/

**Текст 8**

**Когда поезд вернётся**

*Мои мама и папа работали инженерами, Чёрное море им было не по карману, поэтому в летние отпуска они объединялись с друзьями и на поезде Чусовская – Тагил уезжали весёлыми компаниями в семейные турпоходы по рекам Урала. В те годы сам порядок жизни был словно специально приспособлен для дружбы: все родители вместе работали, а все дети вместе учились. Наверное, это и называется гармонией.*

*Наши лихие и могучие папы забрасывали рюкзаки и палатки, тяжеленные, будто из листового железа, а наши наивные мамы шёпотом спрашивали: «А на вечер-то взяли?» Мой отец, самый сильный и весёлый, ничуть не смущаясь и даже не улыбаясь, отвечал: «Ясное дело! Буханку белого и буханку красного».*

*И мы, ребятишки, ехали навстречу чудесным приключениям. Перед нами распахивался гостеприимный и приветливый мир, жизнь уходила вдаль, будущее казалось прекрасным, и мы катились туда в скрипучем вагоне.*

*И теперь будущее стало настоящим – не прекрасным, а таким, каким, по-видимому, и должно быть. Я живу в нём и всё лучше узнаю родину, по которой едет мой поезд, и она мне всё ближе, но, увы, я всё хуже помню своё детство, и оно от меня всё дальше – это очень-очень грустно. Однако моё настоящее тоже скоро станет прошлым, и вот тогда тот же поезд повезёт меня уже не в будущее, а в прошлое – прежней дорогой, но в обратном направлении времени.*

*«Чусовская – Тагил», солнечный поезд моего детства. (По А.Иванову, 218 слов)*

Источник: Текст диктанта 2014 года// Тотальный диктант. http://totaldict.ru/texts/2014-3/

Внимание!

听写包括听力、书写和写作，是语言输入和输出的一项综合练习。研究证明，经常练习听写可以帮助学习者提升语法水平、丰富词汇量、培养语感以及对标准篇章结构的认识，这些方面都是写作水平的重要标志。听写是一种教学手段，也是一种测试手段，因而听写分为教学听写和测试听写。

## Задания и упражнения

### Упражнение 1. Прочитайте предложения, расставьте знаки препинания. Сделайте перевод на китайский язык.

1. Почему в XIV столетии по данным историков рос и хорошел Господин Великий Новгород? Во-первых он вывозил в другие страны на продажу воск, сало, меха, а во-вторых продавал великолепные изделия новгородских ремесленников.
2. Один из героев романа конечно Евгений Онегин – типичный молодой дворянин начала XIX века. Но главный герой без сомнения сам А.С. Пушкин автор произведения.
3. Более всего П.И. Чайковского вдохновляла поэзия А.С. Пушкина по произведениям которого он создал лучшие свои оперы.
4. В 80-е годы XIX века Шишкин создаёт много картин в сюжетах которых он по-прежнему обращается к жизни русского леса, русских лугов и полей.
5. Язык как и прежде живёт своею собственной жизнью медленной и непостижимой непрерывно меняясь и при этом всегда оставаясь самим собой. С русским языком может произойти все что угодно перестройка преображение превращение но только не вымирание. Он слишком велик могуч гибок динамичен и непредсказуем чтобы взять и вдруг исчезнуть. Разве что вместе с нами.

### Упражнение 2. Исправьте грамматические ошибки в следующих предложениях.

1. Сейчас я хочу рассказать вам о моей жизни и моё отношение к учёбе.
2. Я надеюсь, чтобы вы одеваете теплее, когда выйдете на воздух. Желаю Вас всем хорошим.
3. Я не только отвечаю тяжёлую учёбу, но и работаю за студенческий союз.
4. Я родилась зимой, но зиму я не люблю, потому что зимой холодно, людям приходится остаться домой, никуда не хочет пойти, и только хочет спать, и смотреть телевизор.
5. Я обязательно помню об этом на всю жизни.
6. С развитием наш город много изменились.
7. Она писала мне письмо, высказала мне несколько советов, что как изучать иностранный язык.
8. Для тех, кто особенно увлечён спорту, открыты специальные детские спортивные школы.
9. На мой взгляд, в студенческой жизни ещё есть многое интересное.

10. Счастье – значит добиться успехи через трудную длинную путь.
11. В этот день я поступила в иностранный университет на факультете русского языка. Я никогда не забыла этот день.
12. Русские писатели первой половины XIX века внесли огромный вклад русской культуре.

**Упражнение 3. Найдите высказывания великих людей на следующие темы:**

о матери, о русском языке, о природе, о Родине.

**Упражнение 4. Прочитайте тексты диктантов, представленных в разделе 3.4, выпишите новые слова, сделайте их перевод. Подготовьтесь к написанию диктанта в аудитории.**

**Упражнение 5. Напишите сочинение на тему «Незабываемый день моей студенческой жизни» (минимально 160 слов).**

# Связи предложений в тексте

смысловая связь 语义联系

грамматическая связь 语法联系

цепная связь 链式联系

параллельная связь 并列联系

присоединительная связь 接续联系

фрагмент (текста) 文本的片断

формальный синтаксис 形式句法

коммуникативный синтаксис 功能句法

тема 主位、主题

рема 述位、述题

актуализация информации 信息的表现

коммуникация 交际

родовидовые слова 种概念词

однокоренные слова 同根词

синтаксический параллелизм 句法排比、句法平行

смысловой оттенок 语义细微差别

экспрессивно-эмоциональная окраска 情感表现力色彩

функционально-стилистическая окраска 功能修辞色彩

## Предтекстовые задания и упражнения

**Задание 1. Ответьте на вопросы.**

1. Какие типы предложений Вы знаете? Чем они отличаются?
2. Совпадает ли структура русского и китайского предложения?
3. Кто из русских писателей обычно использовал длинные предложения?
4. Какие предложения преобладают в книжной речи?
5. Что делает нашу речь бедной с точки зрения синтаксиса?

**Задание 2. Скажите по-другому.**

1. *Я люблю осень.*
2. *Он хочет учиться в магистратуре.*
3. *Все хотят стать полезными обществу людьми.*
4. *Нам надо больше заниматься спортом и меньше сидеть за компьютером.*
5. *Общественная работа у меня занимает много времени.*

## 4.1. Порядок слов в предложении

С точки зрения формального синтаксиса структура китайского и русского предложения совпадает. В начале предложения указывается на время и место, затем субъект действия, интенсивность действия, само действие и объект, на который направлено действие. Схематически структуру предложения можно представить следующим образом:

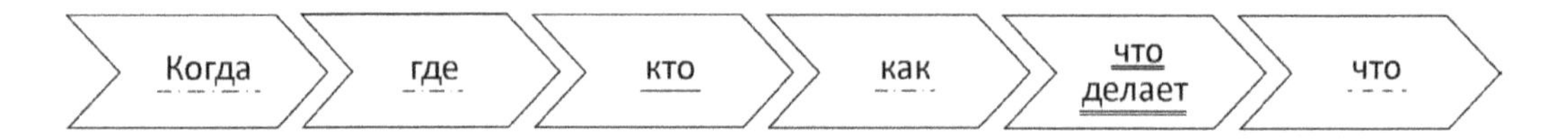


**Схема 11. Структура предложения**

В зависимости от коммуникативных задач говорящий (пишущий) может изменять порядок слов в предложении. В начале предложения может находиться важная для говорящего (пишущего) информация. Сравните:

*А. Почти три года назад мы начали изучать русский язык.*

*Б. Русский язык мы начали изучать почти три года назад.*

Изучением порядка слов с точки зрения автора текста занимается коммуникативный синтаксис. Основными понятиями этого раздела языкознания являются понятия «тема» и «рема». **Тема** – это известная информация в предложении (**Т**), т. е. данное, а **рема** – неизвестная информация в предложении (**Р**), т. е. новое. Последовательно изучим способы актуализации информации в русском языке.

**1. Исходная мысль + суть высказывания.**

Такая структура обычно используется в первом предложении текста или в самом тексте, если выражается новая мысль. По структуре первое предложение текста обычно бывает простым. Оно обычно задаёт тему текста. Ещё точнее, тема текста задаётся во второй части первого предложения, ближе к его финалу.

***День космонавтики был*** *официально* ***установлен в апреле 1962 года*** *в честь первого орбитального полёта человека вокруг Земли. Это значимое* ***событие произошло*** *12 апреля 1961 года. Первый* ***космонавт*** *Земли Юрий Гагарин* ***пробыл*** *в космическом пространстве чуть больше ста минут и навсегда* ***вписал*** *и своё имя, и этот полёт в мировую историю.*

Предложения данной структуры часто используются в следующих случаях:

При описании какого-то факта, события, человека, природы и т.д. Такие предложения не зависят от контекста и понятны любому читателю. Структура предложения нередко инверсионная.

А. *Солнце осветило землю.*
Б. *После дождя повсюду – лужи.*
В. *На небе нет ни облачка.*
Г. *Он был одиноким человеком, но одиночество никоим образом не исказило его душу.*
Д. *Персональные компьютеры – это универсальные устройства для обработки информации.*
Е. *Язык существует в двух разновидностях речи: устной и письменной.*

Предложения такой структуры показывают действие или состояние.

А. *Осенью птицы* ***улетают*** *на юг.*
Б. *Курить на станциях и в вагонах* ***запрещено****.*
В. ***Я пошёл*** *проведать друга в больнице.*

Они также могут выявлять особенности человека.

А. *Усталая, она замолчала и оглянулась.*
Б. *Я приехал издалека.*
В. *Он просил позвонить в случае необходимости.*
Г. *Я студентка университета иностранных языков.*

В таких предложениях указание на время (обстоятельство времени) и место (обстоятельство места) находятся в начале предложения.

А. *Три года от дочери не было писем.*
Б. *До вечера мы не закончим работу.*
В. *В нашем городе много достопримечательностей и памятников старины.*
Г. *С запада шла туча.* (М. Шолохов)
Д. *На стадионе яблоку было негде упасть: все пришли поболеть за свою любимую команду.*

**2. Данное + новое (Т + Р).**

Такая структура используется для связи предложений в тексте. Каждое предложение начинается с темы, которая представлена в предыдущем предложении. Например:

1. Указание на субъекты действия.

А. *Вошёл* ***молодой человек****, лет двадцати, со смеющимися глазами и губами.* ***После него*** *вошли и* ***другие гости****.*

Б. *После девяти часов вечера* ***библиотека*** *пустела.* ***В ней оставались*** *только* ***самые старательные студенты****.*

В. *В то лето я жил в маленьком* ***городе. Город стоял*** *на берегу реки.*

Г. *Жил на свете один* ***математик****, который всю жизнь решал одну задачу. Но* ***ему никто не*** *хотел помочь,* ***все*** *только смеялись над ним.*

Д. *Все стало другим...* ***Другими стали*** *и мои мечты.*

2. Описание характера субъекта действия, показ его состояния и действий, особенностей природы или окружающей обстановки.

А. *Он посмотрел* ***на меня. Я не могла сказать ни*** *слова, только* ***улыбалась****.*

Б. *Очень быстро продвигалась* ***работа****. Каждый* ***знал, что нужно делать****.*

В. *На улице продолжал идти* ***дождь. Он стучал*** *по окнам и крышам,* ***заставляя*** *всех сидеть дома.*

Г. *В двенадцать часов закончились* ***соревнования. Они были очень сложными*** *для всех участников.*

Д. *Прочитана новая* ***книга. Она*** *просто* ***стала*** *для меня откровением и* ***перевернула*** *все мои представления о жизни.*

3. Указание на время, место, причину, форму и цель поведения или какого-то события.

А. *Началась моя студенческая жизнь. Она* ***потекла со страшной быстротой****.*

Б. *Молодёжь не может не учиться. Получать знания нужно* ***везде и всегда: дома и в университете, на занятиях и в свободное время****.*

В. *У меня есть увлечение. Оно досталось мне* ***от бабушки****.*

Г. *Многие не любят классическую музыку, считая классику устаревшей. Но классика потому и классика, что она не устаревает* ***никогда****.*

Д. *Можно много говорить о любви и дружбе. Самое главное, что без них жизнь* ***будет скучной и унылой****.*

Е. *Верь не верь, но у нас много возможностей. Эти возможности даны нам* ***нашей Родиной****.*

Ж. *Все тексты мы уже прочитали. Осталось только их твёрдо запомнить,* ***чтобы сдать экзамен****.*

### Внимание!

词序是写作中必须注意的重要问题之一。俄汉两种语言的结构形式基本一致，可以简单地表示为“时间＋地点＋谁（什么）＋怎样＋动作（行为、状态）＋什么”。但是，在实际交际中，词序会随着交际任务、语义侧重的变化而变化。通常在俄语写作中有两种基本词序规律。

第一条规律是“出发点＋语义中心”。这种句子结构常用于文章开头句，或者用于作文中引出意图的句中。这种句子通常是简单句，直接指出全文的主题，主题通常在该句的后半部分，直至句末，可以用来引出人物、事件，指出事实，描写环境，揭示客体特征等。

第二条规律是“已知信息＋新信息”。这种句子结构常用与上下文有关的句中，句中承接上文已知信息的部分放在前面，包含新信息的部分放在后面。这种句子可以用来引出主体，展示主体的性质、行为或状态，还可以揭示行为或事件、地点、原因、方式、目的等。

## Задания и упражнения

### Упражнение 1. Выделите в данных предложениях данное (тему) и новое (рему).

1. Жить – Родине служить.
2. Мои дела идут в гору.
3. Я не знаю, где он учился и работал.
4. Наша команда одержала победу в чемпионате, который проходил в Шанхае.
5. На конкурсе русского языка наша группа заняла первое место.
6. Каждое утро я иду на стадион и смотрю, как другие занимаются спортом.
7. Повсюду раскрываются первые листочки.
8. В нашей стране большое внимание уделяется охране окружающей среды.
9. Наш город считается одним из старейших городов в нашей стране.

### Упражнение 2. К выделенному слову подберите определения.

1. Я никогда не забуду её **лицо**.
2. **Любовь** мамы я навеки сохраню в своём сердце.
3. Из-за туч глянуло **солнце**.
4. Без **друзей** невозможно прожить на свете.
5. В соревнованиях мы одержали **победу**.
6. Помню **радость** родителей, когда я поступил в университет.

### Упражнение 3. Прочитайте. Используя слово, данное в скобках, напишите предложение, следующее за данным.

1. Мне было грустно. (забыть)
2. Наступил новый день. (отмечать)
3. Я очень переживал. (потерять)
4. Что может быть прекраснее весны! (оживать)
5. Когда я смотрю на его лицо, испытываю необычайное волнение. (думать)
6. Счастливое время наступило для всех нас. (поехать)
7. Разве можно не наслаждаться этой картиной! (изображать)

### Упражнение 4. Определите значения следующих слов:

молодёжь, любовь, мечта, надежда, искусство, музыка, природа, учитель.

Например: Вера – это признание чего-то истинным. Сила – это способность человека противостоять или преодолевать внешнее воздействие.

## 4.2. Синтаксические конструкции русской речи

Русский язык обладает огромным количеством синонимичных синтаксических конструкций. **Синонимические конструкции** – это конструкции, совпадающие по своему значению при различии формального построения. Синонимичны между собой словосочетания, члены предложения, придаточные предложения.

Смысловая близость синонимических конструкций, как и лексических синонимов, не означает их тождества: они различаются между собой или оттенками значения, стилистической окраской, или степенью употребительности, образности.

*Помощь родителей – родительская помощь.*

*Проза Пушкина – пушкинская проза.*

*Прогулка вечерами – вечерняя прогулка.*

*Девочка с тёмными волосами – темноволосая девочка.*

*План на семестр – семестровый план.*

*Аппетит как у волка – волчий аппетит.*

*Помощь брата – братская помощь.*

*Смех детей – детский смех.*

*Студенты, которые окончили второй курс – студенты, окончившие второй курс – студенты, окончив два курса – студенты по окончании второго курса – студенты, после того как окончили второй курс.*

*Она грустила. – Ей было грустно. – Она чувствовала грусть. – Грустно ей было!*

*Когда Ван Ли принял решение, он приступил к делу. – Ван Ли, приняв решение, приступил к делу. – Ван Ли, после того как принял решение, приступил к делу. – После принятия решения Ван Ли приступил к делу. – Принявший решение Ван Ли приступил к делу.*

*Он был болен (составное именное сказуемое). – Он болел (простое глагольное). – Он стал болеть (составное глагольное сказуемое).*

*Придёт зима – пруд покроется льдом (бессоюзное). – Придёт зима, и пруд покроется льдом (сложносочиненное). – Когда придёт зима, пруд покроется льдом (сложноподчиненное).*

*Будет хороший день – поедем на экскурсию. – Будет хороший день, и мы поедем на экскурсию. – Когда будет хороший день, поедем на экскурсию.*

Как видно из примеров, одни из них отличаются друг от друга своими смысловыми оттенками:

*Он не может сидеть дома. – Ему не сидится дома.*

*Я хочу погулять. – Мне хочется погулять.*

*Я знаю, что наши планы выполняются не всегда в срок. – Как мне известно, наши планы выполняются не всегда в срок.*

Другие – экспрессивно-эмоциональной или функционально-стилистической окраской:

*ошибаешься, если думаешь, что... – было бы ошибкой думать, что...;*

*мне не нужны твои деньги – очень мне нужны твои деньги.*

Возьмём, для примера, заголовок газетной статьи «Учитель должен учить!» и попробуем переделать это восклицательное предложение, используя книжные и разговорные синонимические конструкции.

*А. Обязанность учителя – учить.*

*Б. Учитель должен быть учителем!*

*В. Учителю надо учить.*

*Г. Ты учитель – и будь учителем.*

*Д. Ты учитель – ты и учи!*

*Е. Что же учителю и делать, как не учить!*

*Ж. Кому и учить, как не учителю?!*

Все они выражают отношение говорящего к содержанию фразы: степень их интенсивности от первого предложения к последующим нарастает.

Умелый выбор синтаксических конструкций важен для точного выражения мысли, для точной передачи отношения говорящего или пишущего к информации. Большой недостаток представляет собой однообразие синтаксических конструкций, которое делает речь бедной, невыразительной, например:

*Мой отец – учитель. Он преподаёт родной язык в школе. Эта школа находится недалеко от нашего дома. На работу отец ездит на велосипеде. Отец всегда занят. Он часто работает до поздней ночи. Он не отдыхает даже в воскресенье.*

Чтобы сделать речь выразительной, нужно овладеть разными типами предложений, которыми богат русский язык, нужно сознательно вводить их в свою речь, избегая однообразия синтаксических конструкций.

Сравните два варианта текста. Какой из них, на Ваш взгляд, является более выразительным? Какими языковыми средствами это достигается?

**Текст 1**

Вариант 1

*Праздник Весны – мой любимый праздник. Наша семья к празднику готовится заранее, и месяц приготовлений переполнен всяких событий. Уже с самого начала появляется предпраздничное настроение. С каждым днём всё ближе наступление нового года по лунному календарю.*

*Выходишь утром из дома: тянутся гирлянды фонариков, радуя глаз прохожих. На каждом углу развешены всякого рода афиши и плакаты, на которых написаны поздравления и пожелания в Новом году. В магазинах начинается переполох: все суетятся, ищут подарки, делают различные покупки. Именно такая приятная суета доставляет мне удовольствие до замирания сердца.*

Вариант 2

*В нашей стране трудно найти человека, который бы не ждал с восторгом и нетерпением наступление праздника Весны. И я – не исключение. Ещё за месяц до начала праздника начинаются приготовления: папа готовит продукты, а мама – подарки, а я – парные надписи. Уже с самого его начала появляется предпраздничное настроение, и начинается отсчёт времени в обратную сторону, с каждым днём сокращая время до наступления этого долгожданного праздника.*

*Как прекрасны улицы днём! Выходишь утром из дома: повсюду красные фонарики, которые зажигаются при наступлении ночи. Невозможно не любоваться поздравительными плакатами. И на каждом – пожелание успеха и счастья в наступающем году. А суета в магазинах – все стараются выбрать самый прекрасный подарок для родных и друзей. Именно такая приятная суета заставляет замирать моё сердце. Скоро наступит самый радостный день в году.*

**Текст 2**

Вариант 1

*Китай и Россия – хорошие друзья. Хотя говорят, что не существует друзей навсегда, а есть друзья только по интересам, но я верю, что наша страна во многом похожа на Россию, у нас есть общий язык. Мы должны расширить свои познания в области культуры, учиться хорошему у других. Я хочу понять: почему я изучаю русский язык, кем я стану в будущем. Язык – это только метод общения. Но о чем общаться, что я знаю, что ещё хочу узнать? Надеюсь, что годы двустороннего обмена помогут мне ответить на эти вопросы.*

Вариант 2

*Мы и Россия – хорошие друзья. Говорят, что не существует вечных друзей, есть только друзья по интересам. Может быть, это так, когда мы говорим о людях. Но наша страна во многом похожа на Россию, у нас общее прошлое и общее будущее. Наши страны должны расширить свои познания в области культуры, учиться друг у друга. А для этого нужен общий язык. Язык – это только метод общения. Но о чём общаться, что я знаю, что ещё хочу узнать? Годы дружественного обмена Китая и России помогут мне ответить на вопросы.*

В художественной литературе активно используются различные выразительные средства. Для примера проанализируем сказку Ф. Кривина «Волк на ёлке».

**Волк на ёлке**
**(Новогодняя сказка)**

*В новогоднюю ночь старый Волк особенно остро почувствовал своё одиночество. Увязая в снегу, продираясь сквозь цепкие ёлки, он брёл по лесу и размышлял о жизни.*

*Да, ему никогда не везло. Самые лучшие куски у него выхватывали из-под носа другие. Волчица – и та оставила его, потому что он мало приносил зайцев.*

*А сколько неприятностей из-за этих зайцев было в его жизни! В волчьем мире зайцы решают всё. Перед теми, у кого зайцев много, все на задних лапах стоят, а у кого мало...*

*Колючие ёлки продолжали царапать Волка. «Никуда не денешься от этих ёлок, хоть из лесу беги! – думал Волк. – Когда же все это кончится?»*

*И вдруг... Волк даже присел на хвост, протёр глаза: неужели, правда? Под ёлкой сидит самый настоящий, самый живой заяц. Он сидит, задрав голову, и смотрит куда-то вверх, и глаза его горят так, словно ему там невесть что показывают.*

*«Интересно: что он там увидел? – подумал Волк. – Дай-ка и я погляжу». И он поднял глаза на ёлку.*

*Сколько ёлок видел он на своём веку, но такой ему видеть не приходилось. Она вся искрилась снежинками, переливалась лунным светом, и казалось, что её специально убрали к празднику, хотя на ней не было ни одной ёлочной игрушки. Волк был так потрясён этой красотой, что замер с открытым ртом.*

*Бывает же на свете такая красота! Посмотришь на неё – и чувствуешь, как у тебя внутри что-то переворачивается. И мир как будто становится чище и добрее.*

*Так и сидели рядышком Заяц и Волк под новогодней ёлкой, смотрели на эту красоту, и внутри у них что-то переворачивалось.*

*И Заяц впервые подумал, что есть на свете кое-что посильнее волков, а Волк подумал, что, честно говоря, ведь не в зайцах счастье... (По Ф. Кривину*, 273 слова)

При анализе текста выделите следующие аспекты:

1. Лексика.
   Выделите метафоры, эпитеты, перифразы, антитезы, сравнения.
   Какие слова чаще всего используются в тексте?

2. Фразеология.
   Есть ли в тексте фразеологизмы?
   Какие другие устойчивые языковые средства используются?

3. Синтаксис. Структура предложений.
   Больше простых или сложных предложений? Какой тип сложных предложений преобладает?

Есть ли риторические вопросы (риторические восклицания)?

Есть ли неполные предложения (однородные члены, вводные слова, вставные конструкции, обособленные члены)? Какой процент они составляют?

Есть ли прямая речь, диалоги?

В каких предложениях используется обратный порядок слов?

Какие части речи преобладают?

Последовательный анализ текста показывает, что сказка «Волк на ёлке» является текстом, в котором используются различные изобразительно-выразительные средства языка. Такой анализ необходимо проводить для формирования языкового чутья.

Внимание!

“主语 + 谓语 +（补语）（汉语为宾语）”是俄汉句子最常见的结构。一篇好文章的句子结构是多种多样的。俄语具有大量的句法同义手段，写作时学会选用不同的句式可使文章的内容更生动、充实，而且对于确切表达作者丰富的思想感情有着十分重要的意义。

## Задания и упражнения

**Упражнение 1. Прочитайте предложения и варианты их перевода на русский язык. Какой из вариантов Вы выберете в тексте своего сочинения. Ответ постарайтесь аргументировать.**

1. 他心里闷闷不乐。Ему горько и грустно. Он горюет. Он грустит.
2. 他看起来忧心忡忡。Он выглядит обеспокоенным. Он кажется обеспокоенным (взволнованным).
3. 我听到有个妇女在哭。Я услышал плач женщины. Я услышал, что где-то рыдает (плачет) женщина. До меня доносился женский плач.
4. 我 害 怕。Я боюсь. Мне страшно. Я был в ужасе. Я испугался. Мной овладел страх. Меня одолел страх.
5. 我不想离开学校。Мне жаль расставаться со школой. Я не хочу расставаться со школой.
6. 他吃力地爬上了山。Он с трудом поднялся (залез) на гору. На гору он поднялся с большим трудом.
7. 我同伊万从学生时代起就是好朋友。
   А. Иван – мой хороший друг со студенческой (школьной) скамьи.
   Б. Мы с Иваном – хорошие друзья со студенческой (школьной) скамьи.
   В. Со студенчества (школы) Иван – мой хороший друг.
   Г. Мы с Иваном дружим со студенческих (школьных) времён.
   Д. Наша дружба с Иваном началась в студенчестве (в школе).

8. 中国人发明了火药、纸张、指南针和印刷术。
   А. Китайцы изобрели порох, бумагу, компас и книгопечатанье.
   Б. Порох, бумага, компас и книгопечатанье были изобретены китайцами.
   В. Порох, бумага, компас и книгопечатанье – четыре великих китайских изобретения.

**Упражнение 2. Прочитайте приведённые ниже пары предложений, обращая внимание на синтаксические конструкции и смысловые оттенки.**

1. Стучат в дверь. – Кто-то стучит в дверь.
2. Мне не спится. – Я не сплю.
3. Ветром сорвало листья. – Ветер сорвал листья.
4. Мне грустно. – Я грущу.
5. Всем молчать! – Все молчите!
6. Голова у меня что-то разболелась. Видимо, к непогоде. – У меня болит голова. Видимо, будет плохая погода.
7. Чтобы простить человека, надо его понять. – Чтобы ты мог простить человека, ты должен его понять.
8. У меня не было ни минуты свободного времени. – Я не имел ни минуты свободного времени.
9. Чудесно пахло рыбой. – Рыба чудесно пахла.
10. Я ничего не знаю.– Мне ничего не известно.
11. Я хорошо помню, что это было накануне Нового года. – Мне помнится: всё это было накануне Нового года.
12. Я, конечно, не скажу, что книга плохая, но она мне не нравится. – Конечно, не скажешь, что книга плохая, но она мне не нравится.
13. Видимо, мы должны написать сочинение.– Видимо, нам придётся написать сочинение.
14. Я выглянул из окна и увидел, что во дворе толпилось много людей. – Я выглянул из окна: во дворе толпилось много людей.
15. Я знал: меня накажут. – Я знал, что меня накажут.

**Упражнение 3. Перефразируйте данное предложение, сохраняя его мысль (не меньше 6 вариантов).**

Нас очень огорчили слова преподавателя.

**Упражнение 4. Прочитайте текст. Постарайтесь сделать текст образным и выразительным. Дополните с точки зрения содержания и формы.**

Я сдал экзамены в университет. Все мои одноклассники уже получили результаты экзамена, а моих документов не было. Я очень волновался.

Один раз утром, когда я совсем разочаровался, в дверь позвонили. Пришли мои документы. Я очень обрадовался. Мама тоже обрадовалась, папа тоже обрадовался. Дедушка и бабушка тоже были рады.

Папа пошёл в магазин и купил много вкусных продуктов. Вечером мы накрыли праздничный стол. За столом собрались мои родные и друзья. Я был очень рад.

Этот день стал незабываемым днём в моей жизни.

## 4.3. Связь между предложениями в тексте

Основные **средства грамматической связи** предложений в тексте – порядок предложений, порядок слов в предложениях, служебные слова и интонация. Предложения в тексте могут связываться при помощи повторяющихся ключевых или однокоренных слов (*трудом – без труда; любить Родину – любовь к Родине*); местоимений (*книгу – она; человек – он*) и других языковых средств.

В тексте предложения могут быть связаны по смыслу последовательно, как бы по цепочке: второе – с первым, третье – со вторым и т.д. Такая связь называется ***цепной***. Цепная связь осуществляется при помощи повторения слов и использования синонимов. Она обычно используется в повествовании. Например:

*Когда **я** училась в школе, мы всем классом решили устроить **вечер** культуры разных **стран**. Каждый готовил **номер** об одной **стране**. **Я** не знаю, почему **я** выбрала **Россию**. Тогда **я** почти ничего не знала об этой **стране** и о **россиянах**. Но когда начала готовиться к вечеру, то все больше и больше узнавала о **России** и **русских**.*

Цепные связи преобладают в деловой, научной и публицистической речи, очень часты в художественной литературе, вообще они присутствуют везде, где есть линейное, последовательное, цепное развитие мысли.

Предложения в тексте бывают и без сцепляющих слов. При этом все предложения, начиная со второго, и по смыслу, и грамматически связаны с первым. Они как бы развёртывают, конкретизируют его смысл. Такая связь предложений в тексте называется ***параллельной***. Параллельная связь осуществляется при помощи перечисления, описания разных предметов, фактов, явлений и т.д. в одном фрагменте. Она обычно существует в текстах-описаниях. Например:

*У нашего преподавателя большая **квартира**: 3 **комнаты**, **кухня** и большой **балкон**. В **большой комнате** стоит диван, книжные шкафы, телевизор и большой стол. На **кухне** много красивой посуды и современной техники. На большом **балконе** цветут цветы.*

Третий вид связи между самостоятельными предложениями – присоединение. Это такой принцип построения высказывания, при котором часть его в виде отдельной, как бы дополнительной информации прикрепляется к основному сообщению. Присоединительная связь не способна самостоятельно образовывать тексты. Уже из названия её ясно, что она может лишь присоединять какие-либо части, добавления, комментарии к основному высказыванию. Например:

*А. Я пришёл заранее – и не зря.*

*Б. Я не люблю опаздывать, да и не в моих это правилах.*

*В. С тех пор я больше ни одному учителю – да и никому другому – не позволял сообщать мне что-нибудь о ком-нибудь заранее.*

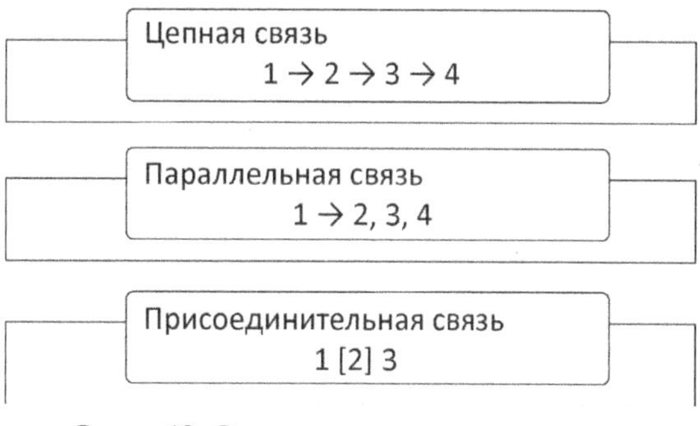


**Схема 12. Связи предложений в тексте**

Нельзя не отметить, что в разных типах текстов преобладают разные типы связи и не всякие предложения можно соединить в один связный текст. Как правило, в тексте наблюдается совмещение разных типов связей в зависимости от конкретных авторских задач.

Встречаются следующие **средства связи** между предложениями:

**1. Повторение слов.** Обычно предложение состоит из двух частей. В первой находится то, что известно из предыдущей части текста или легко угадывается из речевой ситуации (данное или тема). Вторая часть заключает в себе новую информацию, представляющую цель коммуникации (новое или рема). Повторение слов является одним из важных средств, которое превращает новое предыдущего предложения в данное последующего предложения.

*(1)* ***Любовь*** *к* ***родному*** *краю, к* ***родной*** *культуре, к* ***родному*** *селу или городу, к* ***родной*** *речи начинается с* ***малого*** *– с любви к* ***своей*** *семье, к* ***своему*** *жилищу, к* ***своей*** *школе. И ещё – с уважения к таким же чувствам людей, которые тоже любят* ***свой*** *дом,* ***свою*** *землю,* ***своё*** *– пусть и непонятное тебе –* ***родное*** *слово. Вот эти важнейшие человеческие качества и поможет тебе открыть в своей душе история:* ***любовь****, уважение, знание.* (Д.С. Лихачев)

*(2) И, правда,* ***русский язык*** *настолько разнообразен и точен, что с его помощью можно описать не только настоящее, будущее и прошлое, но и любую мысль. Из глубины веков, благодаря* ***слову****, до нас доходят сведения о прошлой жизни и быте, человеческих проблемах и желаниях. И по сей день* ***люди*** *продолжают записывать настоящие события и те, которые будут. Огромное количество* ***слов русского языка****, множество синонимов помогают точно и ярко передать* ***людям*** *все идеи, мысли, чувства. Правильно воспользовавшись* ***словом*** *можно объединить* ***людей****, повести их за собой, огорчить или утешить.* ***Слово*** *помогает в трудную минуту, так полководцы, ведя свою армию на смертный бой, приободряли* ***людей*** *родным* ***словом****.* ***Человеку****, долго находящемуся в чужой стране, тяжело без родного* ***языка*** *потому, что он привык к родному* ***слову****. И не только один* ***человек****, целый* ***народ*** *не сможет выжить без своего* ***языка****, так как* ***язык*** *играет важную роль в самоопределении* ***народа****,* ***язык*** *– основа культуры. Существует много случаев в истории, когда* ***народ*** *прекращал своё существование, потому что ему запретили разговаривать на своём* ***языке****.*

Если взять предложение любого типа в качестве отправной фразы повествования, то следующую за ним фразу можно связать с первой путём повторения любого из её знаменательных слов. Выбор этого слова зависит от того, в каком направлении мы хотим продолжать дальнейшее развитие мысли, а это определяется коммуникативной задачей.

Так первое предложение из рассказа В. Шукшина *«Наказ»: «Молодого Григория Думнова, тридцатилетнего, выбрали председателем колхоза. Собрание было шумным; сперва было заколебались – не молод ли?»*, – можно продолжить следующим образом:

А. ***Молодого*** *Григория Думнова, тридцатилетнего, выбрали председателем колхоза. Он был* ***молод*** *для этой должности.*

Б. *Молодого Григория Думнова, тридцатилетнего, выбрали председателем* ***колхоза****. В этом* ***колхозе*** *работала вся его семья.*

В. *Молодого Григория* ***Думнова****, тридцатилетнего, выбрали председателем колхоза. Сначала хотели выбрать его отца, Анатолия* ***Думного****.*

Г. *Молодого Григория Думнова, тридцатилетнего, выбрали* ***председателем*** *колхоза. Никто не хотел быть тогда* ***председателем****.*

**2. Синонимическая замена.** Русский язык богат синонимами, редкие синонимические ряды насчитывают два-три члена, чаще их гораздо больше. Вместо лексического повтора в качестве средства связи между предложениями может выступать синонимическая замена. Она состоит в том, что используются синонимы и синонимические эквиваленты там, где надо употребить лексический повтор.

*А. Поэты сравнивают* ***храм Покрова на Нерли*** *с парусом, уносящимся вдаль по безбрежным волнам времени. Иногда прославленную* ***белокаменную церковь под Владимиром*** *сравнивают с лучистой безмолвной звездой, уплывающей в бесконечность мироздания. Благородные пропорции* ***белого храма****, отражающегося свыше восьми веков в водах, точно и естественно вписываются в окружающий пейзаж. Сменяются поколения, а* ***лебедь-храм*** *плывёт и плывёт среди неоглядных просторов. Любуясь* ***Покровом на Нерли****, думаешь об истории храма, о веках, что пронеслись над его стенами...*

*Б. В шоу-бизнес* ***Витас*** *ворвался 15 лет назад. У* ***Виталия Грачёва*** *не было цели специально придумывать миф о себе. За эти годы* ***исполнителю*** *удалось сохранить лидирующие позиции не только на российском музыкальном рынке, заслужив звание «****артист-аншлаг****» в России, но даже и за границей. Особенно известен* ***певец*** *в Китае, где на концерты ходят многотысячные толпы.*

*В.* ***Лев Ландау*** *родился в 1908 году в Баку в семье преуспевающего инженера-нефтяника. Читать и писать* ***Лёву*** *научила мама, она рано заметила необыкновенные способности* ***сына****.* ***Мальчик*** *прекрасно учился, в двенадцать лет уже умел дифференцировать, в тринадцать – интегрировать, но гимназию закрыли.* ***Лев*** *сидел дома. Мать стала твердить* ***сыну****, что от безделья человек превращается в ничтожество. Её слова возымели совсем не то действие, на которое она рассчитывала.* ***Мальчик*** *и без того страдал от насмешек сверстников, потому что был хил и слаб, а тут решил, что жизнь не удалась и лучше все это разом покончить.* (По М. Бессараб)

**3. Родовидовые слова.** В тексте сначала используется обобщённое название, которое в следующем предложении конкретизируется.

*А. В этом лесу много милых русскому сердцу* ***деревьев****. Но, прежде всего, замечаешь* ***белые*** *стволы* ***берёз****.*

*Б. «Осенний день в Сокольниках» – единственная, по всей видимости,* ***картина*** *Левитана, в которой присутствует человек. Это* ***пейзаж****, где серая осень поистине оживает.*

**4. Однокоренные слова.** Слова с одним корнем часто являются разными частями речи. Это позволяет сделать речь богаче и выразительнее.

*А. Конечно, такой мастер знал себе цену, ощущал разницу между собой и не таким* ***талантливым****, но прекрасно знал и другую разницу – разницу между собой и более даровитым человеком. Уважение к более способному и опытному – первый признак* ***талантливости****.* (В. Белов)

*Б. Как относиться к историческому и культурному* ***наследию*** *своей страны? Всякий ответит, что доставшееся нам* ***наследство*** *надо оберегать.*

*В. Универсального рецепта того, как* ***выбрать*** *правильный, единственно верный, только тебе предназначенный путь в жизни, просто нет и быть не может. И окончательный* ***выбор*** *всегда остаётся за человеком (по Москвину).*

**5. Союзы, частицы, вводные слова и выражения** (но, и, а, ведь, значит, в общем, вот, итак, одним словом, исходя из этого и т.д.).

*А. В этот знаменательный день я веселюсь от души.* ***Но****, к сожалению, все хорошее быстро подходит к своему завершению.*

*Б. Этот визит занял весь вечер и напрочь разрушил столь любимое им чувство одиночества.* ***В конце концов****, может, и хорошо, что разрушил...*

**6. Единство видовременных форм глаголов-сказуемых.** Это одно из важных средств для организации текста. При описании явлений одного смыслового плана (пейзаж, обстановка, характеристика лица) глаголы-сказуемые обычно выражаются формами одного и того же вида и времени. Например:

*А. Весной все на земле* ***просыпается*** *к новой жизни.* ***Тает*** *снег,* ***появляется*** *молодая зелёная травка. На деревьях и кустах* ***распускаются*** *листочки. Весной* ***возвращаются*** *к нам перелётные птицы: скворцы, грачи и ласточки. Они* ***начинают*** *вить гнёзда, готовить жильё для будущих птенцов.*

*Б. У меня небольшая светлая комната с приятными светло-серыми обоями. На всю стену – огромное окно, через которое к комнате утром* ***заглядывает*** *солнышко. Посредине* ***стоит*** *круглый коричневый стол с изысканной резьбой. Около стола – два стула. Напротив дверей* ***есть*** *книжный шкаф, в котором* ***хранятся*** *настоящие сокровища – книги. Слева от шкафа* ***находится*** *кровать, деревянная, невысокая, с разноцветными маленькими подушечками. У окна* ***стоят*** *журнальный столик, кресло и торшер. Это мой любимый уголок, здесь я зимними вечерами* ***читаю*** *или* ***рисую****. Пол* ***застелен*** *темно-красным ковром. Уют и комфорт – это то, что* ***есть*** *в моей комнате.*

Когда нужно показать быструю смену событий, действий, обычно употребляются глаголы-сказуемые прошедшего времени. В таких фрагментах глаголы-сказуемые указывают на последовательность протекания действий, и переставить их невозможно.

*А. На другой день я* ***встала*** *в 6 часов,* ***умылась*** *и* ***отправилась*** *на вокзал встречать друзей…*

*Б. По платформе к поезду* ***бежала*** *довольно грузная женщина.* ***Споткнулась, упала. Стала*** *смущённо* ***подниматься****. А рядом* ***стояли*** *три паренька. Они с любопытством* ***смотрели*** *на происшествие. Но никто из них даже* ***не подумал помочь*** *женщине подняться. Только один довольно равнодушно* ***заметил:*** *«Спортом нужно заниматься» . (В. Катаев).*

**7. Местоимения.** В русском языке наиболее широко распространены личные местоимения он, она, оно, они и притяжательные *его, её, их*. Кроме того, используются и другие местоимения **это, такой (такая, такое, такие), весь (вся, все)** и т.д.

*А. Наступила* ***осень****. Незаметно подкралась* ***она*** *к нашим садам, полям, рощам и лесам.*

*Б. Призыв об охране лесов должен быть обращён, прежде всего, к* ***молодёжи. Ей*** *жить и хозяйствовать на этой земле,* ***ей*** *и украшать её (Л. Леонов).*

*В. По преданию, давным-давно жил на свете молодой* ***пастух*** *Нюлан. В детстве* ***он*** *лишился родителей и жил в доме старшего брата, но потом невестка выгнала Нюлана из дома.*

**8. Синтаксический параллелизм.** Несколько предложений имеют одинаковое строение с точки зрения порядка членов предложения.

*А. Надо быть современным. Надо быть безжалостным к прошлому.*

*Б. Уметь говорить – искусство. Уметь слушать – культура. (Д. Лихачёв)*

Внимание!

完整的思想通过彼此相互联系的句子来表达，若干合乎规则、彼此联系的句子组合在一起构成文章。常见的俄语句子联系方式有三种：链型联系、平行联系和接续联系。联系手段有词的重复、同义现象（代词、种类概念词、同根词）代换、连词、语气词、插入语、时体统一、句法排比等。

## Задания и упражнения

### Упражнение 1. Какими средствами связаны между собой приведённые ниже предложения?

1. Девочка сидит за столом. Она читает книгу.
2. В комнату вошёл человек. Вошедший был бледен.
3. Хвастовство – это просто глупость. Глупому всегда почему-то кажется, что он лучше других.
4. Жили-были дед и баба. И была у них курочка.
5. Он надел очки. Глаза стали лучше видеть.

### Упражнение 2. К данным словам подберите разные синонимы.

Говорить -..., смеяться -..., радоваться -..., грустить -..., жить -..., умереть -..., лицо -..., глаза -..., голова -..., приятель -...., возлюбленная -..., муж -..., ловкий -..., умный -..., глупый -..., понятный -..., далёкий -..., дикий -..., красивый -...; быстро -..., медленно -..., хорошо -..., плохо -..., аккуратно -..., серьёзно -...

### Упражнение 3. Используя различные средства связи, напишите предложение, связанное по смыслу с представленными ниже.

1. Было холодное январское утро.
2. Он был простым учителем.
3. Моя подруга – мы с ней учились в одном классе – очень любит спорт.
4. Искусство – важнейшая часть жизни каждого культурного человека.
5. Сиань – не только столица 14 династий, но и один из самых древних городов на планете.
6. В Китае трудно найти человека, который бы не знал слова Мао Цзэдуна о молодёжи.

## Упражнение 4. Выберите правильный вариант сложного предложения.

1. 云南普洱茶是云南的名茶，古今中外负有盛名。

Юньнаньский чай Пуэр является самым известным чаем в провинции Юньнань. Он издавна пользуется популярностью не только в Китае, но и за рубежом.

Чай Пуэр – самый известный чай провинции Юньнань, с древности до наших дней пользующийся популярностью в Китае и за рубежом.

2. 针灸是我国古代劳动人民创造的一种独特的医疗方法，有着悠久的历史。

Иглоукалывание и прижигание – уникальный метод лечения заболеваний, созданный в древности трудовым народом нашей страны, он имеет длительную историю.

Иглоукалывание и прижигание – это особый метод лечения, который создали китайские трудящиеся в древние времена. Он имеет длинную историю.

3. 贞丰县位于贵州省黔西南布依族自治州东部，这是一个多民族聚居的地区。

Уезд Чжэньфэн расположен на востоке Цяньсинань-Буи-Мяоского Автономного округа провинции Гуйчжоу. Это место является многонациональным районом.

Уезд Чжэньфэн, который расположен на востоке Цяньсинань-Буи-Мяоского Автономного округа провинции Гуйчжоу, является местом компактного проживания разных национальностей.

4. 人称平遥有三宝，古城墙便是其一。

В народе говорят, что в Пинъяо есть три сокровища, одно из которых – древняя городская стена.

Пинъяо славится тремя драгоценностями, одним из которых является древняя городская стена.

5. 皮影戏是一种用兽皮或纸板剪制形象并借灯光照射所剪形象而表演故事的戏曲形式。其流行范围极为广泛，几乎遍及全国各省区，并因各地所演的声腔不同而形成多种多样的皮影戏。

Театр теней – это форма театрального искусства, для демонстрации сказаний которой используются тени фигурок, сделанных из шкур диких животных или вырезанные из бумаги. Сфера его распространения необычайно широка, его можно встретить в каждой провинции и районе по всей стране, но из-за различий в напевах и мелодиях сформировались разные виды этого театра.

Театр теней является формой театра, в которой используют шкуру животных или картон для вырезки фигур и облучают светом лампы на сделанные фигуры для представления сказок. Он широко распространён почти во всех провинциях и районах Китая. В связи с различием пения в разных районах сформированы разнообразные виды театра теней.

## Упражнение 5. Напишите сочинение на тему «Традиционный праздник». Объём сочинения должен превышать 160 слов.

# Изложение

словарный запас 词汇量

подробное изложение 详细叙述

сжатое изложение 摘要；提要、扼要的陈述

выборочное изложение 选择性叙述

изложение с творческим заданием 创造性叙述

пересказ 转述

черновой вариант (черновик) 草稿

чистовой вариант (чистовик) 清高

корректировка 校对

подготовительный этап 准备阶段

основной этап 基本步骤

дедуктивное рассуждение 演绎推理

наброски 草稿

алгоритм 纲要，要领

## Предтекстовые задания и упражнения

### Задание 1. Ответьте на вопросы.

1. Что общего между диктантом и изложением?
2. На какие темы писать изложения легче всего? Почему так происходит?
3. Когда нам в жизни необходимо писать изложение?

### Задание 2. Выделите главную информацию в следующих высказываниях.

1. *Наш город – это наш большой дом. Мы все его полноценные настоящие хозяева. И ты тоже хозяин этого дома. Зачем же тебе его загрязнять?*
2. *В наши края пришла ранняя весна. Распустились радующие всех молодые зелёные листочки на деревьях у дороги. Появилась на газонах первая зелёная травка. Небо стало яснее, глубже.*
3. *Я не знаю рецептов для проявления необходимого всем нам взаимопонимания, но уверен, что только из общего нашего понимания проблемы могут возникнуть какие-то конкретные выходы. Один человек – я, например, – может только бить в колокол тревоги и просить всех проникнуться милосердием и подумать, что же сделать, чтобы оно согревало нашу жизнь.*
4. *Каждые четыре года самые сильные, ловкие и быстрые юноши Греции собирались около города Олимпия. Они соревновались в борьбе и беге, метали диск и молот. Обычай был священным. Ради него греки забывали вражду. Объявлялась одна общая война – спортивная. Славный обычай дошёл до наших дней. Каждые четыре года лучшие спортсмены мира съезжаются на соревнования. Соревнования проходят в разных городах. То в Лондоне, то в Пекине, то в Лос-Анджелесе, то в Сочи. Но называются они Олимпийскими играми.*

## 5.1. Понятие «изложение»

**Изложение** – общее название работ, связанных с воспроизведением готового, «чужого» текста. Это устный или письменный пересказ текста. Термин «изложение» охватывает ряд и письменных упражнений: от почти дословного пересказа небольшой части прочитанного текста до свободной передачи содержания целого литературного произведения и даже нескольких произведений, сходных по теме. Цель изложения состоит в том, чтобы правильно понимать и излагать текст.

Изложения бывают разными по содержанию, цели, объёму, по отсутствию или наличию плана и условиям его составления и т. п.

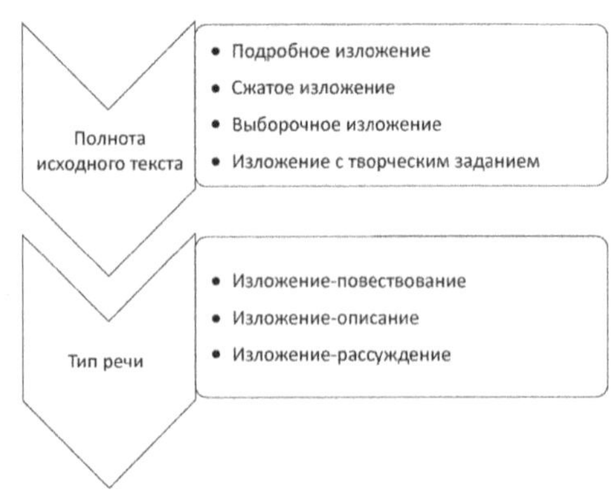


**Схема 13. Типы изложений**

### Последовательность работы над изложением

**А. Подготовительный этап:**

- необходимо определить тему и основную мысль текста;
- выделить основное в его содержании, сжато передать содержание текста;
- выделить его смысловые части, составить план прочитанного;
- найти в тексте и объединить материал на ту или иную тему.

**Б. Основной этап:**

- понять коммуникативную задачу автора текста (общение, сообщение, воздействие);
- определить и раскрыть тему и основную мысль текста (повествование-рассказ о каком-то случае; описание предмета, животного; элементарное дедуктивное рассуждение);
- составить простой план текста;
- составить сложный план текста;
- совершенствовать содержание и языковое оформление своего текста;
- подробно, сжато и выборочно пересказать текст;
- вводить в пересказ текста оценку поступков героев, выражать своё отношение к изложенному;
- совершенствовать изложение в соответствии с задачей исходного текста, его темой, основной мыслью и стилем.

**В. Завершающий этап:**

Контрольная работа.

### Алгоритм написания изложения

**1.** Внимательно прослушайте (прочитайте) текст, который вам предстоит письменно изложить.

**2.** Продумайте содержание текста, определите, какая информация является основной, а какая – второстепенной.

**3.** Определите значение непонятных слов.

**4.** Составьте план.

**5.** Продумайте, какие способы вы можете применить при написании изложения: передача только основной информации текста; краткое изложение одного из фрагментов или нескольких фрагментов текста (например, замена диалога одним предложением, выражающим содержание разговора персонажей).

**6.** Отредактируйте черновик, обратите внимание на следующее:

а) точность, факты, логику развёртывания темы, связь между предложениями и частями текста;

б) соблюдение лексических и грамматических норм;

в) орфографическое и пунктуационное оформление текста.

При изложении ставятся следующие задачи: понять смысл предложенного текста; связно и последовательно передать информацию; грамотно в отношении стиля и правописания изложить текст.

При проверке изложения учитывается верная передача содержания, план изложения и соответствие его тексту, язык и стиль изложения, количество и характер ошибок в работе.

**Внимание!**

转述是指按照一定要求，口头或书面将别人现成的文章完整有序地转达出来的另一篇文章，是学习写作的一种重要方式。书面转述不仅可以发展言语能力、书写能力和修辞能力，而且可以训练记忆，发展逻辑思维，提高感知和再现情景的能力，扩大词汇量。转述按照内容的长短，可分为简要转述、选择性转述、详细转述和创造性转述。根据言语类型，转述有叙述性转述、描写性转述和论述性转述。抓住原文的主题和中心思想、分段、确定关键词句和言语类型、列提纲、按要求整合原文并写出转述者的评价态度等是完成转述必须具备的能力。

## Задания и упражнения

**Упражнение 1. Прочитайте образцы текстов диктантов (см. главу 3). Укажите, к какому типу относятся данные тексты: повествование, описание или рассуждение.**

**Упражнение 2. Прочитайте небольшие тексты. Выделите в них главное содержание.**

– 1 –

От мороза всем достаётся. Мороз и под шубой холодит и пальцы леденит. Зазеваешься – нос отморозишь. Зимой автомашину трудно завести. Корабли вмерзли в лёд – ждут весны. Значит, мороз – враг? Конечно.

А если не будет мороза? Не будет зимы. Не кататься с горки на санках и на лыжах не бегать! Не поешь мороженого! Холод помогает строить города, летать в космос, лечить от болезней.

Значит, мороз друг? Конечно.

Вот и не скажешь сразу: друг или враг холод. (По М. Садовскому)

– 2 –

«У нас каникулы!» – радуются школьники и студенты. Это слово означает перерыв в учебной работе. Это привычное земное слово родилось... на небе. Есть на небе яркая звезда Сириус. В древности ее называли Каникулой. Появляется Каникула в ночном небе 26 июля. Это самое жаркое время года. Тогда-то ученикам давали передышку, отпуск.

В честь звезды эти дни прозвали каникулами. Сначала так называли только летний отдых. Теперь всякий перерыв в учебных занятиях называют каникулами. (По Г. Ганейзер)

**Упражнение 3. Подберите небольшой текст (до 100 слов) для изложения. Выделите в нём главные слова.**

## 5.2. Изложение-повествование

Повествовательное изложение рассказывает о происходящих событиях, о жизни людей (или городов, стран и т. п.), о характере какого-либо рода деятельности и т.д. Повествование бывает обычно художественное, но возможно и чисто информативное. Главным в повествовательном изложении являются сведения о сменяющих друг друга событиях.

Типичная погрешность повествований – неоправданное повторение слов в исходной части высказывания, содержащей однотипную информацию. Чтобы передать смену действий, подчеркнуть их последовательность, достижение результата используют глаголы прошедшего времени совершенного вида, им следует отдать предпочтение. Однако глаголы несовершенного вида также нужны: они дают возможность подчеркнуть длительность отдельных действий; глаголы настоящего времени представляют события как бы происходящими на глазах читателя; формы будущего времени (*как крикнет! как вскочит! как побежит!*) передают стремительность, неожиданность того или иного действия.

Чтобы успешно справиться с повествовательным текстом, нужно уточнить его тему и основную мысль (иногда она заключена в заглавии текста), выявить микротемы и постараться озаглавить каждую из них. Работа над изложением-повествованием предполагает ответ на следующие вопросы:

1. Есть ли в каждом из фрагментов сведения, без которых всё последующее повествование будет непонятным?
2. Какие детали происходящего важны для развития действия, для раскрытия основной мысли, а какие можно опустить? Почему?
3. Как мысль, выраженную в каждом фрагменте, сформулировать короче?
4. Кого из героев текста можно назвать главным действующим лицом? Как этот герой связан с основной мыслью текста?

**Внимание!**

叙述性转述应主要抓住人物、事件的发展变化，转述时切忌一味重复原文，表示行为的更替和结果可有选择地运用完成体过去时。有时也可用未完成体动词来表示持续动作，未完成体现在时还令人有栩栩如生之感。完成体将来时表示行为的急促变化和出人意料。

## Текст для изложения

**Текст 1**

**Подземная школа**

*В годы Второй Мировой войны шли бои за Севастополь. Через линию фронта пробрался к своим Валерик Волков. Отца мальчика застрелили фашисты. Что делать с ребёнком? Комиссар отвёз Валерика в Севастополь.*

*Над городом ревут самолёты, на улицах рвутся снаряды. Все школьные здания разбиты. Школу перевели в штольню. Здесь дети живут и учатся. Учительница Клавдия Васильевна днём и ночью с ними. Накормит вечером ребят, уложит спать. А сама садится проверять тетрадки. Валерик учился отлично. Он помогал товарищам и заботился о малышах.*

*Однажды зашёл он в соседнюю штольню. Там помещался госпиталь. Валерик стал после уроков помогать санитарам. То раненых напоит, то за бинтами сбегает.*

*Так привыкал мальчик к тяжёлой жизни в городе-герое.* (109 слов, по Д. Ткачу)

**Комментарий к тексту**

В изложении необходимо последовательно рассказать о жизни Валерика в городе Севастополе. В конце изложения даётся оценка поведения героя, высказывается своё мнение по поводу происшедшего, раскрывается основная мысль рассказа.

## Задания и упражнения

### Упражнение 1. Прочитайте текст и ответьте не вопросы.

1. Где находится город-герой Севастополь?
2. Когда в Севастополе появились подземные школы?
3. Как выглядел город в дни осады его фашистами?
4. Где помещалась школа?
5. Как Валерик Волков попал в подземную школу?
6. Что делал Валерик после занятий в школе?

### Упражнение 2. Прочитайте план изложения. Составьте план другого типа.

**План**

1. Почему школу перевели в штольню?
2. Что делал Валерик в подземной школе?
3. Как Валерик помогал в госпитале?

Слова для справок: Севастополь, снаряды, санитары.

### Упражнение 3. Напишите изложение по тексту 1.

## Текст для изложения

**Текст 2**

**Про ежа Фомку и кота Ваську**

*В сумерки я возвращался из леса и увидел, что по дороге ёж топает. Он тоже меня заметил, фыркнул и свернулся клубком.*

*Посадил я ежа в кепку, принёс домой и назвал Фомкой. В комнате Фомка развернулся, громко забарабанил ножками по полу, стал по углам шарить. Нашёл за печкой старый подшитый валенок и забрался в него. А на том валенке любил дремать рыжий кот Васька. Всю ночь до рассвета он где-то бродил, а затем прыгнул в форточку. Лёг он на своё любимое место за печкой, но тут же выгнул спину дугой, мяукнул и выскочил на середину комнаты. Васька не на шутку перепугался. Чудеса творятся на свете! Старый дедов валенок ожил: чихал, кашлял, фыркал. Потом из валенка выкатился серый колючий клубок. В отчаянии кот прыгнул на шкаф.*

*Я подумал, что теперь Ваське спокойной жизни не будет. Но ошибся. День за днём кот и ёж приглядывались друг к другу, а потом привыкли и подружились. Даже молоко стали пить из одного блюдца.*

*Как-то Фомка поймал в сенях мышонка и показал его Ваське. Пристыженный кот заурчал и предпочёл удалиться во двор. Васька был толст, ленив и на мышей не обращал внимания.*

*Осенью я пустил Фомку под дом, но почти каждый вечер ёж прибегал к крыльцу, стучал по блюдцу лапами и требовал молока.*

*На зов колючего друга являлся кот, и частенько они ужинали вместе. Но самое удивительное, что с тех пор и Васька начал ловить мышей. Ведь недаром говорится, что с кем поведёшься, от того и наберёшься! (240 слов, по А. Баркову)*

**Комментарий к тексту**

Изложение текста повествовательного характера с элементами описания отдельных предметов (животных, внешности человека). Цель изложения – передать содержание текста, дать описание отдельных предметов, животных, раскрыть основную мысль текста. Композиционно текст делится на несколько частей.

## Задания и упражнения

### Упражнение 1. Прочитайте текст и выберите правильные варианты ответов на вопросы.

1. О чём рассказывается в этом тексте?
   а) о том, как живут в лесу ежи;
   б) о том, как кот Барин невзлюбил ежа;
   в) о том, как подружились ёж и кот;
   г) о том, как ёжик напал на кота.

2. Где произошла встреча кота с ежом?
   а) на дороге в) в комнате
   б) в лесу г) на крылечке

3. В какое время произошла встреча кота и ежа?
   а) в сумерках в) утром
   б) вечером г) ночью

4. Кот испугался и прыгнул на шкаф, потому что
   а) он всю ночь до рассвета где-то бродил;

б) ёжик хотел его ударить;
в) ёжик, забравшийся в валенок, начал чихать, пыхтеть, фыркать;
г) он любил дремать на старом тёплом валенке.

5. Выберите правильное утверждение.
а) Кот и ёж помирились через три дня.
б) Фомка никогда не просил молока.
в) Сначала рассказчик не верил, что кот и ёж подружатся.
г) Кот Барин не любил спать на старом валенке.

6. Как Вы понимаете выражение «сторонились друг друга»?
а) боялись друг друга
б) прятались друг от друга
в) старались не встречаться
г) ссорились друг с другом

7. Укажите, в каком порядке происходили события.
а) Еж и кот стали друзьями.
б) Кот испугался ежа.
в) Рассказчик принёс домой ежа.
г) Ёж забрался в старый валенок.

8. Главным образом автор хотел
а) рассказать, чем кормить ежей;
б) описать первую встречу кота и ежа;
в) рассказать о том, что кот и ёж могут подружиться;
г) описать поведение лесных ежей в домашних условиях.

9. Какое предложение лучше других помогает понять основную мысль текста?
а) Всю ночь до рассвета кот где-то бродил.
б) День, другой, третий кот и ёж сторонились друг друга.
в) Фомка и Барин стали настоящими друзьями.
г) Со страху кот прыгнул на шкаф.

10. Какое название больше подходит к истории, рассказанной автором?
а) Колючая находка.
б) Как подружились ёж и кот.
в) Первая встреча.
г) Старый валенок.

**Упражнение 2. Напишите изложение по тексту 2.**

## Текст для изложения

**Текст 3**

**Солдатская каша**

*Весна 43-го была трудной. Иссякли запасы картошки, уменьшились пайки хлеба. Многие мальчишки и девчонки, как тогда говорили, «зацвели». На их потемневших лицах выступили белые пятна.*

*– Быстрее бы крапива наросла, – вздыхали женщины и добавляли: – Скорей бы война закончилась.*

*Первым из нашей ватаги слёг Витька Тарков, за ним – Сашка и Петька Орловы. Спасение пришло неожиданно.*

*Однажды утром вся деревня хлынула за околицу. У берёзовой рощи за ночь вырос палаточный городок. Дымила полевая кухня. Из края в край брезентовой улицы важно вышагивал часовой – щуплый паренёк в мешковатой шинели.*

*Пока мы осторожно приглядывались к обстановке – сами оказались в центре внимания. Солдаты окружили нас тесным кольцом. Послышались смех, шутки. Но вдруг один из них ахнул:*

*– Братцы, они ведь голодные. Тощие-то какие.*

*В одно мгновение нас подхватили крепкие мужские руки и понесли к кухне. Несколько минут спустя мы дружно уписывали густую, невероятно вкусную кашу и до ушей вгрызались в тяжёлые ломти хлеба.*

*В тот же день у Тарковых и Орловых побывал солдатский доктор. Вместо санитарной сумки он нёс два котелка каши. Деревня ожила.*

*Каждое утро мальчишки и девчонки мчались к палаточному городку и возвращались оттуда сытыми. Мы, конечно, не понимали того, что бойцы отдавали нам добрую половину своей скудной нормы.*

*Палаточный городок исчез, как и появился ночью. Однажды утром мы увидели на месте палаток черные квадраты утрамбованной земли. На сбитом из досок столе лежали куски хлеба. Прошли годы. Никто из нас не встречал тех солдат. Вернулись они или навсегда остались там, на войне?*

*Года два назад я встретился с Витькой: Виктором Ивановичем Тарковым. Обнялись. Разговорились.*

*– Дети, – улыбнулся он, отвечая на мой вопрос, а как же! Сын. Фёдор.*

*Он помолчал и добавил:*

*– Помнишь того солдатского доктора, что приходил к нам с кашей? Вот человек был!.. Фёдором звали. Хорошее имя, правда? (283 слова, по Б. Макарову)*

**Комментарий к тексту**

В тексте затрагивается серьёзная проблема – как важно в жизни быть внимательным к людям. Цель работы – написание сжатого изложения с описанием. Необходимо исключить второстепенные факты, обобщить, выразить более кратко основное содержание.

## Задания и упражнения

### Упражнение 1. Прочитайте текст и ответьте на вопросы.

1. Когда и где происходили данные события? Какая проблема была у жителей?
2. Кто помог голодающим? Почему ребёнку дали имя Фёдор?

### Упражнение 2. Найдите в тексте высказывания, отражающие данное содержание.

*1. Вскоре дети оказались в центре внимания.*

*2. Однажды палаточный городок исчез, но на деревянном столе лежали куски хлеба для детей.*
*3. Женщины проклинали войну и мечтали о скором появлении крапивы.*
*4. Все солдаты окружили нас, шутили.*
*5. Каждое утро ребятишки мчались к палаточному городку и возвращались сытыми, не подозревая, что бойцы отдают им свой паек.*
*6. Года два назад с радостью встретился с Виктором Ивановичем Тарковым и узнал, что своего сына он назвал Фёдором в память солдатского доктора, спасшего их от голода во время войны.*
*7. Прошли годы. Но судьба солдат осталась неизвестна.*

**Упражнение 3. Составьте план изложения.**

**Упражнение 4. Напишите изложение по рассказу «Солдатская каша».**

## Текст для изложения

### Текст 4

*Случай, о котором я хочу рассказать, произошёл со мной летом много лет назад и запомнился на всю жизнь, хотя это и не самое удачное воспоминание о том времени, в котором все же было хорошего намного больше, чем плохого.*

*Гуляя по парку Горького, я всегда мечтала прокатиться на колесе обозрения, и никогда не решалась, потому что высоты очень боюсь. Но однажды все-таки решилась, отстояв огромную очередь, купила мороженое и забралась в заветную кабинку… А дальше, как вы, без сомнения, догадываетесь, колесо застряло, когда я была как раз в самой верхней точке…*

*Это были незабываемые минуты. Как ни странно, я не испугалась. Все время, пока чинили колесо, я ела мороженое и любовалась своей любимой, родной Москвой, которая всегда была и остаётся для меня лучшим на свете городом! В те мгновения она была такая светлая, солнечная, яркая, словно у меня на ладошке… Я думала о том, какая же она огромная, красивая, и какая любимая, моя Москва… (152 слова, по А. Лапину)*

## Задания и упражнения

**Упражнение 1. Прочитайте текст и ответьте на вопросы.**

1. Какое впечатление произвёл на вас рассказ?
2. Какие чувства переживает автор? Почему он считает, что хорошего было больше, чем плохого?
3. Какие элементы описания включены текст?

**Упражнение 2. Как можно озаглавить текст? Предложите 3-4 варианта названия.**

**Упражнение 3. Дополните данные списки словами из текста:**

*огромный, любимый, ...*
*рассказать, произойти, ...*

**Упражнение 4. Напишите изложение по тексту 4.**

## Текст для изложения

**Текст 5**
**Быль**

*В эту ночь полицейские Санкт-Петербурга не спали. Они собирали адреса всех Медведевых. Надо было найти ребёнка.*

*Мальчика или девочку? Этого не знали, но заходили в квартиры всех Медведевых. Что же случилось?*

*Поздним вечером в полицию прибежала работница аптеки. Девушка плакала и умоляла найти ребёнка Медведевых. Она случайно положила в микстуру яд. Когда она поняла свою ошибку, было поздно: лекарство уже унесли.*

*Сейчас ночь. Ребёнок спит и лекарство не пил. Но утром малышу дадут микстуру, а в ней яд. Ребёнку грозит смерть. Надо скорее найти его. Но как это сделать ночью? В Санкт-Петербурге 7000 людей носят эту фамилию. В поликлиниках ночью дежурных нет. А врачи не помнят всех больных.*

*Но полиция не даст ребёнку погибнуть. Звонят телефоны. Спешат в поликлиники врачи и медсестры. Выписывают адреса больных Медведевых. Носятся по городу машины. По всему городу будят всех Медведевых. Ребёнок есть? Здоров или болен? Дальше, дальше по новому адресу.*

*Сотрудник полиции Илья Местер входит в квартиру, где гостит Любочка Медведева. Она приехала к дедушке из Тулы. Илья видит на столе бутылочку с лекарством.*

*– Извините! – волнуется полицейский. – Вы уже давали?* (176 слов, по Б. Раевскому)

**Комментарий к тексту**

Цель данного изложения – не только передать содержание текста, но и ввести описание пейзажа или элементы рассуждения. Конец изложения нужно написать самостоятельно; дать оценку сложившейся ситуации и высказать своё мнение о поведении полицейских и врачей.

## Задания и упражнения

**Упражнение 1. Прочитайте текст и ответьте на вопросы.**

1. Какая опасность грозила ребёнку?
2. Что знали о больном, которого искали?
3. Почему трудно было отыскать ребёнка в Санкт-Петербурге?
4. Что сделала полиция, чтобы найти ребёнка?

**Упражнение 2. Предложите свои варианты окончания рассказа.**

**Упражнение 3. Прочитайте план и перескажите текст своими словами.**

План пересказа и изложения

1. Какую микстуру по ошибке выдали ребёнку Медведевых?
2. Как искали больного ребёнка?
3. Как Илья Местер спас Любочку?

**Упражнение 4. Введите в текст более полное описание девушки.**

**Упражнение 5. Напишите изложение по тексту 5. Надо рассказать только о том, как искали и нашли больного ребёнка.**

## Текст для изложения

### Текст 6
### Обезьяна и кузнечик

Было время, когда все животные, птицы и насекомые умели говорить. Кузнечик и тогда жил в поле. А обезьяна задумала его выселить.

«Ты маленький и должен жить в горах, – сказала она Кузнечику, – а я большая, мне полагается жить в поле». – «Моя мать родила меня в поле, – возразил Кузнечик, – поэтому я здесь и живу, а в горы я не пойду!» – «Не хочешь добром уходить, так поборемся. Кто окажется сильнее, тот и будет жить в поле».

Кузнечику ничего не оставалось, как согласиться:

«Ну что ж поборемся. Приходи завтра после полудня». Но Обезьяне не терпелось, и она ещё на рассвете спустилась с гор со своими подругами. Все они были с палками. «Где ты там?! Выходи на бой!» – закричала Обезьяна. Но Кузнечик ответил: «Сейчас роса, я не буду бороться. Вот поднимется солнце да высушит траву, тогда приду».

Взошло солнце, росы как и не бывало. «Теперь будешь бороться?» – спросила обезьяна. «Давай», – ответил Кузнечик и тут же вскочил на кончик носа одной из Обезьян. Другая Обезьяна увидела это и крикнула подруге: «Не двигайся, у тебя на носу Кузнечик, я его сейчас убью». Взмахнула она палкой и изо всех сил ударила её по носу. Та свалилась замертво. А Кузнечик давно уже перепрыгнул на другую Обезьяну.

Так Кузнечик и прыгал с одной Обезьяны на другую, а те, гоняясь за ним, убивали друг друга. В конце концов, осталась в живых лишь одна Обезьяна – та самая, которая начала спор. А Кузнечик был цел и невредим.

«Ну, как? Кто оказался сильнее? – спросил Кузнечик. – Останешься ты теперь в горах или все ещё хочешь сюда перейти?» – «Останусь в горах», – хмуро ответила Обезьяна. «Может, ты все-таки хочешь жить в поле?» – «Ты победил. Не жить мне в поле».

Вот почему и теперь обезьяны живут в горах, а кузнечики – в поле. (284 слова)

## Задания и упражнения

**Упражнение 1. Прочитайте текст и ответьте на вопросы.**

1. Кто является героями китайской народной сказки?
2. Почему между ними возникли проблемы?
3. Удалось ли решить эту проблему героям?
4. Как эта проблема была решена?

**Упражнение 2. Выделите в тексте прямую речь. Замените её косвенной.**

Образец:
*«Останусь в горах», – хмуро ответила Обезьяна.*
*Обезьяна хмуро ответила, что она останется в горах.*

**Упражнение 3. Выделите ключевые слова и выражения текста.**

**Упражнение 4. Составьте план текста.**

**Упражнение 5. Напишите сжатое изложение (не больше 120 слов), обращая внимание на основное содержание.**

## 5.3. Изложение-описание

Описательное изложение передаёт подробное изображение предмета (явления, состояния, внешнего портрета человека и т. п.) и его признаков.

При написании такого вида изложения важно не упустить из виду каждый предмет, каждую мелочь, составляющие общую картину. Важно не упустить из поля зрения малейшие детали подобных описаний – одна из важнейших задач пишущих изложение.

Чтобы воспроизвести текст, связанный с описанием, необходимо ответить на вопросы:

1. Какие детали предмета и почему именно они выбраны для его показа?
2. Какие признаки этих деталей рисуются в тексте?
3. Как эти признаки сгруппированы (сравниваются)?
4. Какие средства языка использованы?

Нужно различать существенные и несущественные признаки; описывать их в строгом единстве, рисующем целостную картину. В описаниях музеев, достопримечательностей родного края может выручить эрудиция: личные впечатления или дополнительные знания в этой области помогут в написании изложения.

**Внимание!**

描写性转述是指传达原文里的描写对象及其特征。描写时重在理解每一个细节，但是应该区分重要细节和次要细节，然后根据转述的任务要求完成转述，注意细节描写的整体性。在一些描写中，如博物馆、名胜古迹等，根据需要还可写出个人感受或添加补充知识。

## Текст для изложения

### Текст 7
### Первый снег

*Однажды ночью я проснулся от странного ощущения.*

*Мне показалось, что я оглох во сне. Я лежал с закрытыми глазами, долго прислушивался и, наконец, понял, что я не оглох, а попросту за стенами дома наступила необыкновенная тишина. Такую тишину называют «мёртвой». Умер дождь, умер ветер, умер шумливый, беспокойный сад. Было только слышно, как посапывает во сне кот.*

*Я открыл глаза. Белый и ровный свет наполнял комнату. Я встал и подошёл к окну - за стёклами все было снежно и безмолвно. В туманном небе на головокружительной высоте стояла одинокая луна, и вокруг неё переливался желтоватый круг.*

*Когда же выпал первый снег? Я подошёл к ходикам. Было так светло, что ясно чернели стрелки. Они показывали два часа.*

*Я уснул в полночь. Значит, за два часа так необыкновенно изменилась земля, за два коротких часа поля, леса и сады заворожила стужа.*

*Через окно я увидел, как большая серая птица села на ветку клёна в саду. Ветка закачалась, с неё посыпался снег. Птица медленно поднялась и улетела, а снег все сыпался, как стеклянный дождь, падающий с ёлки. Потом снова все стихло.*

*Проснулся Рувим. Он долго смотрел в окно, вздохнул и сказал:*

*- Первый снег очень к лицу земле.*

*Земля была нарядная, похожая на застенчивую невесту.* (198 слов, по К. Паустовскому)

**Комментарий к тексту**

Рувим – это имя человека, который путешествовал вместе с Константином Паустовским.

В тексте преобладают глаголы, обозначающие движение и состояние. Это повествовательный тип речи, так как в тексте говорится о событии, он отвечает на вопрос: «Что произошло?» В заглавии отражена тема. Идея, главная мысль текста другая. Автор говорит нам, читателям: «Человек, остановись, посмотри, как прекрасен этот мир, как чиста природа, полюбуйся этой красотой».

## Задания и упражнения

### Упражнение 1. Прочитайте текст и ответьте на вопросы.

1. Как относится автор к изображаемой картине? Почему Вы так думаете?
2. В каком стиле создан текст? Докажите, что это текст художественного стиля, приведя примеры средств выразительности (эпитеты, сравнения, метафоры, олицетворения).
3. Что говорится о земле, почему она сравнивается с застенчивой невестой?
4. Каким утверждением заканчивается текст?

### Упражнение 2. Прочитайте план изложения. Напишите вопросный план.

План изложения

1. «Мёртвая» ночная тишина.
2. Природа за окном.
   2.1. За стёклами все было снежно и безмолвно.
   2.3. За два часа так необыкновенно изменилась земля.
   2.4. Вид из окна.
   2.5. Визит птицы.
3. Первый снег очень к лицу земле.

### Упражнение 3. Напишите изложение по тексту «Первый снег».

## Текст для изложения

**Текст 8**

Москва – сердце России. С этим согласны все, даже большинство петербуржцев, часто относящихся с определённой ревностью к её столичному статусу.

Москва разнообразна и разнолика – так же, как сама Россия. Здесь и шумный пешеходный Арбат с его артистами, художниками и продавцами сувениров. Это и огромный, шумный проспект Мира с его деловитостью. Это и Красная площадь с её официальностью, историчностью и паломничеством. Это и разные религиозные храмы: православные, католические, синагоги, мечети. Это и богатый центр Москвы, заполненный дорогими машинами у не менее дорогих ресторанов и магазинов. Это и московские окраины – рабочие, с засученными рукавами, где всё немножко попроще. И всё это – Москва!

Многое повидала, многое пережила столица России за свою тысячелетнюю историю! Здесь рождались и умирали миллионы людей – великих и не очень. Москву захватывали враги, но она пережила и эту беду.

В Москве учились и учатся тысячи студентов из разных краёв. Уезжая к себе в свои города и посёлки, на свою «малую родину», они увозят в сердце и кусочки Москвы, этого большого сердца огромной России. Роль Москвы как центра страны невозможно переоценить. Может, поэтому в 1941 и 1942 годах солдаты не жалели своей крови, чтобы не допустить фашистов в этот город?

Что может быть чудеснее древней столицы, в которую стремятся приехать жители не только бескрайней России, но и граждане других стран, чтобы полюбоваться древним Кремлём, постоять у Могилы Неизвестного солдата и просто прогуляться по набережной Москвы-реки? (223 слова)

**Комментарий к тексту**

**Подробное изложение с элементами описания местности (города, деревни, района и т.д.).** Текст обычно представляет собой описание с элементами повествования и рассуждения. При описании используются различные стилистические приёмы. Их анализ помогает лучше понять отношение автора.

## Задания и упражнения

### Упражнение 1. Прочитайте текст и ответьте на вопросы.

1. Какая основная мысль данного текста.
2. Какой из этих заголовков более точно её передаёт: «Сердце России», «Большой город», «Лики столицы»? Почему?
3. К какому стилю речи относится этот текст? Как вы это определили? Укажите в тексте элементы художественного стиля.
4. Как автор описывает Москву?
5. Какова последовательность описания? Составьте план изложения.

### Упражнение 2. Напишите изложение по тексту.

## Текст для изложения

**Текст 9**

**Экологические проблемы реки Хуанхэ**

Как мы все знаем ещё со школьной скамьи, вода является неотъемлемой частью нашего организма. Вода – это неоценимое природное богатство. В мире находят замену многим продуктам и изделиям, а вода так и осталась незаменима, без неё невозможна жизнь на Земле. Вода является составной частью тела человека и животного, процессы обмена веществ и энергии происходят в живом организме только при наличии воды. Потеря 10-12 процентов воды тяжело сказывается на состоянии организма, появляется слабость, жажда, дрожь, потеря 20-25 процентов воды может привести к смертельному исходу.

Бассейн реки Хуанхэ наиболее загрязнён водами, которые сбрасывают предприятия химической, нефтеперерабатывающей, машиностроительной отраслей промышленности и цветной металлургии. Хуанхэ испытывает интенсивную нагрузку от сбросов сточных вод, содержащих загрязняющие вещества. Всего в бассейн реки Хуанхэ только в 2012 году сброшено со сточными водами более 4 миллиардов тонн загрязняющих веществ, в том числе ядовитых металлов. Естественно это ухудшает качество воды. Эта вода непригодна не только для питья, но и даже для сельского хозяйства. В свою очередь, это негативно отражается на здоровье людей. А это привлекает внимание общества к экологической проблеме реки Хуанхэ. (171 слово)

## Задания и упражнения

**Упражнение 1. Прочитайте текст и ответьте на вопросы.**

1. Из каких частей состоит текст?
2. Что является темой текста?
3. В каком стиле написан текст? Докажите.

**Упражнение 2. На основе текста дополните данные ряды слов:**

*а) загрязняющий, химический, ...*
*б) происходить, приводить, ...*
*в) вода, человек, ...*

**Упражнение 3. Прочитайте варианты названий текста. Какое из них не может быть использовано для данного текста? Предложите свой вариант названия.**

*«Воды великой китайской реки»*
*«Человек и природа»*
*«Здоровье Хуанхэ»*
*«Мы должны беречь Хуанхэ»*

**Упражнение 4. Подумайте и ответьте на данные задания.**

1. Определите тему, по которой Вы будете писать изложение.
2. Выделите в тексте информацию, которая не является актуальной для выбранной Вами темы.
3. Выделите ключевые слова и предложения в данном тексте, которые понадобятся для раскрытия выбранной Вами темы.

## 5.4. Изложение-рассуждение

Изложение-рассуждение помогает формулировать точку зрения на события и отстаивать её. Нужно не только ответить на вопрос «Что и где происходит?», но и на вопросы «Почему происходит?», «Каковы причины происходящего?», «Что будет дальше?».

Работа над изложением такого типа предусматривает решение нескольких задач:
1) выделение в тексте всех компонентов рассуждения;
2) уточнение основной мысли высказывания;

3) построение рассуждений со сложной аргументацией;
4) отбор языковых средств;
5) воспроизведение текста от третьего лица;
6) построение собственных рассуждений, обосновывающих вывод из сказанного.

**Внимание!**

论述性转述要求写作者陈述清楚对事件的观点。和汉语议论文一样，要回答“是什么？”“为什么？”“怎么样？”三个问题，即抓住所读的文章找出“问题是什么”“原因在哪里”“结果怎么样”并用第三人称传达出来。

## Текст для изложения

**Текст 10**
**Порядочный человек**

*Приходилось ли тебе слышать, как о ком-то говорят: «Порядочный человек»? И задумывался ли ты над тем, что означает слово «порядочный»?*

*Может быть, это человек, который любит порядок, аккуратно одет, не разбрасывает свои вещи, вовремя приходит на работу?*

*Да, корень этого слова «порядок». Но речь идёт не о простом порядке, а об устройстве самой жизни. Этот порядок – верность, честность, благородство, умение понять чужую беду и радоваться чужой удаче как собственной. Чем больше такого порядка будет вокруг нас, тем счастливее будут жить люди.*

*Порядочный. Постарайся скорее понять и запомнить это прекрасное русское слово. И живи так, чтобы люди говорили про тебя: «Это порядочный человек».* (102 слова, по Ю. Яковлеву)

## Задания и упражнения

### Упражнение 1. Прочитайте текст. Подумайте и скажите.

Согласны ли Вы с тем, что главная мысль текста: Надо жить так, чтобы люди говорили о тебе: «Это порядочный человек».

Определите главную мысль текста.

### Упражнение 2. Прочитайте план текста. Составьте вопросный план.

**План**

1. Значение слова «порядочный».
2. Порядочность – устройство самой жизни.

3. Живи порядочным человеком.

**Упражнение 3. Напишите подробное изложение. Письменно ответьте на вопрос: «Что значит порядочный человек, по мнению Ю. Яковлева?»**

## Текст для изложения

### Текст 11

**Не только радость, но и обязанность...**

Наверное, очень многие хотят иметь собаку. Но могут далеко не все. И не только потому, что иногда не позволяют условия. Собака – это не только радость, но и забота, обязанность, необходимость чем-то поступиться. Её надо выводить гулять. Значит, надо вставать на час раньше, чтобы выйти с ней на улицу до работы или учёбы. Надо вывести и днём – ведь она живое существо. А если в это время захочется посмотреть телевизор, сходить в гости к друзьям?

Собаку надо обучать... И не день, и не два – годы. Многие не выдерживают... Отдают, продают, выбрасывают. На дождь, на мороз. Тощие, злые, с потухшими глазами бродят собаки по дворам, по пустырям. Кто-то обрёк их на это, у кого-то не дрогнула рука, не дрогнуло сердце... (117 слов, по Ю. Дмитриеву)

## Задания и упражнения

**Упражнение 1. Перед нами текст-рассуждение, так как в нём есть тезис, аргументы, вывод. Найдите их в тексте.**

Тезис: ...
Первый аргумент:
Второй аргумент:
Вывод:

**Упражнение 2. Прочитайте план текста. К каждому пункту плана выберите 4-6 слов.**

**План**

1. Собака – это не только радость (тезис).
   2.1. Собаку надо выгуливать (аргумент).
   2.2. Собаку надо обучать (аргумент).
3. Многие не выдерживают... (следствие).

**Упражнение 3. Прочитайте вывод. Попробуйте написать свой вывод.**

Прежде чем взять собаку в дом, хорошо подумай, сможешь ли ты нести ответственность за её жизнь, сможешь ли ты стать для неё не только хозяином, но и другом, защитником.

**Упражнение 4. Напишите изложение на тему «Не только радость, но и обязанность...»**

## Текст для изложения

### Текст 12
### У истока Волги

Стоял сентябрь, дорога была влажной. Около самой деревни далеко просматривались окрестности. В низине текла Волга.

Нет, это ещё не начало. Но оно уже совсем близко.

К истоку надо идти, а не ехать. Нужно услышать тишину холмов, наполниться спокойствием далей, соединить в своём сердце землю и небо воедино. И хотя б на миг представить бесконечный путь Волги через всю Россию.

Дорога спускается вниз. На белой от берёз опушке стоит рубленый домик. Янтарные бревна чуть потемнели от времени. К домику ведёт дощатый помост с перилами. Скрипят половицы под ногами.

В избушке прохладный полумрак. Пахнет смолистым деревом, отдаёт горечью лугов. В полу домика – круглое отверстие примерно метрового диаметра, окаймлённое блестящим обручем.

В этом круге находится Волгина колыбель. Надо только терпеливо подождать, и увидишь: вода вдруг всколыхнётся еле заметной рябью. Это бьётся сердце Волги!

С этих почти незаметных движений начинает свой бег Волга – самая большая река Европы, главная улица России.

Отсюда, от берёзовой белизны, берет начало река, вместившая на своих берегах сотни городов и городков, бессчётное количество сел и деревень, миллионы и миллионы людей.

Вот под этим застенчивым небом начинается река, из года в год, из века в век переплетающая свою судьбу с судьбой государства Российского, с судьбой его народов.

Крохотной Волгой-девочкой начинает свой путь река, а кончает Волгой-матушкой, Волгой-труженицей...

Бежит, извивается среди осоки крохотный ручеёк. Кажется, упади на его пути толстое дерево или глыба дёрна – и пропадёт Волга-девочка, навсегда исчезнет с земли. Но бывало – илом зарастало её русло, как подкошенные валились в ручей десятки деревьев, под артиллерийским огнём осыпались её берега. А крохотный ручей все так же бежал вперёд, преодолевая преграды на своём пути. (261 слово, по Дворникову и Крупнеку)

## Задания и упражнения

**Упражнение 1. Прочитайте текст и определите:**

• тему

• основную мысль
• стиль
• тип речи
На какие две части можно разделить этот текст?

**Упражнение 2. Прочитайте слова и словосочетания. Определите их значение**

Окрестности (то, что вокруг), исток – русло, опушка, осока, рубленый домик, янтарные бревна (желтоватый), дощатый помост с перильцами, половицы, смола, пряность, колыбель, рябь, застенчивое небо (эпитет).

**Упражнение 3. Как можно озаглавить этот текст? Варианты названия:**

«У истока Волги»
«Исток Волги»
«Колыбель Волги».

**Упражнение 4. Прочитайте предложения. Выделите те, которые отражают основную мысль текста.**

1. Волга дорога сердцу русского человека.
2. Надо знать свои истоки.
3. Судьба Волги неразрывно связана с судьбой России.
4. Каждый человек должен знать исток Волги.
5. Слово «Волга» происходит от слова «влага».

**Упражнение 5. Найдите средства выразительности, используемые в тексте, дополнив данный список.**

Тишина холмов, спокойствие далей, бесконечный путь Волги, белая (от берёз) опушка, крохотный ручей, янтарные бревна, пряность болотца, Волга-девочка, ... .

**Упражнение 6. Напишите изложение-рассуждение (объем не более 100 слов).**

## Текст для изложения

**Текст 13**

Я считаю, что нашему обществу не хватает терпения. Порой человек ведёт себя неадекватно. В критических ситуациях многие начинают раздражаться, гневаться, кричать. Почему так происходит?

Дело в том, что в современной жизни всё происходит настолько интенсивно, динамично и стремительно, что люди боятся опоздать, боятся остаться на обочине жизни. Иногда мы спешим выполнить какое-либо задание, не задумываясь, зачем нам это надо, какие плоды принесёт результат. Мы слишком торопимся приобрести ту самую, вожделенную и желанную вещь. А как же! Вдруг нам чего-то не достанется!

Мы сами подгоняем нашу жизнь, наше время. Вот оно и летит так быстро. И поэтому возникает ощущение, что жизнь проносится мимо нас, мчится на бешеной скорости.

В Азии традиционно считают, что гнев и раздражение портят человека, поэтому в таких странах как Китай, Тайланд, Вьетнам, Индия, Камбоджа люди никогда не кричат друг на друга, что бы ни случилось. Местные жители всегда улыбаются, и они всегда довольны своей жизнью.

Может быть, европейцам стоит взять пример с жителей Восточной Азии? Не торопите время! И оно не будет убегать от Вас. (168 слов)

## Задания и упражнения

### Упражнение 1. Прочитайте текст и ответьте на вопросы.

Как в тексте сформулирована основная мысль?
Как можно было бы ещё назвать текст?
С помощью каких языковых средств описывается современная жизнь?
Какие детали говорят о том, что необходимо изменить отношение к обществу?
Как можно сократить текст? Что следует опустить в первой части? Во второй? В третьей?

### Упражнение 2. Разделите текст на части, озаглавьте их.

### Упражнение 3. Напишите сжатое изложение по тексту.

Возможный вариант начала изложения: «В современном обществе люди ведут себя неадекватно».

# Сочинение

сочинение-повествование 记叙文
сочинение-описание 说明（含描写）文
сочинение-рассуждение 议论文
бытовое письмо 日常信函
заметка 短文、简讯
репортаж 报导
очерк 特写
доклад 报告
аннотация 简介、简评、文摘
стиль 文体、体裁
идея 主旨
идейное содержание 思想内容
образ 形象
тема 题目
сюжет, фабула 情节
жанр 风格
композиция 结构
завязка 开端
кульминация 高潮
развязка 结局
пафос 热情
вступление 引言
эпиграф 篇首引文、题词
факт 事实
тезис 论题、论点、命题
аргумент 理由
вывод 结论
заключение 结论
основная часть 重要部分
ключевое слово (предложение) 关键词（句）
хронология 纪事
персонаж 人物
последовательность 连贯性
конкретизация 具体化
характер 性格
портрет 描写
пейзаж 景物描写
интерьер 内景
суждение 意见、见解、结论
причинно-следственные связи 因果关系
клише 陈词滥调；固定套语

## Предтекстовые задания и упражнения

### Задание 1. Ответьте на вопросы.

1. Что обязательно должно быть в сочинении?
2. Какие слова нежелательно употреблять в сочинении?
3. Какими словами Вы можете выразить своё положительное (отрицательное) отношение в сочинении?
4. Из каких частей должно состоять сочинение? Что является самым важным?
5. Какие ошибки в сочинении являются самыми распространёнными?

### Задание 2. Выделите слова и словосочетания, которые необходимы для написания сочинения-описания.

*Виднеться, сомнение, великолепное зрелище, находится, глубоко задуматься, воспоминание, пейзаж, по-иному посмотреть на…, помещается, бросается в глаза, нельзя не заметить, призывать нас к …, воздействовать, трудно не согласиться, место в углу занимает, часто бывает …, настроение, видно, создать, находиться, бережное отношение.*

### Задание 3. Прочитайте следующие предложения. Скажите, какой тип текста они представляют.

1. *Знакомый край был весь обласкан светом, просвечен им до последней травинки.*
2. *Родная природа для каждого человека – своя.*
3. *Наверное, каждый понимает, что нет такого человека, без которого разрушилось бы общество.*
4. *С некоторыми моими друзьями мы не видимся месяцами, но все равно остаёмся друг другу родными.*
5. *Сколько великолепных произведений написано на русском языке!*
6. *Вот и настали летние каникулы.*
7. *Раньше к книге относились с особенным почтением, ведь приобрести её было не так просто.*

## 6.1. Сочинение как самостоятельный текст

**Сочинение** – это самостоятельная работа, которая предполагает изложение определённой темы с собственным видением вопроса. Сочинение предполагает не только наличие определённого уровня владения лексикой, наличие стилистических и грамматических навыков письма, но и умение чётко и логично мыслить, передавать на письме своё отношение к фактам, явлением и событиям.

При изучении русского языка как иностранного чаще всего пишутся сочинения на заданные темы. Например:

**сочинения-повествования:**

*«Как я провёл праздник Весны»,*

*«Что я делал в воскресенье»,*

*«Самый счастливый день в моей студенческой жизни»,*
*«Вечер русского языка»;*
**сочинения-описания:**
*«Мой лучший друг»,*
*«Самый близкий мой человек»,*
*«Природа родного края»,*
*«Праздник Середины осени»;*
**сочинения-рассуждения (эссе):**
*«Моё любимое русское слово»,*
*«Без любви к искусству нет развития»,*
*«Охрана природы тесно связана с экономическим развитием»,*
*«Почему я решил изучать русский язык».*

Распространённым упражнением в письменной речи является написание бытового письма. Например:
*«Письмо учителю»,*
*«Письмо другу в Россию»,*
*«Письмо русскому преподавателю».*

**По типу текста** (типам речи) сочинения делятся на две группы:

а) сочинения-повествования, описания, рассуждения, повествования с элементами описания, рассуждения; рассуждения с элементами повествования или описания и т.д.;

б) сочинения, близкие к тем речевым произведениям (речевым жанрам), которые существуют в реальной речевой практике: рассказ, заметка, статья в газету, репортаж, очерк (портретный), доклад, аннотация и т.д.

**По типам речи** сочинения разделяются на повествование, описание, рассуждение, повествование с элементами описания и рассуждения, рассуждение с элементами повествования и описания и т.д.

**По стилю** различаются следующие типы сочинений:
- разговорного стиля (например, рассказ о случае из жизни);
- делового стиля (например, описание фирмы);
- научного стиля (например, доклад на лингвистическую тему);
- публицистического стиля (например, статья в газету, очерк);
- художественного (например, художественное описание природы).

Каждое сочинение обязательно имеет тему и основную мысль.

В написании сочинения мы часто встречаемся с такими понятиями, как стиль, идея, идейное содержание, образ, тема, сюжет, жанр, композиция и другие. Попробуем разобраться, что это такое.

**Идея** – основная мысль, замысел, который определяет содержание чего-либо. Идея (от греческого idea – представление) художественная, воплощённая в тексте авторская мысль. Она наряду с темой является одним из элементов художественного содержания. Условно это как бы главная мысль, философский, нравственный, социальный смысл текста.

**Тема** – это проблема, которую поставил пишущий в сочинении и которая освещается им на определённом материале, другими словами, это предмет сочинения, то, о чём говорится в сочинении. Тема может быть выражена в системе понятий, как например: тема образования, тема спорта и физического развития, тема охраны природы. Иногда тема бывает заложена уже в названии произведения («Отцы и дети» И.С. Тургенева, «Преступление и наказание» Ф.М. Достоевского, «Воскресение» Л.Н. Толстого). Но ни в коем случае нельзя путать идею и тему с сюжетом.

**Сюжет** – основной ряд событий в тексте, их развитие во времени и пространстве. М. Горький определял сюжет как «связи, противоречия, симпатии и вообще взаимоотношения людей – истории роста и организации того или иного характера, типа». Классическая схема строения сюжета состоит из следующих элементов:

– **экспозиция** (фон для начала действия);

– **завязка** (начало основного действия);

– **развитие действия;**

– **кульминация** (высшее напряжение);

– **развязка.**

**Основная мысль** – это главная мысль в излагаемом в тексте. Она позволяет определить, как оценивается изображаемое, о чём говорится в сочинении. Изображая людей и жизненные явления, мы, с одной стороны, выражаем своё отношение к ним, с другой, стремимся вызвать такое же отношение у читателей. Итак, в основной мысли сочинения отражаются идейно-политические позиции пишущего, на чью сторону он становится, что он одобряет или отрицает в жизни.

Сочинение является достаточно свободной работой в выборе стиля и направленности темы, выражении собственной точки зрения. Но, несмотря на определённую безграничность правил, структура сочинения должна быть строго соблюдена. В традиционном плане она определяет постановку и раскрытие трёх основных частей сочинения:

1. Вступительная часть.
2. Основная часть.
3. Заключительная часть.

При отсутствии одной из трёх частей нарушается структура всего сочинения. Это рассматривается как ошибка и строго учитывается при оценке всего сочинения. План сочинения помогает выделить главное. В процессе написания сочинения он может изменяться: уточняться и конкретизироваться.

Во вступлении указывается цель сочинения. Вступление – это начальная часть сочинения. В зависимости от темы можно кратко описать время, место, героев и другие важные для данной темы факты. Вступление предвосхищает основную часть, в нём есть место выражению ваших эмоций и чувств, вступление увлекает и «рекламирует» основную часть. Здесь часто употребляют эпиграфы, интересные высказывания, здесь задаётся общее настроение сочинения. **Вступление** может содержать:

• ответы на поставленные тематические вопросы;

• личное мнение, если в названии сочинения есть предпосылка к выражению собственного взгляда («что, по вашему мнению, происходит в обществе в настоящее время»);

• факты биографического характера об авторе или о характерном историческом периоде, если такие сведения важны для смысла и анализа;

• сформулированное понимание основной темы, если она отражена в названии работы.

## Начальная часть

**1. Цитирование.** В начальной части могут использоваться слова известных людей, поговорки, пословицы, афоризмы, крылатые слова и т. д. Например:

*Книга – огромная сила (В.И. Ленин).*

*Книга – это хороший сад, где все есть: и приятное, и полезное (М. Горький).*

*Любите книгу всей душой! Она не только ваш лучший друг, но и верный спутник до конца жизни (М.А. Шолохов).*

*Плохие книги не только бесполезны, но и вредны (Л.Н. Толстой).*

*Не стыдно не знать, стыдно не учиться (Русская пословица).*

*Тяжело в ученье, легко в бою (Русская пословица).*

*Время дороже золота (Русская пословица).*

*Несчастья бояться – счастья не видать (Пётр Первый).*

*Не имей сто рублей, а имей сто друзей (Русская пословица).*

*То, что мы знаем, ограниченно, а то, чего мы не знаем, бесконечно (П. Лаплас).*

*Различия между друзьями не может не укреплять их дружбу (Мао Цзэдун).*

*Наука – первая производительность (Дэн Сяопин).*

*Китайская мечта – это наша мечта, но ещё больше это Ваша молодёжная мечта. Величие и возрождение китайской нации, в конечном счёте, станет реальностью благодаря усилиям широких масс молодёжи, принявшей эстафету (Си Цзиньпин).*

*Жизнь нам дана, чтобы внести в неё свой вклад. Иначе, зачем мы находимся в этом мире? (Стив Джобс)*

Приведём примеры введения цитат в текст сочинения.

А. *«Местоимения удобны и прагматичны, но в них нет «перелива красок» настоящего живого слова, они не могут иметь при себе характеризующего эпитета», – так писал о местоимениях известный лингвист А. А. Реформатский.*

Б. *В стихотворении А. Фета нарисован зимний пейзаж:*
*Чудная картина,*
*Как ты мне родна:*
*Белая равнина,*
*Полная луна…*

В. *Белинский писал: «Создаёт человека природа, но развивает и образует его только общество».*

**2. Метод вопросов.** Сочинение может начинаться с вопросов. Например:

*А. Кем быть? Это самый важный вопрос для каждого человека.*

*Б. Каким должен быть специалист нового века? По-моему, ...*

*В. Что такое настоящее счастье? На этот вопрос отвечают по-разному.*

*Г. В чем смысл жизни? Каждый по-своему отвечает на этот вопрос.*

*Д. Что такое любовь и кто её достоин? С чего начинается это чувство? Как его сберечь? Эти вечные вопросы волновали человечество во все времена.*

*Е. Каждый писатель в своих произведениях задаёт извечный вопрос: в чем смысл жизни, и пытается ответить на него. Так, …*

*Ж. Любовь... Что она? Где она? Есть ли она? Реальна ли она?.. Такие вопросы возникли у меня после …*

**3. Метод аргумента.** В начале сочинения может быть написан какой-то тезис, который в дальнейшей части может быть подтверждён или опровергнут.

*А. Искусство играет большую роль в жизни человека. Без него человеку было бы скучно.*

*Б. Вера, надежда, любовь (верность, преданность, дружба, взаимопомощь, милосердие и т.д.) – без этих нравственных категорий невозможно представить себе духовную жизнь человека.*

*В. Мир – это основа развития всего человечества.*

**4. Общая информация** по теме сочинения. В начале сочинения может быть дана краткая справка, общая информация о том, о чем будет написано сочинение.

А. *Владимир Высоцкий – феномен семидесятых годов XX века, его творчество самобытно и многогранно. Он написал более 600 стихотворений и песен, сыграл более 20 ролей в спектаклях и более 20 ролей в кинокартинах и телефильмах.*

Б. *Наверное, многим может показаться странным, что ещё каких-нибудь сто лет назад в России не было ни одного музея, доступного народу, не считая Эрмитажа.*

В. *На правом берегу Вятки разместилась Дымковская слобода. Исстари в ней селились печники и игрушечники – настоящие мастера в деле изготовления глиняных свистулек. Говорят, что слобода потому и получила название Дымковской, что в ней по утрам над каждой избой поднимались хвостатые клубы дыма.*

**Основная часть**

Это самый важный и главный компонент сочинения. В этой части раскрывается тема, развивается и углубляется основная мысль. В главной части раскрывается основное содержание темы, сопоставляются факты и т.д. Одним словом, полностью раскрывается тема сочинения. Эта часть демонстрирует наличие знаний о материале, умений логично, обосновано и стилистически верно излагать собственные мысли. Следует избегать в основной части описания неверных или непроверенных сведений, а также данных, не имеющих связи с темой.

**Написание заключения**

**Концовка** – это заключительная часть сочинения. В этой части пишущий делает выводы, даёт оценки событию и героям сочинения, подчёркивает главную мысль, или призывает к действию, выражает своё восхищение, или высказывает своё суждение, впечатление. Заключение должно быть кратким и полностью завершать сочинение.

**1. Подведение итога, подчёркивание важного.**

*Я считаю бесспорным тот факт, что талант, прежде всего, величайший труд.*

*Умение хранить и передавать информацию делает компьютерные системы надёжным источником самых разнообразных знаний.*

**2. Призыв к тому, что должны делать все.**

*Укрепляйте здоровье, занимайтесь спортом!*

*Любите музыку! Слушайте Бетховена, Моцарта!*

*Берегите Родину, заботьтесь о ней, как о своей маме!*

**3. Выражение надежды и пожеланий.**

*Надеюсь, что в будущем я стану прекрасным переводчиком.*

*Надеемся, что в XXI веке эта проблема не будет беспокоить людей.*

*Приезжайте к нам на Праздник весны! Мы ждём Вас!*

**4. Прогнозирование** того, что будет в недалёком или далёком будущем с той темой (проблемой), которая была затронута в сочинении.

*Если все станут такими людьми, то наша страна будет прекраснее и сильнее.*
*Светлое будущее принадлежит молодёжи, прекрасные перспективы XXI века в наших руках.*
*Как говорится, компьютеру принадлежит будущее.*

Вступление и выводы в сочинении должны занимать около четверти всего объёма. Соответственно, основная часть сочинения должна составлять приблизительно три четверти текста. И вступление, и выводы могут быть меньшего объёма, но ни в коем случае не должен сокращаться объём основной части сочинения.

**Схема 14. Структура сочинения**

**Нужно читать хорошие сочинения.** Их образцы сейчас несложно найти в специальных пособиях, в Интернете. Прочитав не один образец, Вы оцените особенности структуры сочинения, язык, стиль. Так или иначе, Вам захочется копировать прочитанное, а это поможет Вас научиться писать прекрасные сочинения.

**Важное правило:** не садитесь за чистый лист. Это значит, что перед написанием текста должен быть некий образ будущего сочинения. Это не требуют сверхзнаний и сверхумений, а значит, всё по силам. Научиться писать сочинения – большой труд, который непременно пригодится в будущем; красивая, грамотная речь и умение высказывать свою точку зрения являются значимыми приобретениями в современном мире.

### Внимание!

作文是根据自己的见解和观点，对一定主题进行表述的一项独立工作。作文不仅要求写作者具有一定的词汇、语法和修辞知识，而且更要具备清晰的逻辑思维能力。作文的种类很多，常见的俄语作文分类有叙述性作文、论述性作文和描写性作文（汉语的说明文可部分与俄语描写性作文对应）。日常书信也是作文的一种常见训练形式，另外还有一些报刊类文章、报告等。

学习写作时，需要一些基本写作理论知识的指导。常见的作文概念有主题、中心思想、情节、结构、体裁、情感等。

作文由开头、正文和结尾三部分构成。写作之前需要列提纲。正文的个性化最强。开头段和结尾段都有一些基本写作方法和注意事项。如开头有引文法、问题法、观点法和基本信息法等。结尾有结论法、号召法、愿望法、设想法等。

## Задания и упражнения

### Упражнение 1. Прочитайте. Выделите в следующем тексте ключевые слова. Определите тему, основную мысль (идею) текста, составьте план данного текста.

**Всякая нация может и должна учиться у других**

Эти слова К. Маркса особенно актуальны в XXI веке, когда границ для информации, культуры, науки и технологий не существует. Создаются различные объединения стран: ШОС, БРИКС, ЕС, АТР и так далее. Они создаются для экономического и культурного сотрудничества, для взаимопомощи, для того чтобы учиться у других. Мы должны учиться у других, не вариться в собственном соку, перенимать у соседей полезное, ценное, внедрять его у себя... Как часто в ответ на это мы слышим обвинения в «американизации», «европеизации»! Думаю, что у каждого народа есть такой крепкий внутренний стержень, что никакие внешние влияния его не только не сломают, но даже не согнут. А в достижениях западной цивилизации немало привлекательного. Уверен, что схлынет эта волна увлечения, что-то останется и станет своим, а то, что не сможет усвоиться, уйдёт из жизни.

Из жизни других народов нужно брать в свою жизнь лучшее и осваивать его. И не руководствоваться при этом ложным патриотизмом, считая, что чужое – это чужое, а значит, плохое и ненужное. Сейчас уже не отгородиться от мира ни строительством стен, ни занавесом запретов. Процесс взаимопроникновения экономик и культур не остановить. Мне хотелось бы, чтобы больше заимствовали у нас. А для этого необходимо совершенствовать свои технологии, улучшать производство, развивать отечественную науку и культуру.

Люди должны друг другу «экспортировать» науку, культуру, духовные ценности. Это не означает стирания национальных особенностей и межгосударственных границ. Это означает: учиться у других народов тому, что у них объективно лучше. Мир от этого станет богаче и разнообразнее.

### Упражнение 2. Определите, какой тип введения (заключения) используется в указанных отрывках сочинений.

1. Виктор Михайлович Васнецов – знаменитый русский художник, автор жанровых картин на тему русской истории, народных былин и сказок.
2. Нужно сделать все для того, чтобы наша страна стала, действительно, родным домом, надёжным, благополучным, комфортным, безопасным для людей разных национальностей и вероисповеданий, чтобы все мы могли с гордостью сказать: «Мы – россияне!».
3. Выбор жизненного пути имеет первостепенное значение для судьбы человека. Об этом выборе человек задумывается тогда, когда начинает осознавать себя частью общества и чувствует потребность реализовать свою личность.
4. Национализм – один из отвратительных нравственных пороков. Но одно дело, когда это моральная червоточина одного человека, и совсем другое, когда она овладевает душами тысяч людей. Нужно предостеречь человечество от последствий, к которым может привести межнациональная рознь.

5. Древняя мудрость гласит: «Род человеческий – одна семья». Почему же сегодня льётся кровь? Придём ли к пониманию и согласию, к миру? На мой взгляд, ситуация изменится только в том случае, если каждый поймёт, что это нормально, когда у соседа другая форма глаз, носа и другой цвет волос.

**Упражнение 3. Составьте планы сочинений, которые имеют следующие введения:**

1. Книга – это важнейший инструмент, который помогает человеку познавать окружающий мир и самого себя. Действительно, многие книги позволяют проникнуть в сложный мир человека.
2. Способность к сочувствию, состраданию – важнейшее качество человека. Невозможно представить себе жизнь общества, в котором нет сочувствия, сострадания ближнему.
3. Ежегодно на нашей планете отмечаются два особых календарных дня: День земли и День окружающей среды. Люди в этот день говорят о проблемах экологии. Становится всё меньше окружающей природы, всё больше окружающей среды.

**Упражнение 4. Прочитайте заключения. Определите тему и содержание данных сочинений.**

1. В такую минуту к нам в душу заглядывает светлая печаль, и мы грустим и думаем о смысле жизни и своём предназначении на этой удивительной земле.
2. Иногда рождаются люди, живущие ярко, но мало, как и маки. Они появляются в жизни других людей и оживляют огнём души своё окружение, как маки оживили ковёр на клумбе. Но они быстро умирают и оставляют нас, и без них пусто, как без маков. И лишь постоянная смена маков маками может сохранить этот вечный огонь. Остаётся надеяться, что такие люди будут часто озарять нашу жизнь.
3. Нет, я не забыла историю своё страны, но я выбираю то, что мне кажется наиболее подходящим, а сейчас именно иностранная продукция предлагает наибольший выбор. Именно в этом я вижу причину её популярности.

## 6.2. Сочинение-повествование

**Повествование** – это такой способ изложения материала, при котором рассказ о событиях, явлениях ведётся во временной последовательности. Повествование представляет собой ответ на вопросы: Что? Где? Как? Когда? В повествовании предложения объединяются в целое общей темой и следуют одно за другоин, отражая ход события.

**Примерная композиция сочинения-повествования**

**1. Вступление.** Определите, о чём будете рассказывать: время, место, действующие лица. (Это произошло … . Этим летом я гостил у … . Летние каникулы я провёл … .)

**2. Основная часть.**

Завязка действия (И вдруг … . Внезапно случилось вот, что … . Событие, произошедшее вечером, изменило моё отношение к … .)

Развитие действия (рассказ о событиях, которые произошли, с обязательной кульминацией, спадом действия).

Концовка.

**3. Заключение.** Для чего рассказывали об этом случае.

Любое событие имеет начало, развитие и конец. Любой человек со временем растёт и изменяется. Человек и событие тесно связаны друг с другом. Задача повествования – излагать процесс развития события, действия или знакомить с биографией, историей человека. Структурными связями повествования являются:

1) прямая хронология;

2) обратная хронология;

3) прямая хронология с отступлениями.

В сочинении содержится шесть необходимых элементов: время, место, персонажи, событие, причина и результат. В связи с этим обычно употребляются глаголы, описывающие последовательность действий. В повествованиях обычно мало прилагательных, однако активно используются наречия, обозначающие последовательность действий (*сначала, потом, затем, тогда, ещё, уже, снова*).

В начале повествования обычно непосредственно или попутно указывается время, место происшествия события, действующие лица, дальше следует само событие, его причина и результат. Например:

**Тема: Самое важное событие в моей жизни**

*Время: школьные годы.*

*Место: школьная сцена.*

*Действующие лица: Я, мама, зрители, друзья.*

*Событие: Я первый раз вышла на сцену, очень боялась, что упаду, потеряю голос, забуду слова. Мама сказала мне слова напутствия. Я выступила прекрасно. Все поздравляли меня.*

*Причина: Я не была уверена в себе.*

*Следствие: Я теперь часто выступаю на сцене и всегда вспоминаю слова мамы, которые она мне сказала перед моим первым выступлением.*

## Образцы сочинений

### Текст 1
### Мой петух

*Когда мне исполнилось четыре года, тётка подарила мне малюсенького жёлтого цыплёнка. Я крепко прижала это волшебное пушистое существо к себе и с этой минуты почти не расставалась со своим подарком. В детсад я не ходила, жила в доме с большим двором и садом, поэтому мне легко было почти не выпускать цыплёнок из рук. Я носила его в кармане своего фартука, отпускала ненадолго на травку, загородив со всех сторон тот кусочек земли, где мы гуляли. Хотела однажды взять с собой в кинотеатр, куда мы ходили с мамой. Правда, этого мне не разрешили.*

*Цыплёнок рос не без приключений, однажды я опустила его в ведёрко с водой. Бабушка пробурчала: «Хорошо, что не в кипяток». Бывало, он застревал где-то в густых зарослях травы во дворе. И вот вырос из него огромный красавец петух! Как же он меня ненавидел! Он налетал на меня, как коршун, и норовил клюнуть, куда только достанет. Мне было очень досадно: ведь я считала, что вынянчила его. Когда я выходила гулять во двор, петуха закрывали. А если гулял петух, за дверями оставалась я и с грустью наблюдала за ним через окно. Удивительно то, что он ненавидел только меня, а на всех людей свою ненависть не перенёс. Мне кажется, больше за всю мою жизнь таких врагов у меня не было.*

## Текст 2
## Однажды осенью

*Начался учебный год. Вместе с этим начались и полевые работы – сбор урожая не только на полях, а и на приусадебных участках. Много людей уже справились с огородом, тогда детвора может погулять на улице, сходить на рыбалку. Но однажды мы с рыбалки шли мимо огородов. Анатолий обратил наше внимание на то, что только на огороде Алексея не выкопанный картофель.*

*Алексей учился с нами, но ничего никому не говорил. И мы все заметили, что он грустный не гуляет с нами, спешит домой после уроков. Мы не придавали этому никакого значения. А от мамы Анатолия и Данилы слышали, что мама Алексея заболела и лежит в больнице, отец в командировке и вернётся не скоро. У Алексея есть ещё младший брат, который ходит в детсад. А осень наступает с утренними прохладами, и в скором времени начнутся дожди и заморозки.*

*Мы будто прозрели, что картофель, свёкла, морковь и другие овощи на участке Алексея могут погибнуть, так как он не в состоянии сам позаботиться об огороде, ему надо и к маме в больницу сходить, и брата забрать с детсада, и справиться по хозяйству. Тогда мы договорились, что на следующий день сразу после уроков возьмём дома лопаты, ведра и мешки и пойдём на огород Алексея, чтобы собрать урожай, помочь однокласснику. Так мы и сделали. К нам ещё присоединилась мама Петра, которая давала указания, советовала. Работали мы дотемна. Зато уже поздно вечером привезли во двор Алексея много мешков с картофелем, свёклой, морковью и другими овощами. Помог нам это привезти на машине отец Сергея, так как он шофёр.*

*Алексей не понял сразу, что творится. Но потом ему стало все ясно. На глазах у него заблестели слезы, но это были слезы радости. Растроганный, он искренне поблагодарил нас всех за помощь и внимание к его семье.*

### Внимание!

叙述性文章对应汉语的记叙文，是以时间为顺序对事件、现象的讲述。叙述方式有正序、倒叙和插叙三种。写作时应该突出时间、地点、人物、事件、原因、过程（含结果）六个要素。应按照统一的主题，反映事件的进程、人物的成长。因此，写作时常用动词反映行为连续发生，与此相应，副词使用频率高，形容词则相对较少。

## Задания и упражнения

**Упражнение 1. Прочитайте тексты-образцы (Текст 1, Текст 2). Определите в них:**

- время,
- место,
- действующих лиц,
- событие,
- действие,
- результат.

**Упражнение 2. Выпишите из текстов глаголы, которые помогают показать развитие действия.**

**Упражнение 3. Напишите сочинение на одну из предложенных тем.**

1. Первый день в университете.
2. Первая встреча с русским преподавателем.
3. Экскурсия в Пекин (Шанхай, Гуанчжоу и т.д.).
4. Поездка за город.
5. Наша группа едет в музей.

## 6.3. Сочинение-описание

**Описание** – один из приёмов сочинения, который состоит в указании признаков предмета, явления или человека. Такие сочинения должны отвечать на вопрос: «Какой человек (предмет, местность, погода, настроение)?» Описание в «чистом» виде встречается редко. Описание, как элемент, помещается обычно там, где это требует замысел автора. Цель описания – конкретизировать и развивать основную мысль текста, способствовать изображению действующих лиц, их действий или событий.

Предмет описания решается содержанием сочинения. При описании надо выделить самое нужное, самое характерное, выбрать то, что может образно воплотить тему. Его надо вести так, чтобы читатели смогли «увидеть» изображаемое, проникнуться настроением автора.

**Виды описаний**

**Портрет** – изображение внешности персонажа (лица, фигуры, одежды, манеры поведения и речи). Портрет является составной частью повествовательного изложения. Автор при помощи портрета персонажа создаёт живой образ, раскрывает характер или внутренний мир своего героя. Описание внешности служит развитию сюжета и раскрытию основной мысли. Следовательно, описывать надо только самые отличительные, самые типичные черты характера. Лучшие портреты оставляют у читателей яркое, незабываемое впечатление. Например:

*А. За столом сидела женщина в цветастом китайском халате, с красивым, но злым лицом и, читая книгу, прихлёбывала кофе из китайской чашечки. По обложке Ольга Николаевна узнала один из переводных романов, издававшихся ещё в конце тридцатых годов. Женщина нехотя оторвалась от книги, поправила волосы, уложенные в сетку, и сказала лениво, растягивая слова...*

*Б. Мишка собой щуплый, волосы у него с весны были как лепестки цветущего подсолнечника, в июне солнце обожгло их жаром, взлохматило вихрами; щеки, точно воробьиное яйцо, исконопатило веснушками, а нос от солнышка и постоянного купанья в пруду облупился, потрескался шелухой. Одним был хорош Мишка – глазами. Из узеньких прорезей высматривают они, голубые и плутовские, похожие на нерастаявшие крупинки речного льда.* (М. Шолохов «Нахалёнок»)

При описании необходимо сначала выделить существенные детали, которые легко описать: Какой этот человек: высокий, низкий, молодой или старый? Затем нужно обратить внимание на его волосы, лицо. Оценить телосложение человека можно словами: *накачанный, худой, сутулый, упитанной, толстый*. Если вы обратили внимание на одежду и ноги человека, значит, они имеют особенности, однако проще всего отметить туфли. Они могут быть *потрёпанные, заношенные, новые, спортивные, классические*. Нравится человек, которого ты будешь описывать, или нет? От ответа на этот вопрос зависит основная мысль сочинения.

## Образцы сочинений

**Текст 3**

**Моя первая учительница**

*Любимый учитель... Кажется, так просто рассказать о нем, знакомой до мельчайшей чёрточки, близком и дорогом человеке. Но, оказывается, очень трудно найти такие слова, чтобы передать всю признательность, благодарность, почтение и трепетную нежность, которые переполняют сердце, когда думаешь о любимом учителе.*

*Среди прекрасных моих учителей есть совершенно удивительный человек. Представьте себе невысокую, стройную, строго и со вкусом одетую молодую женщину с приятным миловидным лицом. С аккуратно причёсанными светлыми волосами, то собранными в пучок или распущенными до плеч. С милой улыбкой и озорным взглядом блестящих голубых глаз она входит в класс, и все замирают в немом восторге. Попробуйте услышать её взволнованную речь, звенящую натянутой струной, когда нам она что-то объясняет, читает, рассказывает. На уроке её взгляд становится глубоким и строгим, но непостижимо притягательным, а лицо просто светится от удовольствия, когда она слышит правильный ответ ученика.*

**Интерьер** – изображение внутренней обстановки помещения. В описании использование изобразительно-выразительных средств, отбор фактов и расположение материала служат раскрытию основной мысли текста, замысла описания. **Основа описания** – перечень признаков этого помещения и находящихся в нём предметов: *Небольшая, светлая комната с одним, но широким окном. Письменный стол. Два стула. Диван-кровать. Книжная полка. Карта полушарий.* Перечень предметов, находящихся в помещении, может сопровождаться указанием на их местоположение. *Небольшая, светлая комната с одним, но широким окном. Перед ним – письменный стол, рядом – два стула. Слева – диван-кровать; справа,* *в углу, — книжная полка; на стене – карта полушарий.* Каждый предмет можно не только назвать, но и описать. *Справа, в углу, книжная полка. Большую часть её занимают учебники по русскому языку и книги о великих писателей. Здесь же – «Детский альбом» и «Времена года»* п.и. *Чайковского, сборники песен.*

Для написания описания помещения необходимо использовать следующие слова и выражения:

I. Само помещение: *большое (маленькое), светлое, просторное (тесное), много воздуха и солнца* и т. д.

Стены – *побелены, оклеены обоями, покрашены масляной краской, противоположная (стена)* и т. д.

Окно – *огромное, во всю стену, узкое, высокое, выходит на север (юг...), тройное (двойное), без подоконника* и т. д.

Дверь – *стеклянная, деревянная, массивная, высокая* и т. д.

Полы – *паркетные, бетонные, покрытые белой плиткой, крашеные (покрашенные)* и т. д.

II. Мебель, обстановка.

Стол – *овальный, круглый, квадратный, покрытый скатертью, туалетный, письменный, обеденный* и т. д.

Стулья – *мягкие, полумягкие, тяжёлые (лёгкие), с гнутыми ножками, в чехлах* и т. д.

Шкаф – *современный, полированный* и т. д.

Зеркало, диван, секретер, табуретка; современный, старинный, изящный; налево, направо, вверху, напротив, неподалёку.

Образное описание отбирает только признаки, существенные для того задания, которое ставит перед описанием автор.

Возможные подходы к раскрытию темы: Моя комната …

а) ...простая и обыкновенная, как у многих;

б) ...уютная, особенно по вечерам (когда идёт дождь, когда на улице жарко и т. п.);

в) ...особенно приятная, когда светит солнышко (накануне праздника Весны и т. п.);

г) ...удобная для занятий.

## Образцы сочинений

### Текст 4
### Моя уютная комната

*Моя комната небольшая, но очень уютная. Мне очень приятно и удобно здесь, ведь здесь есть всё, что мне нравится.*

*Комната квадратная, очень светлая, потому что большое окно выходит на юг. Днём, если я прихожу домой, всё в ней наполнено светом, искрится и сверкает под яркими лучами ласкового солнышка.*

*Перед окном стоит мой рабочий стол с настольной лампой, рядом с ней – подставка для ручек и карандашей. Но самое главное на столе – мой компьютер: без него невозможно представить себе нашу учёбу в университете. В ящиках стола я храню тетради и другие нужные мне для учёбы вещи. Возле стола – стул, на котором я сижу, когда делаю домашнее задание.*

*Около правой стены рядом со столом – книжные полки с моими любимыми книгами, словарями и учебниками. Дальше – шкаф для одежды.*

*С другой стороны окна расположен мой спортивный уголок. Здесь я делаю утреннюю зарядку.*

*У этой же стены стоит моя кровать, точнее, диван. Когда ко мне приходят друзья, мы, конечно, сидим на нём. На стене над диваном висит несколько картин. Постельное белье лежит в комоде, что стоит в углу. На комоде стоят мои мягкие игрушки, которыми я играла в детстве. На стене над комодом – несколько моих рисунков.*

*На полу лежит ковёр серо-зелёного цвета. Обои на стенах комнаты светло-зелёные, шторы тоже зеленоватого цвета, а мебель из светлого дерева. Ещё у меня есть цветы, они повсюду, потому что моя жизнь должна быть живой, радостной, я должна расти, как мои маленькие зелёные друзья.*

**Описание природы** – это описания явлений природы (дождь, буря, снегопад, листопад, гроза и т. п.), погоды (жаркий день, пасмурное утро, осенний вечер и т. п.), уголков природы (горы, равнина, степь, поле, река, озеро, море и т. п.).

**Пейзаж** – описание природы как части реальной обстановки, в которой разворачивается действие: *Нивы сжаты, рощи голы. // Над водой – туман и сырость…* (С. Есенин).

Источником описаний природы должны стать жизненный опыт, память (*«Любимый уголок природы»*), специальные наблюдения (*«Сегодня у нас в парке (в горах, в сквере…)»*, *«Дождливый день из моего окна»*). Необходимо развивать способность видеть, слышать, чувствовать, ощущать. Темами для сочинений-описаний могут быть следующие: *«Солнечный день у нас в университете»*, *«Как вчера падал снег»*, *«Дождь в мае (ноябре, марте)»*, *«Сегодня перед восходом солнца (в сумерки, на рассвете, ранним утром)»*, *«Наши горы (сквер, университет), каким я увидел их вчера»*.

Для примера возьмём два текста с описанием дождя.

**Текст 5**

*Описание дождя – дело очень сложное, ведь дождь для каждого свой. Кому-то он кажется холодным, а кому-то освежающим. Кто-то скажет – шумный, а кто-то назовёт шаловливым. Один закроет окна во время дождя, а другой откроет, чтобы ощутить на своём лице всю его прелесть.*

*Я люблю во время дождя ехать в машине и смотреть, как капли пытаются нас догнать, скользят по стёклам, как дворники на лобовом стекле их стирают, а они тут же снова набегают, будто это игра такая… Ещё люблю гулять во время дождя в парке, там никого нет, и можно услышать, как дождь что-то шепчет деревьям и кустам. И кажется, что тебе вот-вот откроется тайна этого шёпота.*

**Текст 6**

*Я сидел за столом перед большим окном своей комнаты и читал книгу. Я так углубился в чтение, что не заметил, как за окном потемнело. На небо наползла большая сизая туча, загремел гром, но не очень сильный. Я присел на диванчик у окна, отдёрнул штору, чтобы было видно хорошо, и приготовился наблюдать за летним дождём. На самом деле я очень люблю смотреть на такое зрелище.*

*Сначала внезапно поднялся ветерок, понёс по дороге пыль и обломанные веточки. Ничего-ничего, сейчас пыль уляжется, сейчас капли дождя утихомирят её. И вот я наблюдаю, как падают первые крупные капли. На пыльной дороге появляются тёмные пятна, а потом маленькие лужицы. Капли падают все чаще и чаще, дождь будет проливным.*

*Дорога за минуту-две стала мокрой, а дождь все усиливался. На дороге наливались большие лужи. Крупные капли барабанили по подоконнику, потоки воды стали заливать оконные стекла. Стало толком не видно улицы. Но я не ушёл, а с восхищением наблюдал за разгулом природы, за её мощью. В который раз подивился тому, как чудно устроена природа – вода проходит круг от земли к небу и снова падает с неба на землю. Я в который раз подивился силе природы.*

*Тогда я открыл окно, хотя мама с кухни ругалась и кричала что-то о молнии. Но гром уже не гремел. Вниз по улице текли настоящие ручьи! В комнату сразу ворвался свежий воздух, пахнуло свежестью.*

*Понемногу дождь мельчал и утихал, теперь падали лишь отдельные дождинки. Листья, омытые ливнем, блестели яркой зеленью, сверкали капельками. Я высунулся из окна и потянулся за ближней веткой на дереве. Я потряс её. Вниз полетел настоящий дождик, целый водопад брызг! Они засверкали в лучах солнца, что в ту минуту как раз снова показалось из-за туч.*

В каждом из этих текстов автор попытался отразить свои чувства, которые рождает дождь. Поэтому в центре любого описания находится сам человек, его психологическое состояние и отношение к описываемому явлению, предмету или другому человеку.

**Текст 7**

**Мой любимый человек**

*У каждого есть свои уважаемые и любимые люди. Мой самый любимый человек – это отец.*

*Мой отец очень умный и трудолюбивый, каждый день, не зная усталости, он старательно работает. Он обожает свою работу: он учитель рисования. Отец очень хорошо рисует. Когда он был ещё маленьким, он хотел стать художником и обязательно известным. Однажды он сказал мне: «Когда я учился в школе, я не знал, каким художником я буду: известным или неизвестным. И может быть, это не очень важно. Сейчас я думаю, что важно любить своё дело, свою профессию». Сейчас, когда отец стал хорошим школьным учителем и известным художником, он, как и раньше, каждый день много рисует.*

*В свободное время отец любит ещё читать. Я часто вспоминаю, как он научил меня любить книги. Дома он часто повторял: «Книга – учитель жизни», «Будешь книги читать, будешь все знать», «Книга – лучший подарок». И на дни рождения и на праздники он дарил мне только книги, интересные, умные. По вечерам, когда вся семья собиралась вместе, мы читалиих вслух. И эти книги всегда помогают мне думать о жизни и понимать её.*

*Я никогда не забуду то, что мне дал мой отец.*

**Текст 8**

**Моя «она»**

*Она, как авторитетно утверждают мои родители и начальники, родилась раньше меня. Правы они или нет, но я знаю только, что я не помню ни одного дня в моей жизни, когда бы я не принадлежал ей и не чувствовал над собой её власти. Она не покидает меня день и ночь; я тоже не выказываю поползновения удрать от неё, — связь, стало быть, крепкая, прочная... За её привязанность я пожертвовал ей всем: карьерой, славой, комфортом... Хотите знать её имя? Извольте... Оно поэтично и напоминает Лилю, Лелю, Нелли... Её зовут – Лень.* (А.П. Чехов)

**Сочинение-описание**

**Тема сочинения: Летняя гроза**

**План**

*1. Вступление. Ничто не предвещало ненастья.*

*2. Основная часть. Ожидание грозы. Гроза набирала силу. После грозы.*

*3. Заключение. Быстро прошла летняя гроза.*

**Сочинение по картине**

**План**

*1. Небольшая справка о творчестве данного художника (какие картины и когда он написал, направление, в котором он работал, особенности творчества художника).*

*2. Справка о данной картине (название, когда написана, под влиянием каких событий и так далее).*

*3. Описание картины:*

*– сюжет картины (о чем повествует картина);*

*– что изображено на переднем плане;*

*– что изображено на заднем плане картины;*

*– описание основных героев картины (если они есть);*

*– основные цвета (краски) картины (почему художник выбрал именно их);*

*– какое настроение передаёт эта картина.*

*4. Свои впечатления от картины (понравилась/не понравилась, почему).*

## Тексты-образцы

### Текст 9
### История одной картины

*Известный русский художник Василий Суриков – автор известной картины «Переход Суворова через Альпы», рассказывающей о подвиге русских солдат.*

*В композиции полотна показан горный пейзаж: уходящая в небо вершина горы, окутанная пеленой белёсо-матовых и нежно-голубых перистых облаков. И эта заоблачная высота показывает трудность похода и позволяет ощутить значительность подвига чудо-богатырей. Суриков на этом полотне жаждал передать стремление воинов к победе, их неукротимое движение вперёд и беззаветную храбрость.*

*В течение двух лет работает художник, и многое уже сделано. Он долго обдумывал расположение фигур на огромном холсте. Слева – Суворов. Он осадил коня прямо на краю пропасти. В центре – русские солдаты, стремительной лавиной скатывающиеся вниз с круч. Но страстное желание правды, стремление написать непременно всё с натуры привели художника на вершины швейцарских Альп.*

*По узкой тропке пробираются художник и проводник-швейцарец. Вдруг Суриков стремительно скатывается вниз по обледенелой круче. Не пролетев и десяти метров, подняв тучу снежной пыли, он исчезает в сугробе. Это спасает его, потому что впереди торчат из снега острые зубья скал. Проводник мечется над обрывом, что-то крича. Но Суриков уже поднимается и. хватаясь за камни, добирается до площадки. Невольно художнику приходит мысль, что так же спускались с гор чудо-богатыри Суворова.*

*Завершение работы совпало со столетием итальянского похода великого полководца. Полотно побывало на выставках в Москве и Санкт-Петербурге, а затем его приобрёл для своей коллекции император.*

*Картина Сурикова «Переход Суворова через Альпы» в настоящее время находится в Русском музее в городе Санкт-Петербурге. Это историческое живописное произведение привлекает к себе особое внимание всех посетителей музея.* (По О. Туберовской)

### Внимание!

描写作为一种写作方法，用于指出对象的特征。单纯的描写很少，它根据写作的需要而出现，目的是使中心思想具体化和深化，使对象更加明确。因此，描写时应该有所选择，最需要的和最典型的是描写的重心。一言以蔽之，描写应使读者有耳闻目睹、身临其境之感。描写的种类主要有人物肖像和内心活动描写、室内环境描写、自然环境描写。

## Задания и упражнения

### Упражнение 1. На основании текстов-образцов, выделите слова и словосочетания, которые Вам нужно для составления описания.

### Упражнение 2. Выпишите из текста «История одной картины» словосочетания существительное + существительное.

Образец:

трудность похода, пелена облаков, ...

### Упражнение 3. В данных предложениях измените грамматические связи согласно образцу.

Образец:

Завершение работы совпало со столетием итальянского похода великого полководца.

Работа была завершена в год столетия итальянского похода великого полководца.

1. Стремление написать непременно всё с натуры привели художника на вершины швейцарских Альп.
2. Родина начинается у твоего дома.

3. Суриков уже поднимается и, хватаясь за камни, добирается до площадки.
4. Это право надо завоевать своим трудом, учёбой, своей борьбой, своей жизнью.
5. Не пролетев и десяти метров, подняв тучу снежной пыли, он исчезает в сугробе.

**Упражнение 4. Напишите сочинение-описание на следующие темы:**

Портрет моей мамочки.
Слово о старом друге.
Мой любимый актёр (спортсмен, писатель, художник).
Утро за моим окном.
Дыхание осени.
Народная одежда – произведение искусства.
Мои впечатления от Москвы (Даляня, Уханя, Сибири, Дальнего Востока, Западного Китая).

**Упражнение 5. Посмотрите на картины. Что Вы знаете об авторах этих картин? Опишите, что изображено на каждой картине.**

Картина В. М. Васнецова
«Три богатыря»
1898 г.

Картина И. Н. Крамского
«Неизвестная»
1883 г.

Картина И. Е. Репина
«Бурлаки на Волге»
1873 г.

Картина В. Г. Перова
«Тройка»
1866 г.

Картина И. Левитана
«Вечерний звон»
1892 г.

Картина Ф. П. Решетникова
«Опять двойка»
1952 г.

Картина Т. Н. Яблонской
«Утро»
1954 г.

## 6.4. Сочинение-рассуждение

**Рассуждение** – один из типов речи. Оно представляет собой цепь суждений по данному вопросу, логически последовательные ответы на вопросы: Почему? Зачем? В чем смысл? Цель рассуждения – объяснить причинно-следственные связи явлений. Идея его выступает в точной формулировке.

Главные элементы рассуждения – тезис и его доказательства. Тезис – это мысль, которая будет доказываться. В качестве доказательств приводятся, кроме суждений, различные факты и явления, находящиеся между собой в причинно-следственных отношениях. Главное в рассуждении – обоснование своей точки зрения.

Когда пишется сочинение-рассуждение, сначала ставится вопрос относительно какого-нибудь материала, потом на этот вопрос даётся ответ, правильность которого подтверждается специально подобранными фактами и суждениями о нем. Постановка вопроса, ответ на вопрос, доводы в пользу правильности ответа – основные части сочинения.

**Схема сочинения-рассуждения**

1. Тезис. Даётся обоснованное утверждение.

2. Доказательства (аргументы). Приводятся факты, характеристики, сведения, с помощью которых подтверждается истинность данного утверждения.

3. Вывод. Ещё раз приводится подтверждающий тезис.

Структура рассуждения представлена на схеме (см. схему 15).

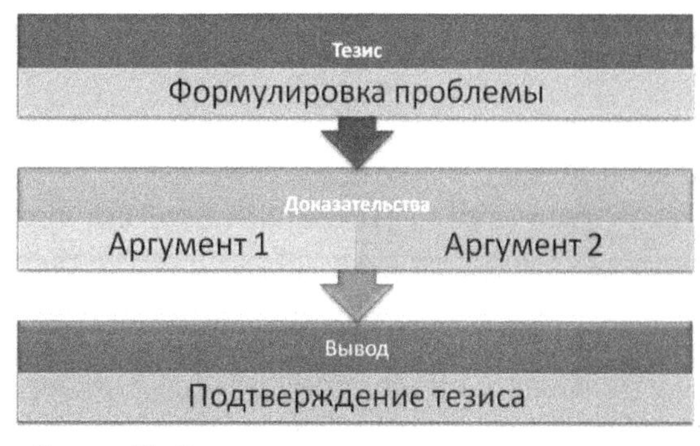


**Схема 15. Структура сочинения-рассуждения**

**Формулировки проблем**

1. Роль (чего-то или кого-то) в жизни человека.
2. Проблема влияния (чего-то или кого-то) на человека.
3. Проблема нравственного выбора.
4. Проблема (чего-то или кого-то) в нашей стране.
5. Проблема гуманного отношения к людям, нуждающимся в помощи.
6. Проблема взаимоотношений (отзывчивости, взаимопомощи).
7. Проблема защиты и сохранения природы.
8. Проблема сохранения и развития родного языка (культуры, искусства).
9. Проблема семейных (родственных, дружеских) отношений.
10. Проблема исторической памяти.

При формулировке проблемы важно определить свою позицию, которую можно обозначить следующим образом:

*1. Я думаю (считаю, полагаю), что... По-моему, прав... Я убеждён (уверен), что... Я не могу согласиться с тем, что... Мне кажется (думается), что...*

*2. Могут сказать (возразить), что... Сам себе противоречит...*

*3. Хочется подчеркнуть (сказать ещё раз)... Итак... Таким образом... Следовательно... Я понял, что...*

**Речевые клише сочинения-рассуждения**

**1. Актуальность проблемы**

*Важной для нашего времени является проблема…*
*Одна из проблем, которую необходимо обсудить, касается…*
*Для человека всегда актуальна проблема…*
*Злободневность темы выражается в…*
*Почему же проблема эта так актуальна в наши дни?*
*Уже в начале статьи автор заявляет актуальную проблему…*
*Мне близка проблема, которую…*

**2. Тема и идея (основная мысль) текста**

*На первый взгляд, многие берутся рассуждать на тему простую, всем известную…*
*Любому становится близка тема…, которую я хочу обсудить.*
*Тема… никого не оставляет равнодушным…*

*Пожалуй, никогда я так глубоко не думал на тему…*
*Вывод словно напрашивается сам собой: …*
*Вывод очевиден: …*
*Сложно не согласиться с тем, что…*
*Думается, что главная мысль автора бесспорна…*

**3. Выражение собственной точки зрения**
*Я полностью согласен с тем, что…*
*По моему мнению, наиболее чётко и полно данная идея отражена в пословице …*
*Хочется присоединиться к утверждению …*
*Действительно, трудно не согласиться с тем, что…*
*Моё мнение по вопросу… совпадает с мнением …*
*Хотя, на первый взгляд, мысль кажется спорной, но подумав над проблемой, стоит соглашусь с …*
*Это ставит многие сложные вопросы, на которые, пожалуй, нет однозначного ответа…*
*С одной стороны, следует признать …*
*С другой стороны, не даёт полностью согласиться тот факт, что…*
*Не могу полностью согласиться с …*
**Тема: Ответственности нужно учиться с детства**

**План**

1. Что такое ответственность?
2. Ответственность воспитывается с детства.
   А. Проблема: Можно ли воспитать чувство ответственности у молодёжи?
   Б. Комментарий: Какие чувства должен воспитывать себе человек на протяжении всей жизни?
   В. Позиция: Кто не воспитал в себе эти чувства в детстве, не может получить их в молодости.
3. В чём актуальность данной проблемы?

## Тексты-образцы

### Текст 10
### Почему человек учится?

*Почему человек учится?* **(тезис)**

*Человек учится, прежде всего, потому, что его мучит любознательность, инстинктивная тяга к знанию. Это – внутренняя побудительная причина. От природы она есть у всех, но в иных людях она развивается, а в других – заглушается обстоятельствами.* **(1 аргумент)**

*Человек может учиться и потому, что его принуждает к ученью житейское здравомыслие: не выучившись, он не сможет занять в жизни то положение, которое хотел бы занять. Это внешние побудительные причины.* **(2 аргумент)**

*И сколько бы ни путешествовали по истории школы, мы всегда увидим эти две причины. Всегда есть* ***тяга*** *к знанию и* ***нужда*** *в знании.* **(Вывод)**

### Текст 11
### Мы должны охранять нашу Землю

*Наша Земля – уникальная планета во Вселенной, единственный наш дом. Каждый человек должен заботиться об окружающей среде. Это должно войти в привычку.*

*Экология Земли с каждым днём страдает сильнее и сильнее. Строятся новые заводы, появляется все больше автомобилей на дорогах, запускаются ракеты и спутники. Это приводит к загрязнению воздуха, глобальному потеплению, таянию ледников, появляются озоновые дыры. Вымирают целые виды животных из-за вырубки лесов, многие водные млекопитающие и рыбы давно находятся под угрозой исчезновения из-за загрязнения водоёмов.*

*В больших городах люди страдают заболеваниями дыхательных путей из-за плохой экологии. За чертой города вырастают кучи мусора, потому что пакеты и бутылки не перерабатываются, а выбрасываются. Такие «мелочи», о которых мы не думаем, приводят к размножению грызунов и появлению новых болезней, которые потом они приносят в города.*

*Чтобы защитить нашу Землю от гибели, каждый должен начать с себя. В первую очередь, должно быть бережное отношение к природе, растениям, которые дают нам воздух. Не стоит загрязнять города мелким мусором, который не сложно донести до урны, бросать вдоль тротуаров окурки, бумажки, пробки от бутылок.*

*Если каждый заглянет в себя и вспомнит, сколько вреда он причинил природе, а после этого постарается быть мудрее и заботливее, то наша Голубая планета просуществует на сотни лет дольше вместе с нашими правнуками и их потомками.*

### Текст 12
### Русское слово

*Многие русские слова сами по себе излучают поэзию подобно тому, как драгоценные камни излучают таинственный блеск. Хотя любой физик объяснит это явление законами физики, но всё же блеск камней вызывает ощущение таинственности. Трудно примириться с мыслью, что внутри камня, откуда льются сияющие лучи, нет собственного источника света.*

*Сравнительно легко объяснить происхождение «поэтического излучения» многих слов русского языка. Очевидно, слово кажется нам поэтическим в том случае, когда оно передаёт понятие, наполненное для нас поэтическим содержанием. Но действие самого слова на наше воображение объяснить гораздо труднее, и большинство таких поэтических слов связано с русской природой.*

*Русский язык открывается до конца в своих поистине волшебных свойствах и богатстве лишь тому, кто кровно любит и знает «до косточки» свой народ и чувствует сокровенную прелесть русской земли.*

*Для всего, что существует в природе, в русском языке есть великое множество хороших слов и названий. Чтобы убедиться в этом, достаточно изучить ёмкий и меткий словарь. В нём есть помимо книг таких знатоков природы и народного языка, как Кайгородов, Пришвин, Горький, Алексей Толстой, Аксаков, Лесков, Бунин и многих других писателей, главный и неиссякаемый источник языка – сам народ. Это все те бывалые люди, у которых что ни слово, то золото. (По К. Паустовскому)*

**Внимание!**

议论文（论说文）的目的是言之成理地判断某一问题，有条不紊地解释清楚现象的因果关系。议论文的主要因素是论点和证据，基本框架是立论、论证、结论。写作议论文时常用一些固定的格式和套语。

## Задания и упражнения

### Упражнение 1. Прочитайте образцы сочинений-рассуждений.

1. Выпишите ключевые слова и ключевые предложения.
2. Определите лексико-грамматические средства, используемые для создания данных сочинений.
3. Выделите в них тезисы и доказательства.
4. Какие ещё доказательства верности данного высказывания Вы ещё можете предложить.

### Упражнение 2. Составьте план сочинений по следующим темам:

1. Слово делом крепи.
2. Надежда спасёт мир.
3. Человек, цивилизация, земля.
4. Нет ничего такого в нашем сознании, чего нельзя было бы передать словом.
5. Жизненный успех. Как я его понимаю.
6. Душа обязана трудиться и день и ночь.

### Упражнение 3. Напишите сочинение на одну из предложенных тем (объём сочинения должен превышать 180 слов).

1. Любовь спасёт мир.
2. Красота внешняя и внутренняя.
3. Природа не извиняет.
4. Легко ли быть молодым?
5. Мода и классика: друзья и враги.
6. Зачем нужно учить русский язык?
7. Должны ли студенты стажироваться за границей?
8. Если бы я был режиссёром, о чем бы снял фильм?

# Официально-деловой стиль

официально-деловой стиль 公文事务语体

дипломатический подстиль 外交分语体

законодательный подстиль 立法分语体

административный подстиль 行政分语体

документация 文件、资料

пакт 公约、条约

закон 法律

постановление 决定、决议、命令

устав 章程

договор 契约、合同

инструкция 指令、指南

объявление 布告、通告

приказ 命令

накладная 发货单、运货单、提货单

регламент 典章、规章

стандартизация 制式化、标准化

штампы 刻板公式

канцеляризмы 文牍

шаблон 模板

аспект 观点、看法、角度、方面

рубрика 项目、栏目

подлинник 正本、原本

копия 复件、抄本

выписка 摘录

дубликат 别本、副本

## Предтекстовые задания и упражнения

### Задание 1. Ответьте на вопросы.

1. Какие сферы общественных отношений обслуживает официально-деловой стиль?
2. Почему устная речь не может отвечать требованиям, предъявляемым к языку документов? Какие особенности имеет язык документов?
3. Что характеризует лексический строй языка деловой письменности?
4. Каковы синтаксические и текстовые особенности официально-делового стиля?

### Задание 2. В парах синонимов выделите тот, который относится к деловому стилю.

*Привет – здравствуйте, этот – данный, вышеуказанный – тот, надо – необходимо, в связи – из-за, обязать – заставить, дать – предоставить, приёмка – приём, растяжка – отсрочка, безнал – безналичный расчёт, истечение (срока) – окончание, этот – настоящий, задерживаться – опаздывать.*

## 7.1. Основные понятия официально-делового стиля

Официально-деловой стиль характерен для международной, государственной, служебной документации, а именно пактов, законов, постановлений, уставов, договоров, инструкций, объявлений, приказов, накладных, объяснительных записок, заявлений и т.д. Он является средством официального общения. Официально-деловой стиль характеризуется стабильностью, замкнутостью и стандартизованностью. В основном данный стиль представлен в письменной форме.

В зависимости от сферы употребления официально-деловой стиль подразделяется на следующие подстили (см. схему 16):

| Дипломатический | Законодательный | Канцелярский |
|---|---|---|
| • коммюнике<br>• нота<br>• меморандум<br>• конвенция<br>• соглашение | • закон<br>• конституция<br>• указ<br>• устав<br>• акт | • заявление<br>• автобиография<br>• расписка<br>• доверенность<br>• характеристика |

**Схема 16. Подстили официально-делового стиля**

Все многообразие документов классифицируется по следующим признакам:

– наименованию (уставы, наставления, положения, директивы, приказы, распоряжения, инструкции, отчёты, акты, планы, письма, заявления, жалобы и т.п.);

– месту составления (внутренние – не выходящие за пределы организации или учреждения, внешние – входящие и исходящие документы);

– назначению (подлинник – первоначальный документ, копия – точное воспроизведение реквизитов и содержания подлинника с пометкой «копия»; выписка из документа – копия части документа; дубликат – это документ, выданный взамен утраченного подлинника и имеющий одинаковую с ним юридическую силу).

Основными требованиями к документам представлены на схеме 17.

**Схема 17. Требования официально-делового стиля**

Внимание!

公文事务语体是指国家机关、政府部门、社会团体、企事业单位及个人之间在处理各种国际国内事务中形成的具有完整体式和系统内容的语体，具体包括官方信函、指示、批复、请示、通报、证明信、介绍信、合同等。该语体通常为书面语体，较之其他书面语体，相对稳定、封闭和程式化，语言讲求简洁、明确、直观、严肃。公文事物语体分为外交、法律和行政办公三个分语体。公文事务语体的文本可以统称文件或文书，此类文本的撰写简称应用文写作。

## Задания и упражнения

### Упражнение 1. Составьте словосочетания со следующими словами:

приказываю, уведомляем, определяется, подтверждаем, выражаю, прилагаются; решение, указание, уровень, приложение, разговор, переговоры, доверенность.

### Упражнение 2. Прочитайте предложения, определите, какое из них относится к официально-деловому стилю.

1. Направляем Вам предварительно согласованный договор о творческом содружестве.

2. В целом я осталась довольна своим отдыхом, но настроение испортили обидные просчёты сотрудников.
3. Прошу допустить меня к сдаче экзамена по русскому языку.
4. Оплату гарантируем по безналичному расчёту.
5. Я не люблю, когда мои читают письма, Заглядывая мне через плечо.
6. Почему нельзя осуществить поставку во II квартале?
7. Если я правильно понял, Вы сомневаетесь в том, что мы доставим товары в срок.
8. Договор вступает в силу со дня подписания.
9. Прошу Вас разобраться с неорганизованностью и некорректностью сотрудников фирмы и компенсировать нанесённый мне материальный и моральный ущерб в сумме 200 долларов.
10. Как вы знаете, семинар состоится с 10 по 12 мая, а до сих пор нет подтверждения, как договаривались, а предоплату мы уже сделали.

## 7.2. Лексика официально-делового стиля

Официально-деловая лексика отличается большей замкнутостью и функциональной чёткостью. На общем фоне слов межстилевых, в ней выделяются канцелярско-деловая, официально-документальная, судебно-юридическая и дипломатическая лексика. Каждой из них свойственны свои различительные признаки.

В речи используют особые слова для наименования одного и того же явления, понятия в разных сферах деятельности. Например, человека называют в официальном обращении *гражданином, гражданкой; клиентом* – в фирме, *заказчиком* – в ателье, *покупателем* – в магазине, *пациентом* или *больным* – в поликлинике или больнице, *отдыхающим* – в санатории и так далее.

В официально-документальной лексике (в постановлениях, указах, законах) большую роль играют императивные слова, например: *постановляет, обязывает, надлежит.* Слова, имеющие несколько значений, как правило, не используются.

В юридической (или судебно-юридической) лексике используется немало общеупотребительных слов, но со свойственным данной области конкретным уточнением: *вина, наказание, нарушение,* а также слов, ограниченных спецификой документов: *изобличать; провести дознание; истец, ответчик, податель, проситель, потерпевший* и так далее.

Лексика дипломатическая характеризуется наличием в ней иноязычных терминов, ставших международными, а также исконных русских терминов и наименований: *преамбула, резиденция, атташе, коммюнике, договор, посол* и так далее.

В дипломатической речи может быть использовано немало слов с дополнительным оценочным значением: *могучее дерево мира, знаменательные вехи, политическая мудрость, миротворческая роль, идеалы ненасильственного мира, разбойничье нападение; поджигатели войны, пресекать вымогательства.*

Употребление и написание тех или иных слов, относительно закреплённых за каждой из названных выше лексических групп официально-деловой речи, всегда обусловлено типом документа, его общественно-политической значимостью.

– наличие слов, отражающих официально-деловые отношения: *пленум, сессия, решение, постановление, указ, приказ, соглашение, протокол, резолюция, предоплата, удостоверение личности, служебная записка, справка (название документов); истец, ответчик, работник, наниматель, налогоплательщик* и др.;

– широкое использование тематически обусловленных специальных слов и терминов (юридических, дипломатических, военных, бухгалтерских, спортивных и т.д.);

– употреблением слов и выражений, не принятых в иных стилях (*вышеуказанный, нижеследующий, вышеперечисленный, надлежащий, воспрещается, уведомить, прибыть* и т.п.);

– использование канцеляризмов: *извещаем, неисполнение, вышеуказанный, заслушать доклад, зачитать протокол, огласить решение, входящий, исходящий номер, препровождать каковой (который), на предмет (для), приобщить к делу (в дело), при сем (при этом)* и др.;

– наличие штампов: *довести до сведения, в текущем году, в целях исправления, имеет место, вступать в силу, оказать содействие*, *за истёкший период, в целях обеспечения* и др.

В приказах, справках напишут: *не принять на работу, а зачислить; не дать отпуск, а предоставить отпуск* и так далее.

В текстах используются отглагольные образования: *проживание, пребывание;* отымённые предлоги: *в силу, по линии, в целях, в отношении* и так далее.

В этой лексической подгруппе широко используются сложносокращённые наименования учреждений. Использование сокращённых слов (аббревиатур) порой необходимо, чтобы сократить текст, избежать повторения длинных названий либо часто встречающихся слов или словосочетаний.

Существуют лексические и графические сокращения. Пример лексического сокращения – *КВН, кавэзновец*. Графические сокращения – это условные, только письменные сокращения, не являющиеся словами-аббревиатурами. У них нет аббревиатурного произношения, от них не образуются производные слова. Пример графического сокращения – *т. е.* (читается как «*то есть*»).

При составлении делового письма нередко возникает вопрос, как сократить слова. В настоящее время стандартизированы некоторые виды сокращений:

1) почтовые сокращения слов, обозначающих населённые пункты (*г., обл.*);

2) названия месяцев (*янв.*);

3) условные обозначения физических величин и единиц измерения (*В, кВт, см, мм, кг*);

4) сокращения, принятые в учётно-отчётной документации (*Госбанк, квит. №, расч. счет*);

5) названия документов (*ГОСТ*);

6) наименования должностей, учёных званий и степеней (*проф., член-корр.; к.э.н., зав., зам., И.О.; ком.*).

Из соображений практического удобства возникли сокращения длинных названий. Чтобы правильно их написать, следует воспользоваться «Словарём сокращений русского языка».

Названия документов, которые пишутся с прописной буквы:

*Конституция Российской Федерации, Декларация прав и свобод человека и гражданина, Федеральный закон (название), Федеральный договор, Закон Российской Федерации (название), Указ Президента Российской Федерации (название), Послание Президента Российской Федерации Федеральному Собранию (название), Кодекс Российской Федерации об административных правонарушениях*. Названия документов во множественном числе пишутся со строчной буквы: *указы, законы*.

Название документов без предшествующего, стоящего вне названия родового слова (устав, инструкция и т. п.) пишутся с прописной буквы и без кавычек: *Положение о президиуме мэрии, Правила внутреннего трудового распорядка, Инструкция по делопроизводству*.

Со строчной буквы пишутся: *постановление Правительства Российской Федерации, решение городского Совета, постановление мэра, распоряжение мэра, распоряжение главы администрации района города, приказ директора департамента*.

Вид документов с предшествующим родовым словом, не включённым в заголовок, пишется со строчной буквы: *технологическая инструкция «Ввод информации»*.

В названиях научных учреждений, учебных заведений, праздничных и памятных дат с прописной буквы пишется первое слово, а также имена собственные, входящие в название: *Российская академия наук (РАН), Российская академия медицинских наук (РАМН). Институт ядерной физики Сибирского отделения Российской академии наук, Новосибирский государственный университет (НГУ), Дальневосточный федеральный университет, Вооружённые Силы Российской Федерации, Военно-Воздушные Силы, Новый год, Международный день защиты детей, 1 Мая, 8 Марта, День Победы*.

В названиях организаций единичного характера с прописной буквы пишутся первое слово и входящие в состав названия собственные имена: *Российский детский фонд, Фонд социальной поддержки населения, Федерация профсоюзов Кемеровской области, Ассоциация дальневосточных городов, Главное управление архитектуры и градостроительства мэрии, Главное управление благоустройства и озеленения мэрии*.

Названия структурных подразделений пишутся со строчной буквы: *президиум, учёный совет, факультет, отделение, сектор, группа, департамент, управление мэрии, отдел*.

Название железнодорожных станций, вокзалов, аэропортов, станций метро с прописной буквы пишутся все слова, кроме родовых обозначений:

*аэропорт Кольцово, вокзал Екатеринбург-1, станция Юность, станция метро Комсомольская*.

Сложные названия организаций и мероприятий, начинающиеся словами *Государственный, Всероссийский, Центральный, Международный* или порядковыми числительными *(Первый, Второй и т. п.)*: с прописной буквы пишется первое слово: *Международный выставочный центр, Государственное образовательное учреждение, Уральский университет, Шестая зимняя спартакиада школьников г. Владивостока*.

**Написание дат**

Если обозначение даты в тексте состоит только из года, слово год пишется полностью: *план на 2015 год, смета на 2016 год*.

Если дата в тексте состоит из месяца и года, квартала и года, полугодия и года, то она имеет следующее написание: *в октябре 2016 г., в октябре – ноябре 2016 г.; в 1 квартале 2016 г.; в III–IV кварталах 2016 г.; в первом полугодии 2016 г*.

Слова «год», «годы» сокращаются (*г., гг.*), если они приведены в датах с обозначением месяца, квартала, полугодия. Если дата состоит только из года, то слово «год» пишется полностью: *план на 2018 год*. Рекомендуется опускать слово «год» при его цифровом обозначении, как правило, при датах в круглых скобках. Обычно это даты рождения, смерти, рождения и смерти рядом с именем какого-то лица: *С.И. Иванов (р. 1988); А.П. Петров (ум. 2000)*.

### Обозначение временных периодов

Календарные сроки в тексте пишутся следующим образом: *в октябре 2016 г., но: за 8 месяцев 2016 года, в 2016 году, с 2000 по 2010 год, в 2016 – 2017 годах.*

Все виды некалендарных лет (бюджетный, операционный, отчётный, учебный год, театральный сезон), т. е. начинающихся в одном году, а заканчивающихся в другом, пишут через косую черту: *в 2015/16 учебном году, театральный сезон 2013/2014 года.*

### Местоимения «Вы» и «Ваш» при обращении к лицам

Пишутся с прописной буквы как форма вежливого обращения к одному лицу в официальных отношениях, личных письмах:

*Прошу Вас… (Сообщаем Вам…).*

При обращении к нескольким лицам эти местоимения пишутся со строчной буквы: *Уважаемые господа, ваше письмо…*

С прописной буквы указанные местоимения пишутся также в анкетах: *Где Вы проживали раньше? Состав Вашей семьи.*

### Написание номеров и цифр

Для обозначения диапазона значений ставят: тире, знак «–», предлог от перед первым числом и до – перед вторым. Например:

*длиной 5 – 10 м;*
*высота 15000 – 20000 м;*
*высота 20 – 30 тыс. м;*
*длиной от 5 до 10 м;*
*с 14.00 до 16.00 час.*

Номера телефонов принято писать, отделяя дефисом по две цифры справа налево: т. 322-99-90; т. 2-45. В номерах телефонов с числом цифр больше шести отделяется левая группа в три цифры: т. 299-85-90.

Сложные существительные и прилагательные, имеющие в своём составе числительные, пишутся: *150-летие; 3-этажный дом; 1-, 2-, 3-секционный дом.*

### Наиболее часто употребляемые сокращения слов

*бульвар – бул.*
*год, годы – г., гг. (при цифрах)*
*город, города – г., гг.*
*господину – г-ну*
*гражданин, граждане – гр-н, гр-не*
*гражданка, гражданки – гр-ка, гр-ки*
*железная дорога – ж.д.*
*железнодорожный – ж.-д.*
*жилмассив – ж/м*
*исполняющий обязанности – и.о.*
*и другие – и др.*
*и прочие – и пр.*
*и так далее – и т. д.*
*и тому подобное – и т.п.*
*магистраль – маг.*
*микрорайон – м/р*
*миллиард, миллиарды – млрд (после цифрового обозначения)*
*миллион, миллионы – млн (после цифрового обозначения)*
*область – обл.*
*озеро – оз.*
*площадь – пл.*
*переулок – пер.*
*посёлок – пос.*
*проспект – пр.*
*пункт, пункты – п., пп.*
*река – р. (но реки)*
*улица – ул.*
*экземпляр – экз.*

**Внимание!**

公文事物语体词汇的普遍特点是范围狭窄、功能明确、针对性强。不同事务领域的词汇各有特点，这就要求写作时必须根据文件的类型及其社会政治功能的要求选择合适的词汇。除语体通用词汇外，同一人、事物、现象、行为的表述不同领域使用的词汇不同、特点不同。此外，缩略词比较常见，如一些复杂机构的称名等。各种图表文件和事务信函中缩略用语使用更为普遍，写作中需要一一加以注意。

## Задания и упражнения

**Упражнение 1. Прочитайте пары слов, найдите в словаре их значения. Составьте с каждым предложение:**

гарантийный – гарантированный, эффектный – эффективный, экономный – экономичный, страховщик – страхователь.

**Упражнение 2. Напишите, что значат данные сокращения. Укажите варианты.**

р-н, ул., г., п/я, проф., г-н, чел., пр., т., и.о., о., док., у.е., гг., см., б/у, н/д, тыс., ун-т, обр., экз., букв., к. т. н., ж/д, долл., изд-во, м., руб., СПб, М., ф. и. о., гос., акад., пп., ср., им., русск., м. н. с., учеб. пособ.

**Упражнение 3. Напишите значение сложносокращённых слов и аббревиатур.**

Россотрудничество, НИИ, МИД, МЧС, вуз, завкафедрой, Минобрнауки, минфин, техплан, интелнет, спецзаказ, КАСКО, СП, ЧП, ООО, ОАО, ОО, ГОСТ, МОК, МАПРЯЛ, ЮНЕСКО.

**Упражнение 4. Найдите случаи нарушения лексической сочетаемости в устойчивых словосочетаниях и исправьте их:**

Играть роль, играть значение; решить проблему, разрешить ситуацию, разрешить вопрос, решить задачу; представлять интересы, представлять фирму, представлять итоги; рассмотреть вопрос, рассмотреть дело, рассмотреть случай; внести предложение, внести вопрос, внести резолюцию; соблюдать правила, соблюдать бюджет, соблюдать законы.

**Упражнение 5. Поясните разницу в лексическом значении синонимов, пользуясь толковыми словарями.**

Меценат, спонсор, покровитель; комиссионер, посредник, брокер, маклер; договор, соглашение, контракт; реестр, список, опись, перечень; концерн, холдинг, корпорация;

менеджер, управленец, хозяйственный руководитель; реализатор, распространитель, дистрибьютор; вексель, чек, облигация, акция.

**Упражнение 6. Раскройте скобки и выберите правильное слово из паронимов.**

1. Вы уже знакомы с качеством услуг, которые мы (представляем - предоставляем).
2. Прошу (оплатить - заплатить) мне расходы по командировке.
3. Фирма строит печи с (гарантийной - гарантированной) теплоотдачей.
4. (Командированные - командировочные) должны зарегистрировать свои документы.
5. Совет директоров потребовал (гарантийных - гарантированных) обязательств от клиентов-неплательщиков.
6. Необходимо вести хозяйствование (экономными - экономичными - экономическими) методами.

## 7.3. Грамматика деловых документов

В области **морфологии** для официально-делового стиля характерно следующее:

– существительные, обозначающие должности, употребляются, как правило, в форме мужского рода (*директор, заведующий кафедрой, лаборант, секретарь, бухгалтер, почтальон, контролёр* и др.).

– преобладание отглагольных существительных: *заключение, признание, оформление, решение, регулирование;*

– большое количество причастных и деепричастных оборотов: *произведение, указанное в пункте 1; права, передаваемые издательству; принимая во внимание, учитывая планировочную возможность.*

Прилагательные и причастия в деловой речи часто употребляются в значении существительных (*больной, отдыхающий, нижеподписавшиеся*), часто используются краткие формы прилагательных (*должен, обязан, обязателен, необходим, организован, подотчётен, подсуден, ответствен*).

В деловой речи не используются личные местоимения *я, ты, он, она, он*. Вместо указательных местоимений (*этот, тот, такой и т.п.*) используются слова *данный, настоящий, соответствующий, известный, указанный, вышеуказанный, нижеследующий* и др. Совсем не используются в деловой речи неопределённые местоимения (*некто, какой-то, что-либо и т.п.*).

В сравнении с другими книжными стилями русского языка официально-деловой имеет самую низкую частотность глаголов: она на каждую тысячу слов равна 60, в то время как в научном стиле она составляет 90, а в художественной речи – 151.

Наиболее частотными в деловом стиле являются следующие глаголы: *следует, надлежит, вменяется, обязуется, является, имеется и др.*

В официальной речи более употребительны неличные формы глаголов – причастия, деепричастия, инфинитивы, которые особенно часто выступают в значении повелительного наклонения (*принять к сведению, внести предложение, рекомендовать, изъять из употребления и т.д.*).

Можно отметить высокую частотность глаголов-связок (*является, становится, осуществляется, реализуется, организуется*), замену глагольного сказуемого сочетанием вспомогательного глагола с существительным, называющим действие (*оказывать помощь, проводить контроль, осуществлять заботу* и т.д.).

Стандартизована во всех типах документов, сочетаемость слов:
*вопрос – поднимается (решается),*
*контроль – возлагается,*
*возможность – предоставляется,*
*договорённость – достигается,*
*цена – устанавливается (снижается, поднимается),*
*задолженность – погашается,*
*сделка – заключается,*
*рекламация (претензия) – предъявляется (удовлетворяется),*
*платёж – производится,*
*счёт – выставляется (оплачивается),*
*скидки – предоставляются (предусматриваются),*
*оплата – производится,*
*кредит – выделяется и т. п.*

Подробность изложения в официально-деловом стиле сочетается с аналитизмом выражения действий, процессов в форме оттлагольного существительного:
*дополнять – вносить дополнения,*
*поручать – давать поручения,*
*отвечать – нести ответственность,*
*решать – принимать решения,*
*уточнять – вносить уточнения,*
*платить – производить оплату.*
*Сотрудничество* чаще всего бывает *плодотворным, взаимовыгодным,*
*деятельность – успешной,*
*вклад – значительным,*
*позиции – конструктивными (прочными),*
*доводы – вескими,*
*необходимость – настоятельной,*
*спектр (услуг) – широким,*
*скидки – значительными / незначительными,*
*предложение – конструктивным,*
*развитие – стабильным,*
*разногласия (расхождения) – существенными / несущественными,*
*рентабельность – высокой / низкой,*
*расчёты – предварительными / окончательными,*
*указания – чёткими и т. п.*

**Синтаксические конструкции** в официальной речи насыщены клишированными оборотами с отымёнными предлогами: *в целях, в связи с, по линии, на основании* и др. (*в целях совершенствования структуры; в связи с указанными обстоятельствами; по линии сотрудничества и взаимной помощи; на основании принятого решения*). Они облегчают и упрощают составление типовых текстов.

Характерной особенностью синтаксиса официального документа является то, что порядок слов в предложении должен соответствовать традиционным для русского языка нормам расположения слов. Сначала в предложение вводится вспомогательная информация, а затем – основная, причём основная помещается после сказуемого, а вспомогательная – в начале предложения до сказуемого. Для официально-делового стиля характерны предложения, в которых подлежащее выражено не одним словом, а целостным по назначению сочетанием слов. Рассмотрим несколько примеров официально-делового стиля:

*А. На заседании совета будут обсуждены (будет обсуждено) два доклада.*

*Б. Заявление пишется на имя ректора.*

*В. По конкурсу зачислено 167 студентов.*

*Г. Срок выполнения заказа продлевается при условии отсрочки платежа.*

*Д. В связи с предварительным соглашением было продано 10 комплектов оборудования.*

*Е. Большинство голосовало против.*

*Ж. Ряд предложений проекта не подкреплён расчётами.*

Типовой текст строится на основе не только клишированных фраз, но и клишированных предложений. Приведём примеры фраз-клише, используемых в регламентированных текстах.

**Стандартные выражения, указывающие на причину**

*По причине задержки оплаты...*
*В связи с неполучением счета-фактуры...*
*Ввиду несоответствия Ваших действий ранее принятым договорённостям...*
*Ввиду задержки получения груза...*
*Вследствие изменения цен на энергоносители...*
*Учитывая, что производственные показатели снизились на...*
*Учитывая социальную значимость объекта...*

**При ссылках**

*Ссылаясь на Ваше письмо от...*
*В соответствии с достигнутой ранее (нашей, предварительной) договорённостью...*
*Ссылаясь на Ваш запрос от...*
*Ссылаясь на устную договорённость...*
*В ответ на Ваше письмо (запрос)...*
*На основании нашего телефонного разговора...*
*На основании устной договорённости...*
*Согласно постановлению правительства...*
*Согласно Вашей просьбе...*
*Согласно протоколу о взаимных поставках...*
*Согласно спецификации...*
*Ссылаясь на переговоры...*

**Указание на цель**

*В целях скорейшего решения вопроса...*
*В целях выполнения распоряжения...*
*Для согласования спорных вопросов...*
*Для согласования вопросов участия...*
*Для наиболее полного освещения деятельности Вашей организации в СМИ...*
*Для решения спорных вопросов...*
*В целях безопасности прохождения груза...*
*Во избежание конфликтных ситуаций...*

Все перечисленные выражения необходимо использовать с учётом контекста и речевой ситуации.

Внимание!

俄语公文事务语体的词法特点：
——使用表示职务的阳性名词；
——较多使用动名词；
——大量使用形动词和副动词短语；
——形容词和形动词常常用作名词，常使用短尾形容词；
——不使用人称代词，指示代词常用相应的同义词代替，绝不使用不定代词；
——动词使用频率很低，系动词使用频率高，多使用动名词结构，高度使用表示规约性的动词和动词的各种非人称形式；
——所有公文文本中常见各种格式化搭配。
公文事务语体的句法特点：
——大量使用名词前置词固定结构；
——词序符合传统词序规范："辅助信息 + 谓语 + 基本信息"；
——主语通常是意义完整的词组；
——不同类型的文件使用该类型的固定句子格式；
——内容涉及事务较多的信函，通常一段写一项事务。

## Задания и упражнения

**Упражнение 1. Прочитайте. Выделите устойчивые словосочетания в следующих предложениях. Подберите китайские эквиваленты.**

1. Объявляется благодарность Ли Чэньчэнь, студентке 3 курса, занявшей 1-е место в спортивных соревнованиях по настольному теннису.
2. Оплату гарантируем произвести в срок до 15 октября 2015 г.
3. За время работы в компании Лю Сяо зарекомендовал себя пунктуальным, добросовестным работником, пользующимся уважением и авторитетом в коллективе.
4. Вы можете связаться с нами по телефону (495) 111-11-11.
5. Просим подписать данный договор, скрепить печатью и один экземпляр направить нам в течение 7 дней.

**Упражнение 2. Допишите данные предложения.**

1. Мы имеем намерение просить Вас......................
2. К нашему большому сожалению, сообщаем Вам, что......................
3. Направляем в Ваш адрес.........................
4. Обязуемся предоставить.........................
5. Прошу разрешить..................
6. В результате было установлено......................
7. Просим ответить.....................
8. От имени Корпорации и от себя лично разрешите мне......................

# 7.4. Правила текстовой организации деловых документов

**Логика изложения и законы текстовой организации**

Логика изложения и законы текстовой организации в языке документов объединены одним принципом – принципом формально-логического построения текста. Этот принцип заключается в том, что части текста (абзацы, части) представляют собой фрагменты, последовательно представляющие тему. Неизбежная иерархичность текстовой организации выражается в делении текста документа на разделы, параграфы, пункты, подпункты, которые, как правило, нумеруются.

**Рубрикация**

Выбор того или иного варианта нумерации зависит от содержания текста, его объёма, состава, композиционной структуры. В простейших случаях используются однотипные знаки – арабские цифры или буквы. Тексты сложной организации требуют обозначения частей различными средствами.

Более крупные по сравнению с абзацами рубрики (часть, раздел, глава, параграф) обозначаются римскими или арабскими цифрами и именуются. Например:

1. Общие положения.
2. Обязанности.
3. Права.

При разделении текста на рубрики каждая составная часть, соответствующая понятиям пункта и подпункта, получает свой номер (используются арабские цифры), после которого ставится точка. Номер каждой составной части включает все номера соответствующих составных частей более высоких ступеней деления. Например:

*1. Общие положения.*

*1.1. Лицо, ответственное за безопасность, назначается и освобождается приказом Генерального директора.*

*1.2. Лицо, ответственное за безопасность, подчиняется непосредственно начальнику службы безопасности.*

При дальнейшем дроблении текста на подпункты количество знаков, обозначающих нумерацию, будет увеличиваться:

1.1.1. 1.1.2. 1.1.3.

2.1.1. 2.1.2. 2.1.3.

В документах важны заголовки и подзаголовки.

Заглавие документа – его обязательная принадлежность: Приказ, Должностная инструкция, Договор, Распоряжение и т.д.

Только в деловой переписке не указывается название документа.

Заголовок, как правило, конкретизирует тип документа, отражает основную его тематику. Поэтому так желательны заголовки в тексте делового письма, договора, приказа.

Формула содержательного заголовка представляет собой предложное сочетание, отвечающее на вопрос: о чем этот документ? Например:

***Приказ***
*об организации выездной торговли*
***Договор***
*о сотрудничестве в области науки и образования*

В деловых письмах содержательный заголовок выносится не всегда. В ряде этикетных деловых писем и в письмах информационного характера заголовок не используется. Однако он совершенно необходим в коммерческой переписке:

*О поставке груза по контракту № ...*
*О запросе на поставку бензина А-76*
*Об отмене заказа на запасные части*

Иногда заголовок пишется на одной строке. Например:

*Журнал регистрации входящих документов*
*Протокол заседания Совета директоров*
*Договор аренды*

Неукоснительная логика в развитии темы, дробление текста и точное выражение содержания, – вот основные характеристики текстовой организации документа. Неукоснительная логика проявляется в последовательности содержательных фрагментов. В документах также используются параллельные конструкции:

*2.1. Заказчик обязуется...*
*2.2. Исполнитель обязуется...*

Соблюдение всех языковых норм позволяет деловой письменной речи соответствовать таким качествам, как точность, чистота, ясность, логичность, которые отличают жанры официально-делового стиля.

**Внимание!**

为保证应用文本准确、简明、严谨的特点，格式是写作应用文时一个必须重视的问题。应用文格式是写作应用文应该遵循的规范和形式的原则。写文件名称、按先后顺序分款立项、选择序号方式是组织文本的基本原则。并不是所有的文件都写有名称，文件名称通常由表示文件类型的名词带一个指出文件内容的前置词词组表示。

## Задания и упражнения

### Упражнение 1. Прочитайте. Выберите правильный вариант.

1. 20 декабря завод «Прогресс» выполнил план. К 20 декабря выполнил план завод «Прогресс».
2. Выводы комиссии обоснованные и справедливые. Выводы комиссии обоснованы и справедливы
3. На наше предприятие распределены на работу молодые специалисты. В наше предприятие распределены на работу молодые специалисты.
4. Управляющий банком отметил важность поставленного вопроса. Управляющий банком отметил о важности поставленного вопроса.

5. В работе совещания, на котором присутствовало более 100 человек, приняли участие представители правительства. В работе совещания приняли участие представители правительства, а также присутствовало более 100 человек.

## Упражнение 2. Прочитайте тексты официально-делового стиля и найдите в них штампы и канцеляризмы.

**Текст 1**

***Рекомендательное письмо***

*студентке МГУ Борисовой Анне Николаевне*

*Студентка Борисова А.Н. в 2015 году окончила Московский государственный университет по специальности «Международные отношения».*

*За время учёбы зарекомендовала себя способной студенткой, стремящейся к постоянному повышению своего уровня знаний. Является лауреатом конкурса «Лучший студент Московского государственного университета». В коллективе пользовалась уважением и авторитетом. Активно участвовала в общественной и культурной жизни ВУЗа. Имеет неконфликтный характер, отличается высоким уровнем ответственности и трудолюбия.*

*В соответствии с вышеизложенным рекомендую Борисову А.Н. для прохождения стажировки в Министерстве иностранных дел Российской Федерации.*

*Заместитель проректора по учебной работе*
*д.э.н., профессор* *В.В. Никонов*
*15 июля 2015 г.*

**Текст 2**

***Уважаемые участники!***

*Просим Вас ознакомиться с условиями участия в выставке «Город моими глазами» и подтвердить ваше согласие на участие в течение 5 дней.*

*Выставка состоится 09 декабря 2015 года с 9.00 до 19.00 на Гоголевском бульваре в здании «Фотоцентра» Союза журналистов России.*

*Минимальный размер изображения по короткой стороне – 20 см (напр. отпечаток 20x30), максимальный по длинной стороне – 45 см (напр. отпечаток 30x45).*

*Каждый участник выставки может разместить до 10 работ. Просьба сообщать о количестве фотографий заранее.*

*Определиться в количестве и формате фотографий и выслать нам на электронный адрес exhibition@mail.ru для предварительного ознакомления их мини-изображения (preview 800x600 точек) с названием и фамилией автора вам необходимо до 01 февраля.*

*Готовые и утверждённые работы можно будет принести 07 февраля.*

*С уважением, оргкомитет*

*Приложение. Сведения о фотовыставке (жюри, партнёры).*

**Текст 3**

***Уважаемый Виктор Васильевич!***

*Выражаем Вам свою благодарность за то, что Вы уже 20 лет работаете с нами и вносите огромный вклад в развитие и процветание нашего университета! Благодаря высокому уровню Вашего профессионализма нам совместно удаётся выполнять такую важную миссию – вносить свой вклад в успешное развитие образования страны!*

*В день Вашего 50-летия желаем неиссякаемой творческой энергии, свершения всех начинаний и планов, успехов, крепкого здоровья, радости и счастья!*

*С уважением,*
*ректор НГТУ, проф.* *А.А. Батаев*

# Деловая документация

объявление 布告、通告
приглашение 邀请函
заявление 申请书
объяснительная записка 理由书、检讨书
расписка 收据、收条
доверенность 委托书
паспорт 身份证、登记证、注册证、护照
справка 证明、证件
свидетельство 证书
сертификат 证书
выписка 摘录；对账单
анкета 调查表、履历表
автобиография 自传
резюме 简历

## Предтекстовые задания и упражнения

**Задание 1. Ответьте на вопросы.**

1. Какие деловые документы Вы знаете? Какие из них Вам уже приходилось писать?
2. Чем отличаются деловые документы от личных писем?
3. Что обязательно должна содержать деловая документация?

**Задание 2. Выберите вариант, соответствующий официально-деловому стилю.**

1. *Я хочу досрочно сдать экзамены. Прошу разрешить досрочную сдачу экзаменов.*
2. *В связи с болезнью я не мог присутствовать на занятии. Я не был на занятии, потому что заболел.*
3. *Приходите, мы вас ждём на вечере. Приглашаем принять участие в вечере.*
4. *Я родился на севере Китая. Родился в провинции Цзилинь (КНР).*
5. *Я не сдала экзамены из-за проблем дома. По семейным обстоятельствам мной не были сданы экзамены.*

## 8.1. Объявление и приглашение

**Документ** – письменный носитель информации о фактах и событиях, предназначенный для общественного пользования и хранения. Совокупность документов, посвящённых какому-либо вопросу, явлению, процессу, лицу, учреждению и т.п., называется **документацией**.

По своему назначению все документы делятся на следующие типы (см. таблицу 10).

**Таблица 10. Типы документов**

| Тип документа | Название документа |
|---|---|
| Организационные | *Устав, Должностная инструкция, Положение, Штатное расписание, Структура и штатная численность* |
| Распорядительные | *Приказ, Выписка из приказа, Распоряжение, Указание, Постановление, Решение* |
| Информационно-справочные | *Акт, Протокол, Докладная записка, Объяснительная записка, Служебная записка, Письмо, Справка* |
| Учётно-расчётные (бухгалтерские) | *Платёжное поручение, Счёт-фактура, Накладная, Акт* |
| Нормативные | *Стандарты, Нормы, Правила, Своды правил, Регламенты* |
| Личные | *паспорт, удостоверение, студенческий билет, диплом, водительские права, свидетельство о рождении, свидетельство о браке* |

Степень стандартизации для различных жанров деловых бумаг не одинакова. Наиболее стандартизованы справка, удостоверение, доверенность, расписка, счёт, акт, в то время как стиль и форма автобиографии, протокола, характеристики, объявления и некоторых других деловых бумаг относительно свободны.

**Сообщение** – это уведомление в устном или в письменном виде.

**Объявление** – это небольшое сообщение о чем-либо. Оно может быть напечатано в газете, в журнале, вывешено где-нибудь (например, на почте, в магазине), объявлено по радио, телевидению. Объявления пишут как предприятия, организации, учреждения, так и отдельные должностные или частные лица.

Объявления о мероприятиях имеют определённую форму: 1) время (*когда*); 2) место (*где*); 3) наименование мероприятия (*что*); 4) ответственный за проведение мероприятия (*кто*). Основные виды объявлений представлены в примерах.

**(1)**

**通 知**

兹定于 5 月 16 日（星期三）上午 9 点在 228 教室举办专题讨论会，题目是“现代俄罗斯文学发展的基本趋势”。

请准时参加。欢迎所有有兴趣的同学参会。三年级学生必须到场。

系主任办公室

***Объявление***

*В среду, 16 мая, в 9:00 в аудитории № 228 состоится семинар на тему: «Современная русская литература: основные тенденции развития».*

*Просим не опаздывать. Приглашаются все желающие.*

*Явка студентов 3 курса обязательна.*

*Деканат*

**(2)**

**通 知**

兹定于 9 月 28 日 10 : 00 点在西安外国语大学礼堂召开庆祝中华人民共和国国庆全体大会。大会内容：1. 校长讲话。2. 音乐会。

请全体师生务必出席。

校长办公室

***Объявление***

*28 сентября в 10:00 в Актовом зале СУИЯ состоится общее собрание, посвящённое годовщине образования КНР.*

*Повестка дня: 1. Выступление ректора.*

*2. Концертная программа.*

*Явка всех преподавателей и студентов обязательна.*

*Ректорат*

**(3)**

**通 知**

9月19日（星期日）将组织一年级同学参观特列季亚科夫画廊。请全体一年级同学11点在学校主楼前集合。

俄语学院

***Объявление***

*В воскресенье, 19 сентября, для студентов первого курса проводится экскурсия в Третьяковскую галерею. Сбор в 11:00 у главного корпуса университета в 11 часов.*

*Институт русского языка*

**(4)**

**通 知**

陕西历史博物馆将于2015年8月26—28日举办“人与自然”主题展览。

展览开放时间：12：00—19：00。

历史博物馆管理处

***Сообщение***

*С 26 по 28 августа 2015 г. в Шэньсийском историческом музее открыта выставка «Природа и человек».*

*Выставка работает с 12 до 19 часов.*

*Дирекция Исторического музея*

**(5)**

**通 知**

由于维修，3 月 28 日 14 : 00 — 17 : 00 宿舍停止热水供应。

因此给您带来的不便请予谅解。

管理中心

***Объявление***

*В связи с ремонтными работами 28 марта с 14 до 17 часов в общежитии не будет горячей воды.*

*Приносим извинения за неудобства.*

*Администрация*

**(6)**

**告 知**

出售汉俄电子词典，价格优惠。

有意者请致电：+79119347756

***Объявление***

*Продам русско-китайский электронный словарь. Недорого.*

*Обращаться по телефону: +7911-934-77-56*

**(7)**

**通 知**

初级英语免费辅导。按班授课或一对一授课均可。

地点：主楼 546 教室。

***Объявление***

*Уроки английского языка для начинающих. Занятия в группе и индивидуально. Бесплатно.*

*Обращаться по адресу: Главный корпус, ауд. 546*

**(8)**

**告知**

“Эко+”公司现聘请具有创造精神的年轻人加盟。按劳计酬。

有意者请致电：9236386

***Объявление***

*Для работы в компании «Эко+» приглашаются креативные молодые люди. Оплата сдельная.*

*Обращаться по телефону: 923-63-86*

**(9)**

**通知**

“向量”有限责任公司现聘具有经济学高等教育背景的专业人士，要求懂 IT 和外语（不限语种）。最低月薪 3 万卢布。

地址：克拉斯诺亚尔斯克市戈列洛沃镇沃尔洪斯克大道 6 号。

***Объявление***

*ООО «Вектор» требуются специалисты с экономическим образованием. Знание IT и иностранных языков обязательно. Минимальный оклад – 30 т.р.*

*Обращаться по адресу: Красноярск, пос. Горелово, Волхонское ш., 6.*

**Извещение** – это официальное письменное или устное уведомление о происшедших или предстоящих событиях, необходимости выполнения определённых действий, внесения платежей.

**(10)**

**通知**

由于包裹送达时您家中无人，请您接到通知后务必到沃罗哥罗德市第五邮局领取您的包裹。

第五邮局

2015 年 6 月 8 日

***Извещение***

*Вам необходимо явиться в почтовое отделение № 5 г. Волгограда за получением посылки, так как при доставке Вас не было дома.*

*Почтовое отделение № 5*

*8 июня 2015 г.*

**(11)**

**通 知**

莫斯科市中心区房管局请您接此通知后前来本处领取您的购房凭证。

房管局管理处

2014 年 10 月 21 日

***Извещение***

*ЖЭУ (Жилищно-эксплуатационная управление) Центрального округа города Москвы просит вас явиться в ЖЭУ для получения документов по оплате за квартиру.*

*Дирекция ЖЭУ*

*21 октября 2014 г.*

**Приглашение** – это письменная либо устная просьба явиться, прибыть, присутствовать при каком-либо мероприятии. По назначению приглашения разделяют на официально-деловые, праздничные (торжественные) и бытовые (повседневные).

Приглашение обязательно содержит уважительное обращение к адресату, название события, дату, точное время и место проведения.

Адресат должен получить приглашение за 2-3 недели до начала мероприятия, и в течение 18 часов после получения приглашения оповестить приглашающего либо о своём согласии присутствовать, либо об отказе с указанием причины (не обязательно).

На первой странице пригласительного билета в центре прописными буквами пишется «ПРИГЛАСИТЕЛЬНЫЙ БИЛЕТ» или «ПРИГЛАШЕНИЕ». На второй странице сверху пишется название организации, от которой посылается пригласительный билет, затем указывается место мероприятия, время и программа. Например:

| ПРИГЛАСИТЕЛЬНЫЙ БИЛЕТ | Общество Российско-Китайской дружбы<br>приглашает Вас<br>во Всероссийский выставочный центр (ВВЦ)<br>на торжественную **Церемонию** открытия Фестиваля искусств народов России.<br>Церемония состоится 28 мая 2016 г. на Центральной площади ВВЦ.<br>Начало в 10:00. |
|---|---|

**(12)**

尊敬的_________：

您好！

俄语学院学生会邀请您参加新年晚会。

晚会内容包括音乐会和舞会。

时间：2014 年 12 月 31 日 23 : 00 开始。

地点：莫斯科大学俱乐部

敬候您的光临！

*Уважаемый(ая)___________________!*

*Студенческий совет Института русского языка приглашает Вас на встречу Нового года.*

*В программе концертная программа и танцевальный вечер.*

*Ждём Вас 31 декабря 2014 г. в клубе МГУ. Начало в 23:00.*

**(13)**

**邀请函**

俄中友好协会邀请您于 2014 年 6 月 15 日参加图书博览会。

地点：奥林匹克体育中心

日程安排：

1. 参观博览会
2. 与《青年》杂志总编见面会

博览会早 10 : 00 开始。

*Приглашение*

*Общество Российско-Китайской дружбы приглашает Вас 15 июня 2014 г. на книжную ярмарку в спорткомплексе «Олимпийский».*

*В программе:*

*1. Посещение ярмарки.*

*2. Встреча с главным редактором журнала «Юность».*

*Начало в 10:00.*

**(14)**

尊敬的德米特里·叶甫盖尼耶维奇：

值中国新春佳节之际，特邀请您参加新春招待会。

时间：2014 年元月 22 日（周六）晚 7 : 00

地点：钟楼饭店

恭候您的光临。

王冰

2014 年 1 月 02 日

*Уважаемый Дмитрий Евгеньевич!*

*Позвольте пригласить Вас на банкет по случаю Праздника Весны. Банкет состоится в субботу, 22 января 2014 года, в 19 часов в ресторане «Колокольня».*

*С почтением, Ван Бин*

*«02» января 2014 года*

**(15)**

尊敬的________：

您好！

欧亚经济论坛于 2015 年 9 月 8 — 18 日在中国西安举行，特邀贵方派代表出席本次盛典。

组委会

*Уважаемый (ая) ____________!*

*Приглашаем Вас направить своих представителей для участия в Евразийском экономическом форуме, который будет проводиться 8-18 октября 2015 года в городе Сиане (КНР).*

*Оргкомитет*

**(16)**

尊敬的女士们、先生们：

“环球旅行”公司诚邀您在“2014 环游西伯利亚”旅游展览会期间参观我方展台。

日期：2014 年 3 月 12 — 15 日

地点：西伯利亚国际展览中心，新西伯利亚市托尔马乔夫斯克耶大道 18 号。

我们很乐意为您介绍中国、马来西亚、泰国及大洋洲国家的全部成熟和热门旅游路线，同时还将推出理想的旅游新线。

希望能为您服务！

如需了解更多信息，请致电 6283654 或浏览公司网页 www.globustur.ru.

“环球旅行”公司 总经理：Г.И. 彼得罗夫

*Уважаемые дамы и господа!*

*Компания «Глобус-тур» приглашает Вас посетить наш стенд на туристической выставке «ТурСиб – 2014». Выставка будет проводиться 12-15 марта 2014 года в ВЦ «ЭкспоСибирь» по адресу: Новосибирск, Толмачевское шоссе, 18.*

*Мы будем рады представить всю информацию как о уже хорошо зарекомендовавших и пользующихся неизменным успехом маршрутах в Китай, Малайзию, Таиланд и страны Океании, так и предложить Вам новые перспективные направления.*

*Надеемся увидеть Вас в числе наших гостей на выставке!*

*За дополнительной информацией Вы можете обращаться по телефону 628-36-54 или на сайт компании www.globustur.ru.*

*Генеральный директор*
*компании «Глобус-тур» (подпись) Г.И. Петрова*

Внимание!

文件的形式多种多样。根据功能来划分，文件可以分为组织性文件、执行性文件、信息证明类文件、会计类文件、规范类文件、个人证件等。但绝大多数文件与个人性质的交往无关。

通知通告需包含时间、地点、活动名称和负责人。

邀请函按形式分口头和书面两种，按功能分正式事务性邀请、节日（重大活动）邀请和日常邀请三种。邀请函需包含敬称、活动名称及其具体举办时间、地点、邀请日期。邀请函应在活动开始前2–3周发出。被邀请人应在收到邀请函后18小时内应该告知邀请人参加与否。

## Задания и упражнения

**Упражнение 1. Прочитайте объявления. Скажите, какой информации не хватает в тексте.**

1. Завтра в актовом зале университета состоится концерт для студентов первого курса. Приглашаются все желающие.
2. В связи с проведением Дня спорта 25-26 мая занятий не будет.
3. 15 сентября состоится Торжественное открытие выставки-ярмарки в Бизнес-центре.
4. Требуется Интернет-консультант без опыта работы. Справки по адресу: mmm.mail.ru.
5. Потерялась собака. Прошу вернуть за вознаграждение.

**Упражнение 2. Прочитайте образцы объявлений. Напишите объявление о проведении лекции по русскому языку.**

**Упражнение 3. Прочитайте образцы приглашений. Напишите приглашение на следующие мероприятия:**

- Международную выставку ЭКСПО-2015 «Великий Шёлковый путь»;
- Новогодний концерт Института русского языка;
- Международную научную конференцию молодых учёных.

## 8.2. Заявление, объяснительная записка, доверенность

**Заявление** как официальный документ – это письменная просьба о чем-нибудь, адресованная организации, учреждению, предприятию или должностному лицу (например, заявление об освобождении от занятий в школе, гимназии и др.). Заявление пишется по общепринятой форме.

При составлении заявления нужно обратить внимание на следующее:

1. В верхнем правом углу пишется кому (декану, директору и т. д.) и от кого (студента, аспиранта, сотрудника и т. д. ) адресовано заявление.

2. В центре с заглавной буквы пишется слово «Заявление».

Текст заявления начинается обычно словами *В связи с (чем) прошу разрешить* и содержит просьбу, цель этой просьбы и причину.

3. Внизу слева ставится дата, а справа – подпись автора заявления.

**(17)**

**（缓考）申请**

数学系主任 A.C. 佩图霍夫教授：

本人因患肺炎长期住院，特申请办理 “德语”和“二十世纪俄罗斯史”两门课程缓考，缓考时间为 2015 年 9 月。

请予批准。

附病历。

申请人：二年级学生 И.А. 马雷舍夫

2015 年 5 月 22 日

*Декану математического факультета*
*проф. А.С. Петухову*
*студента II курса*
*Малышева И. А.*

***Заявление***

*В связи с тем, что я болел воспалением лёгких и долгое время находился в больнице, прошу разрешить мне сдачу экзаменов по немецкому языку и истории России XX века в сентябре 2015 г.*

*Медицинская справка прилагается.*

*Малышев И. А.*

*22 мая 2015 г.*

**(18)**

**（请假）申请**

语文系系主任、А.А. 皮利彭科教授：

因家中有事不能上课，需于 4 月 15 日至 17 日（含 17 日）请假三天。

请予批准。

申请人：三年级学生 В.И. 科诺瓦洛娃

2015 年 4 月 14 号

*Декану филологического факультета*

*проф. А.А. Пилипенко*

*студентки III курса*

*Коноваловой В. И.*

***Заявление***

*По семейным обстоятельствам прошу освободить меня от занятий с 15 до 17 апреля включительно.*

*В. И. Коновалова*

*14 апреля 2015 г.*

**(19)**

**申请**

普希金俄语学院院长齐加年科教授：

因本人将于二年级考试期期间参加莫斯科国际图书博览会。特此申请提前参加考试。

望批准！

俄语系二年级学生 王晓莉

2015 年 5 月 12 日

*Ректору ИРЯ им. А.С. Пушкина*

*проф. А.М. Цыганенко*

*студента II курса*

*факультета русского языка*

*Ван Сяоли*

***Заявление***

*Прошу разрешить мне сдать досрочно экзамены за II курс, так как во время экзаменационной сессии должна буду работать на Московской международной книжной ярмарке.*

*Ван Сяоли*

*12 мая 2015 г.*

**(20)**

**申 请**

圣彼得堡大学语文系主任：

本人需到俄罗斯国立图书馆查阅论文撰写所需文献，特申请 2016 年 3 月 16 日至 30 日到莫斯科出差。

请予批准。

申请人：二年级研究生 C.A. 姆什克托夫

2016 年 3 月 10 号

*Декану филфака*
*Санкт-Петербургского университета*
*аспиранта второго года обучения*
*Мушкетова С. А.*

***Заявление***

*В связи с необходимостью работы в Российской государственной библиотеке с целью ознакомления с имеющейся там литературой по теме моей диссертации прошу командировать меня в Москву с 16 по 30 марта 2016 г.*

*10.03.16*

*Мушкетов С. А.*

**(21)**

**申请书**

莫斯科国立大学国际处：

因举办中国传统节日春节庆祝聚会活动，莫斯科大学中国留学生同乡会特申请于 2015 年 2 月 16 日使用 5 号联合教室。

请予批准！

中国留学生同乡会主席 李平

2015 年 1 月 21 日

*Иностранный отдел МГУ*
*им. М. В. Ломоносова*

***Заявление***

*В связи с проведением праздничных мероприятий, посвящённых китайскому традиционному Празднику Весны, землячество китайских студентов и стажёров, обучающихся в МГУ, просит разрешить провести собрание землячества 16 февраля 2015 года в Актовом зале № 5.*

*Председатель землячества* *Ли Пин*

*21 января 2015 г.*

**(22)**

**(请假)申请**

雅斯诺波良建筑工程大学建筑系系主任德沃尔佐夫教授：

本人因需去斯塔夫洛波利市参加北高加索大学生乒乓球冠军赛无法上课，特申请于 2015 年 3 月 10 起至 17 日请假 8 天。

请予批准。

11-5 班学生 О.Д. 谢尔盖耶夫

2015 年 3 月 1 号

*Декану строительного факультета*
*Яснополянского инженерно-строительного*
*университета*
*проф. И.А. Дворцову*
*студента группы 11-5*
*Сергеева Олега Дмитриевича*

***ЗАЯВЛЕНИЕ***

*Прошу разрешить мне не посещать занятия в университете 10 по 17 марта 2015 года в связи с поездкой в г. Ставрополь для участия в открытом чемпионате Северного Кавказа среди студентов по настольному теннису.*

*О.Д. Сергеев*

*1 марта 2015 года*

**(23)**

**申请**

俄罗斯人民友谊大学校长 В.М. 菲利波夫院士：

本人特申请参加贵校俄语专业副博士研究生入学考试。

随申请附上：

1. 硕士研究生毕业证
2. 申请表
3. 健康证明
4. 两张 3x4 照片

请予批准。

申请人：俄语教研室硕士生杜文宏

2016 年 6 月 21 号

*Ректору РУДН*
*акад. В.М. Филиппову*
*магистранта каф. русского языка*
*Ду Вэйхун*

***Заявление***

*Прошу допустить меня к сдаче вступительных экзаменов в аспирантуру по специальности «Русский язык».*

*К заявлению прилагаю следующие документы:*

*1. Диплом об окончании магистратуры.*

*2. Анкета.*

*3. Справка о состоянии здоровья.*

*4. 2 фотографии размером 3*4.*

*(подпись) Ду Вэйхун*

*21 июня 2016 г.*

### Объяснительная записка

**Объяснительная записка** – это один из видов служебной записки, который содержит объяснения причины какого-то события, поступка, факта: причины опоздания на работу, прогула, отсутствия ученика в школе на уроках, невыполнения задания и т.п. Также объяснительная записка может сопровождать основной документ и содержать пояснения его отдельных положений.

*Кому. Должность, фамилия, имя, отчество*
*Кого. Должность, фамилия, имя, отчество*

*Объяснительная записка*

**Суть происшествия**

Краткое описание события, которому посвящена объяснительная записка. Если описание сложное, то необходимо ссылки на источники информации, из которых могут быть получены дополнительные данные. Необходимо описать причины, повлёкших за собой события, которым посвящена записка, и их последствия. Например:

*А Задержалась и была в офисе на 30 минут позже времени, установленного распорядком.*

*Б. Со счета клиента похищены денежные средства. Подробности в материалах дела № 578 от «25» июля 2015 г.*

*В. Вирус уничтожил результаты двух недель работы исследовательской группы.*

*Г. Сбой в компьютерной системе не позволил закончить работу в срок.*

*Д. Причиной потери денежных средств стали злонамеренные действия криминальных элементов, подделавших подписи на платёжных документах.*

*Е. Причиной проникновения вируса стало использование нелицензионного антивирусного программного обеспечения.*

*Ж. Опоздание привело к тому, что произошёл временной сдвиг в подготовке документов. Но это не повлияло на работу компании. Заинтересованные подразделения получили документы вовремя.*

*З. Компания, вероятно, будет вынуждена компенсировать клиенту потери. Решение по этому вопросу необходимо принять.*

*И. Потеряны результаты работы. Сроки отодвигаются на неделю, необходимую для повторения работ. Возрастут расходы на выполнение работ.*

*К. С целью недопущения нарушений трудовой дисциплины предлагаю установить гибкий график работы.*

*Л. По факту происшествия обратились в правоохранительные органы. Заведено уголовное дело. Осуществляется поиск злоумышленников.*

*М. Для исключения подобных происшествий предлагаю усовершенствовать процедуры верификации поручений клиентов.*

*Н. Подняты копии каталогов. На основе этих материалов результаты работы могут быть восстановлены вдвое быстрее, чем были получены, то есть за неделю. Внесены изменения в планы и бюджет. Новые сроки согласованы с заказчиками.*

*О. Для исключения подобных происшествий приобретён лицензионный антивирус.*

Несколько примеров объяснительных записок.

**(24)**

**理由书**

卡利纳有限责任公司销售部 Н. В. 彼得罗夫总经理：

2015 年 9 月 10 日我因汽车发生故障去维修部修理，上班迟到 1 小时。

特此说明。

说明人：销售经理叶戈洛娃・娜杰日达・亚历山大洛芙娜

2015 年 9 月 10 日

*Директору по продажам*
*ООО «Калина»*
*Н. В. Петрову*
*менеджера*
*Егоровой Надежды Александровны*

***Объяснительная записка***

*Я опоздала на работу 10.09.2015 г. на один час по причине поломки и дальнейшего ремонта собственного автомобиля на СТО.*

*Менеджер по продажам* *(подпись)* *Н.А. Егорова*

*10.09.15*

**(25)**

**理由书**

斯维托奇有限责任公司销售部 О.Я. 费多罗夫经理：

由于网络出现问题致使与设备供应商的联系受损，为解决设备供应问题必须面见负责人。

销售经理：科诺瓦洛夫・阿列克赛・阿法纳西耶维奇

2016 年 9 月 10 日

*Директору ООО «Свиточ»*
*О. Я. Федотову*
*PR-менеджера*
*Коновалова Алексея Афанасьевича*

***Объяснительная записка***

*В связи с системными нарушениями в работе Интернет-провайдера нарушено взаимодействие с поставщиками оборудования. Для разрешения проблем с поставками необходимо провести личную встречу с ответственными лицами.*

*PR-менеджер* *Коновалов* *А. А. Коновалов*
*10.09.16*

**Доверенность** – это документ, дающий кому-либо право действовать от имени лица, выдавшего доверенность. Предельный срок, на который может быть выдана доверенность, не ограничен.

**Структура доверенности:**

1) наименование документа;
2) фамилия, имя, отчество, должность доверителя;
3) фамилия, имя, отчество, должность доверенного лица;
4) содержание доверенности (что конкретно доверяется); сумма пишется цифрами и в скобках прописью;
5) подпись доверителя;
6) дата выдачи доверенности;
7) наименование должности и подпись лица, удостоверяющего подпись доверителя;
8) дата удостоверения подписи и печать;

*доверять/доверить + кому + инфинитив*

**Расписка** – официальный документ, удостоверяющий получение чего-либо. Расписка состоит из следующих элементов:

1) наименование документа;
2) фамилия, имя, отчество, должность лица, дающего расписку;
3) наименование учреждения (лица), от которого получено что –либо;
4) наименование полученного с указанием количества и суммы (количество и сумма пишутся сначала цифрами, потом в скобках прописью);
5) подпись получателя;
6) дата составления расписки.

**(26)**

**委托书**

本人（姓、名、父称）委托彼得·谢尔盖耶维奇·伊里奇到莫斯科市第220邮政分局领取寄给我本人的邮包一件。

委托人（签字）格里高利·安东诺维奇·伊万诺夫

2014年2月17号

以上确系进修生格里高利·伊万诺夫本人签名。

（负责人签字）

2014年2月17号

***Доверенность***

*Я, (фамилия, имя, отчество), доверяю Петрову Сергею Ильичу получить в 220-м почтовом отделении г. Москвы пришедшую на моё имя посылку.*

*(Подпись) Григорий Антонович Иванов*

*17 февраля 2014 г.*

*Подпись стажёра Григория Иванова удостоверяется.*

*17 февраля 2014 г.*

*Подпись должностного лица*

**(27)**

**委托书**

本人，波塔波娃·维罗妮卡·帕芙洛夫娜，住址：伏尔加河沿岸国立大学6号学生宿舍楼，即契诃夫大街59号楼192室，委托格里高利耶娃·塔吉娅娜·阿纳托利耶夫娜，住址：特鲁特大街2号楼3室，护照号（序列号，号码，发证人及发证时间），前来领取我2014年4月份奖金。

（签名）В.П. 波塔波娃

2014年05月12号

***Доверенность***

*Я, Потапова Вероника Павловна, проживающая в студенческом общежитии № 6 Приволжского государственного университета по адресу: ул. Чехова, дом 59, комната 192, доверяю Григорьевой Татьяне Анатольевне, проживающей по адресу: ул.Труда, дом № 2, квартира 3, паспорт (серия, номер, кем и когда выдан) получить денежную премию, начисленную мне за апрель 2014 года.*

*(подпись) В.П. Потапова*

*12.05.2014 г.*

**(28)**

**收款收据**

本人，XX 全名，（护照序列号、护照号、发证机关、户籍所在地）今收到 XX 全名（护照序列号、护照号、发证机关、户籍所在地）钱款 XX（大写）卢布 XX 戈比。

签名

日期

***Расписка***

***в получении денежных средств***

*Я, ФИО, (паспорт серия, номер, где выдан, где зарегистрирован) ,получил от ФИО (паспорт серия, номер, где выдан, где зарегистрирован) денежные средства в размере сумма цифрами (сумма прописью) рублей 00 копеек.*

*Дата* *Подпись*

**(29)**

**房屋租赁证明**

本人____________________，__________出生，

家庭住址______________________________

护照序列号__________，护照号______________

发证机关______________________________

通过必要程序租房居住，地址____________________

电视机、冰箱、门窗、灶具、吊灯、家具等会完好无损。

租住期间如有损坏予以现金赔偿。

本证明在房屋租赁期间有效并归房屋所有者保管！

租住期满归还租房者。

日期________________签名______________

***Расписка***

*Я, ______________________, ______года рождения,*

*проживающий (ая) по адресу: ____________________,*

*паспорт серии______, № ____________________,*

*выдан ______________________________, обязуюсь снятую мной квартиру по адресу ____________________ содержить в надлежащем порядке и в случае ущерба, принесённого во время пребывания в ней возместить в денежном эквиваленте. Телевизор, холодильник, двери, окна, плита для приготовления пищи, люстра, мебель находятся в исправном состоянии.*

*Данная расписка действует до тех пор, пока она находится у владельца квартиры!*

*После завершения проживания расписка возвращается квартиросъёмщику.*

*Дата:* __________ *Подпись:* ____________

### Внимание!

申请书是递交给企事业单位或某负责人的书面请求。俄语申请书的书写需依次注意：1）写给谁和谁写的（置于文本右上角）；2）居中书写 Заявление，正文通常以 Прошу разрешить 开头，内容包括具体请求、目的及原因；3）最下方左侧书写日期，右侧书写申请人签名。

理由书（检讨书）用于解释事件、行为、事实的原因，通常是对基本文件某些事项的解释，是基本文件的附件。理由书（检讨书）需简单说明应解释的事件，有时需要补充一些附件材料。基本格式同申请。

委托书是委托某人以自己的名义在一定的期限内办理某项事务的一种应用文体。格式如下：1）文件名称；2）委托人全名、职务；3）被委托人全名、职务；4）委托内容，其中数据用数字书写，数字大写形式置于括号内；5）委托人签名；6）委托书书写日期；7）委托人职务姓名；8）签字并盖章。

收据格式：1）文件名称；2）出具人全名、职务；3）（物件等）发放方（机构或个人）名称（或姓名）；4）所收物件等的数量（数据用数字书写，数字大写置于括号内）；5）收取人签字；6）收据书写日期。

## Задания и упражнения

### Упражнение 1. Прочитайте заявления. Исправьте ошибки.

**Текст 1**

*Заявление.*

*Директору школы Перову Ивану Петровичу*

*ученика 6 класса Кривова Ивана*

*Прошу освободить меня от занятий в школе на 3 декабря 2015 года для ухода за больной бабушкой.*

*Кривов.* *01.12.15*

**Текст 2**

*В деканат факультета русского языка и литературы*

*Заявление*

*от группы китайских стажёров*

*Просим не проводить занятия 1-3 октября, потому что у нас День независимости. Благодарим за понимание.*

*Стажёры 1 курса 2 группы*

*20 сентября*

**Упражнение 2. Прочитайте заявление и вставьте нужную информацию в соответствии с текстом.**

*Директору ООО «Радуга»*
*С.В. Орлову*
*Ван Биня*

*заявление.*

*Прошу принять меня на работу в международный отдел на должность переводчика-консультанта.*

*10.12.16* *(подпись)* *Ван Бинь*

______________________
______________________

*Заявление*

*Прошу* ________________________________________

*10.12.16*

**Упражнение 3. Прочитайте часть текстов объяснительных записок. Оформите согласно образцу, добавив недостающую информацию.**

1. Семинар по эффективному использованию комплекса «ГЛОНАСС» не состоялся по просьбе его участников в связи с невозможностью добраться до места его проведения в срок из-за отмены авиарейса.
   По договорённости сторон дата проведения семинара перенесена.
2. Руководителю ООО «Энергосбыт». В понедельник, 18 октября 2016 года, должен был доставить материалы в ИП «Энергетик». Но по причине неисправности грузового автотранспорта доставил только 19 октября.
3. Во время проведения Вечера первокурсника было использовано оборудование факультета. В настоящее время оно находится на кафедре философии. В ближайшее время будет возвращено ответственному лицу.

**Упражнение 4. Составьте в соответствии с требованиями официально-делового стиля:**

а) заявление о переносе занятий;
б) объяснительную записку о пропуске занятия по письменной речи;
в) доверенность на получение премии за победу в конкурсе «Студенческая весна».

## 8.3. Паспорт, справка, диплом, сертификат

**Паспорт** является официальным документом, идентифицирующим или обосновывающим конкретный процесс (паспорт сделки), объект (паспорт изделия), либо же субъект (паспорт гражданина). В коммерческой деятельности необходимо обращать особое внимание на наличие/отсутствие соответствующих документов на движимое или недвижимое имущество. Для примера ниже представлены несколько образцов таких документов.

**(30)**

*ПАСПОРТ ШАССИ ТРАНСПОРТНОГО СРЕДСТВА*

00 АА 000000

*1. Идентификационный номер* ______________________________

*2. Марка, модель шасси* ______________________________

*3. Год изготовления шасси* ______________________________

*4. Модель, N двигателя* ______________________________

*5. Шасси (рама) N* ______________________________

*6. Кузов N* ______________________________

*7. Кабина N* ______________________________

*8. Цвет кабины (кузова)* ______________________________

*9. Мощность двигателя, л.с. (кВт)* ______________________________

*10. Рабочий объем двигателя, куб. см* ______________________________

*11. Тип двигателя* ______________________________

*12. Экологический класс* ______________________________

*13. Организация-изготовитель шасси (страна)* ______________________________

*14. Заключение N* __________ *от* __________ *выдано* __________

*15. Страна вывоза шасси* ______________________________

*16. Серия, документа* ______________________________

*17. Таможенные ограничения* ______________________________

*18. Наименование (ф.и.о.) собственника шасси* ______________________________

*19. Адрес* ______________________________

*20. Наименование организации, выдавшей паспорт* ______________________________

*21. Адрес* ______________________________

*22. Дата выдачи паспорта* ______________________________

*М.П.* *Подпись* ______________

**车辆底盘说明书**

00 AA 000000

1. 识别代码 ______________________________

2. 底盘品牌和型号 ______________________________

3. 底盘生产日期 ______________________________

4. 发动机型号和编号 ______________________________

5. 底盘（车架）号 ______________________________

6. 车厢号 ______________________________

7. 座舱号 ______________________________

8. 座舱（车厢）颜色 ______________________________

9. 发动机功率 马力（千瓦）______________________________

10. 发动机排量，$cm^3$ ______________________________

11. 发动机类型 ____________________
12. 环保级别 ____________________
13. 底盘生产厂家（国家）____________________
14. 鉴定号 __________ 鉴定时间 __________ 鉴定机关 __________
15. 使用国家 ____________________
16. 文件序列号 ____________________
17. 海关许可证 ____________________
18. 底盘所有人（全名）____________________
19. 地址 ____________________
20. 本说明书发证机关 ____________________
21. 地址 ____________________
22. 发证日期 ____________________
（盖章） （签字）____________________

**(31)**

**Министерство здравоохранения и социального развития**
**Российской Федерации**
**ПАСПОРТ ЗДОРОВЬЯ**

*1. Ф.И.О.* ____________________
*2. Пол: муж., жен. 3. Дата рождения:* __________ __________ __________
*число месяц год*
*4. Адрес: г.* __________ *ул.* __________ *дом* ______ *корп.* ______ *кв.* ______
*5. Страховой полис: серия* __________ *N* __________
*наименование страховой медицинской организации*
*6. Наблюдается поликлиникой* ____________________
*7. Телефоны в поликлинике* ____________________
*8. Медицинская карта амбулаторного больного N* __________
*9. Ф.И.О. участкового врача-терапевта* __________
*Группа и Rh-принадлежность крови:* __________
*Лекарственная непереносимость* __________
*(указать, на какой препарат)*
*Аллергическая реакция (да/нет)* ______ __________

*Показатели состояния здоровья*

| | | | | | | |
|---|---|---|---|---|---|---|
| 1 | *Рост* | | | | | |
| 2 | *Вес* | | | | | |
| 3 | *Частота сердечных сокращений* | | | | | |
| 4 | *Артериальное давление (АД)* | | | | | |
| | *Прочие показатели:* | | | | | |
| | *Подпись врача* | | | | | |

**俄罗斯联邦社会发展和保健部**
**健康证**

1. 全名______________________________________________
2. 性别：男 女 3. 出生日期 __________ __________ __________
日 月 年
4. 地址 _________ 街道 _____________ 大楼 ___ 楼 ____ 室 ____
5. 保险单：序列号 _______________ 号码 ______________
医保机构名称
6. 检查医院 ______________________________________
7. 医院电话 ______________________________________
8. 门诊医疗卡号 ___________________________________
9. 片段医院医生全名 _______________________________
血型 ____________________________________________
忌用药物 ________________________________________
（需说明具体药物）
过敏反应（有 / 无）_______________________________
健康状况指标

```
¦1 ¦身高                ¦    ¦    ¦    ¦    ¦
¦2 ¦体重                ¦    ¦    ¦    ¦    ¦
¦3 ¦心率      ¦    ¦    ¦    ¦    ¦
¦4 ¦动脉血压         ¦    ¦    ¦    ¦    ¦
¦  ¦其他：           ¦    ¦    ¦    ¦    ¦
+---+-----------------------------------+--------+------+------+------+
¦  ¦医生签名           ¦    ¦
```

**Справка** представляет собой документ, в котором подтверждается какой-нибудь факт. Справки бывают двух разновидностей: служебного характера; личного характера. Она состоит обычно из следующих частей:

1) наименования учреждения или лица, которое выдаёт справку;
2) даты выдачи;
3) текста справки;
4) имени, отчества и фамилии получателя справки;
5) подписи и печати.

В образцах даны только тексты справки.

**(32)**
**证明**

兹证明费奥多罗夫·彼得·谢苗诺维奇因身体原因需要脱产治疗两周。

"红十字"医院主治医师：Д. А. 斯捷潘诺夫
2003 年 4 月 8 号

***Справка***

*Настоящая справка выдана Фёдорову Петру Семёновичу в том, что он по состоянию своего здоровья нуждается в лечении и освобождении от работы на две недели.*

*Главный врач больницы «Красный Крест»* *Д. А. Степанов*

*8 апреля 2003 г.*

**(33)**

**证明**

兹证明王玲（中国）系沃罗涅日国立大学语言系一年期进修生。

外籍学生事务系主任：Л. М. 科罗连科

（盖章）

2014年4月1号

***Справка***

*Ван Лин (КНР) является стажёром 1 года обучения филологического факультета Воронежского государственного университета.*

*Декан по работе с иностранными учащимися* *(подпись)* *Л. М. Короленко*

*(печать)*

*01.04.2014*

**(34)**

**证明**

兹证明波利亚科娃·拉莉萨·鲍里索芙娜系英语系夜教部二年级学生。

凭此证明可使用学习地点。

系主任：А. Г. 车尔尼雪夫

秘书：В. В. 恰斯图欣娜

***Справка***

*Полякова Лариса Борисовна является студенткой 2-го курса вечернего отделения факультета английского языка.*

*Справка выдана для предоставления по месту работы.*

*Декан факультета* *А. Г.Чернышев*

*Секретарь* *В. В. Частухина*

**Диплом** – это документ об окончании учебного заведения или о присвоении какого-либо звания, учёной степени. Документ об окончании средней школы называется аттестат. К диплому прилагается вкладыш (приложение к диплому), включающий в себя:

список изученных дисциплин с итоговыми оценками и общим количеством часов,

список пройдённых практик с итоговыми оценками и количеством часов (недель),

список итоговых государственных экзаменов с оценками,

название выпускной квалификационной работы с оценкой.

**Сертификат** – документ, содержание которого отличается от сферы применения. Если справка оформляется по требованию получателя, то сертификат оформляется в обязательном порядке и содержит все необходимые реквизиты. Выделяются следующие виды сертификатов:

1. Документ, удостоверяющий тот или иной факт.

2. Облигации специальных государственных займов, а также ценные бумаги на предъявителя, выпускаемые банком.

3. Документ, выдаваемый соответствующим уполномоченным органом и удостоверяющий качество, вес, происхождение и другие свойства товара.

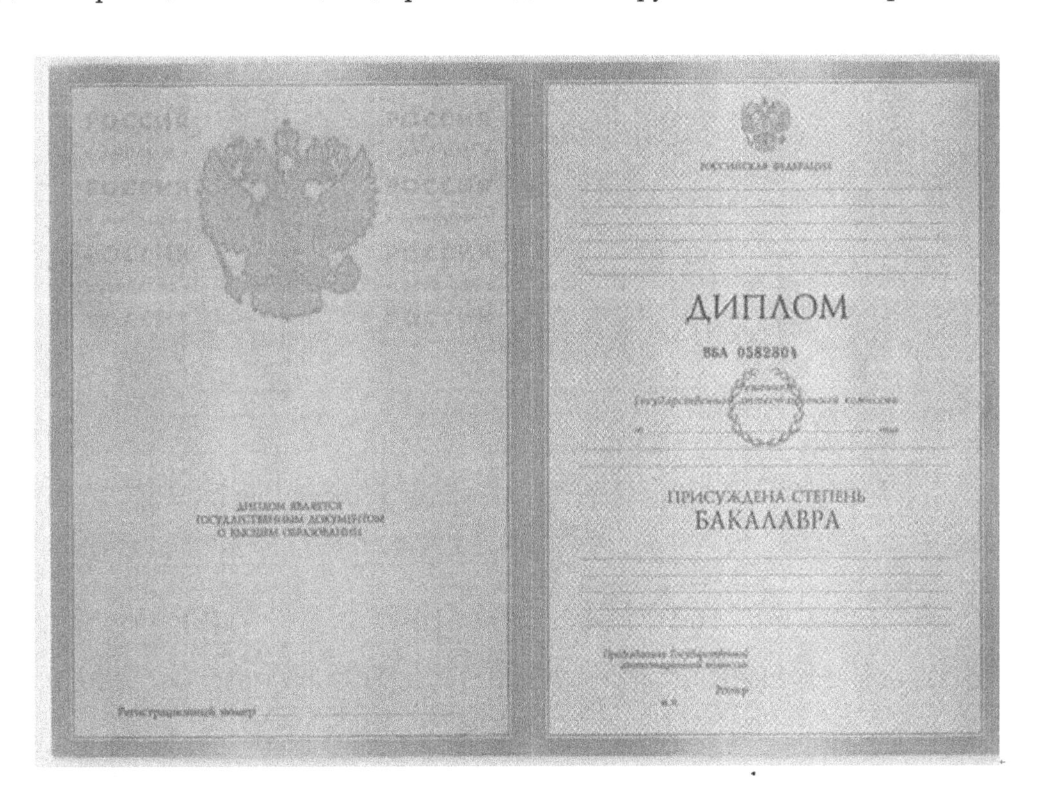

### Внимание!

证件（паспорт）包括说明具体过程的证件、物品证件和人的身份证件、商业活动中的动产、不动产证明等。

证明（справка）主要证明事实，分公务性质和个人性质两种。内容格式：1）发证机关单位名称或个人姓名；2）出具日期；3）正文；4）证明领取人全名；5）发放机关或个人签字并盖章。

毕业证（диплом）证明学业完成或获得学历、学位的证件。毕业证一般有附件：成绩和学时清单、实践成绩和时数清单、国家考试成绩单、获得的毕业技能及成绩。

证明（сертификат）分为人或事证明、国家债券及银行各种有价证券证明、相应全权机构发放的商品的质量、重量、产地等。

## Задания и упражнения

**Упражнение 1. Заполните данные справки.**

Министерство образования и науки РФ

Российский государственный педагогический университет им. А.И. Герцена

«___» _______20___г.

№ ______________

С.-Петербург, Мойка, д. 48

Тел.: 312-44-92

**СПРАВКА**

______________________________________________________________________

является студент _______________курса Института _____________________

_________________________формы обучения.

Дана для предоставления ___________________________________________.

Действительна по «___» ___________20___г.

Директор

(печать)

**Упражнение 2. Прочитайте данные сертификаты (свидетельства). Выделите ключевую информацию.**

ПРОСВЕЩЕНИЕ
ИЗДАТЕЛЬСТВО

СЕРТИФИКАТ
официального представителя

*ООО «Книготорговая компания «Абрис»*
*является представителем*
*ОАО «Издательство «Просвещение»*
*по распространению*
*учебной продукции Express Publishing.*

Управляющий директор А. М. Кондаков

РОССИЙСКИЙ ФОНД
ЗАЩИТЫ ПРАВ ПОТРЕБИТЕЛЕЙ

Серия РФ № 6295

СВИДЕТЕЛЬСТВО

*ООО «Урал – VIP – Авиа»*

"ЛУЧШИЕ В РОССИИ"

ВЫСШАЯ ШКОЛА ЭКОНОМИКИ

СЕРТИФИКАТ
О КРАТКОСРОЧНОМ ПОВЫШЕНИИ КВАЛИФИКАЦИИ

Настоящий сертификат выдан Туляковой Наталье Александровне
в том, что он(а) с « 04 » октября 2011 г. по « 20 » октября 2011 г.
прошел(ла) краткосрочное обучение в (на) федеральном государственном автономном образовательном учреждении высшего профессионального образования
«Национальный исследовательский университет «Высшая школа экономики»
по программе краткосрочного повышения квалификации «Основы организации и проведения учебных курсов в системе LMS eFront (основной курс)»
в объеме 24 академических часа

Город Москва год 2011 Первый проректор
Регистрационный номер 1051 / 3.13 Секретарь

## 8.4. Анкета, автобиография и резюме

В XXI веке под словом «анкета» подразумевается любой Носитель информации с вопросами, ответы респондента на которые имеют целью увеличения знаний для решения какой-либо проблемы. Сам процесс заполнения опросного листа называется анкетированием. В настоящее время анкеты заполняют при получении заграничного паспорта, при поступлении в вуз, при подаче заявления о приёме на работу, при получении визы в другую страну, при получении государственной субсидии или кредита в банке и т. д.

Заполняют анкету обычно по пунктам. Слова в анкете стоят в именительном падеже.

**Анкета** (от франц. Enquete – расследование) – лист с вопросами. Анкета – основной инструмент сбора информации. Ответы на вопросы в анкете могут быть стандартными (варианты ответов приводятся в анкете) или произвольными (открытые вопросы). Онлайн-анкета – это анкета, размещённая в Интернете.

Общие требования к ответам просты: краткость, точность, ясность.

**Анкета**

**个人基本信息表（简历表）**

| | | | | |
|---|---|---|---|---|
| 1. | Фамилия | 姓 | Иванов | Иванова |
| 2. | Имя | 名 | Михаил | Софья |
| 3. | Отчество | 父称 | Сергеевич | Викторовна |
| 4. | Возраст (год рождения) | 年龄（出生日期） | 41 год (13.07.1973 г.) | 38 лет (24.09.1976) |
| 5. | Национальность | 民族 | русский | русская |
| 6. | Образование | 教育程度 | высшее | высшее |
| 7. | Специальность | 专业 | учитель географии | детский врач |
| 8. | Семейное положение | 家庭状况 | женат, двое детей | замужем, двое детей |
| 9. | Домашний адрес | 家庭住址 | Москва, ул. Вавилова, д. 6, кв. 53, тел.: 432-48-15 | |
| 10. | Дата заполнения | 填表日期 | 18.09.2014 г. | |

**Автобиография** – «описание жизни». Существуют две разновидности: официальный документ и автобиография – литературное произведение.

Форма деловой автобиографии включает в себя:

1) наименование документа;
2) текст автобиографии;
3) подпись составителя;
4) дату написания.

В тексте автобиографии указываются: фамилия, имя, отчество;
время (число, год, месяц) рождения; место рождения;
сведения об образовании (где и когда учился);
сведения о прохождении службы;
о трудовой деятельности (где, кем и когда работал и занимаемая должность в настоящее время);
о составе семьи.

**简历**

我，王晓丽，1995 年 3 月 10 日出生于中国陕西省西安市。

2001 — 2013 年在中学学习。2013 毕业于西安高级中学。同年考入西安外国语大学俄语学院，现就读三年级，专业为俄语，专业方向为商务翻译。

未婚。家庭成员如下：

父亲：王伟，1965 年生，建筑工程师。

母亲：李颖，1969 年生，家庭妇女。

家庭住址：中国陕西省西安市雁塔南路芙蓉小区 18 号楼 2 单元 22 号。

王晓丽

2015 年 9 月 20 号

***Автобиография***

*Я, Ван Сяоли, родилась 10 марта 1995 года в городе Сиане провинции Шэньси (КНР).*

*С 2001 по 2013 год обучалась в школе. В 2013 году окончила Сианьскую высшую среднюю школу. В том же году поступила в Институт русского языка Сианьского университета иностранных языков. В настоящее время обучаюсь на 3 курсе. Моя специальность – русский язык, специализация – переводчик в сфере деловой коммуникации.*

*Не замужем. Состав семьи:*

*Отец – Ван Вэй, 1965 года рождения, инженер-строитель.*

*Мать – Ли Ин, 1969 года рождения, домохозяйка.*

*Место проживания: Китай, пр. Шэньси, г. Сиань, ул. Яньтананьлу, ж/м Фужунсяоцюй, д. 18, подъезд 2, кв. 22.*

*20 сентября 2015 года* *(подпись)* *Ван Сяоли*

**Резюме**

**Резюме** – это документ, содержащий информацию о навыках, опыте работы, образовании и другой относящейся к делу информации, обычно требуемый при рассмотрении кандидатуры человека для найма на работу. Резюме – это Ваша визитная карточка. Оно первым попадает к работодателю и участвует в формировании впечатления о Вас: что за человек составляет резюме? Аккуратный или не очень, скрытный или открытый, торопливый или скрупулёзный, насколько он знаком с грамматикой русского языка и т.д.

Итак, резюме – это инструмент, с помощью которого осуществляется воздействие на работодателя задолго до непосредственного контакта с ним, и важно сделать так, чтобы оно оказывало нужное Вам, планируемое воздействие.

Какая же информация о кандидате важна для работодателя?

Прежде всего, это информация об образовании и профессиональном опыте. Именно эта информация и должна быть представлена в резюме наиболее полным и существенным образом, т.к. она свидетельствует об уровне профессионализма, а работодатель, как правило, хочет принять на работу именно профессионала.

Существенны, конечно, и личные качества, но, пожалуй, большинство работодателей, просматривающих резюме, воспринимают только объективные данные (например, биографические факты).

Желательно, чтобы информация уместилась на одной странице.

**Структура резюме**

1. Цель резюме: занять место, на которое Вы претендуете.

2. Личные данные: полные фамилия, имя, отчество кандидата, дата и место рождения, семейное положение, дети, место жительства, почтовый адрес и телефон.

3. Образование: сначала – высшее: какой вуз и в каком году закончили, полученная специальность. Затем перечисляются в обратном порядке другие виды образования, вплоть до года окончания школы. Если вы дополнительно закончили курсы делопроизводства, быстрого чтения или, например, лечебного массажа, то это можно указать в пункте «Специальные знания».

4. Профессиональный опыт: следует указать в обратном хронологическом порядке организации, в которых Вы работали за последние 3-5 лет. Желательно указать не только занимаемые должности, но и содержание работы.

5. Специальные знания: здесь можно перечислить всё, начиная от знания языков, умения общаться с компьютером до наличия у Вас деловых связей.

6. Дополнительные данные – здесь Вы можете указать свои личностные качества, дополнительные навыки и умения, Ваши достижения в смежных областях: публикации, изобретения, уровни продаж и т.п., дополнительную квалификацию, увлечения положительно характеризующие Вас.

**Текст 1**

**个人简历**

彼得洛娃・娜塔莉亚・尼古拉耶夫娜

地址：圣彼得堡和平大街 8 号 2 栋 103 室

邮编：101003

电话：3084753

E–mail：npsin.mow@cj.ru

学习经历：

1999-2004 年，圣彼得堡师范大学外语系学习，专业方向：德语

工作经历：

2008 年至今，《大众汽车》俄德合资企业工作，任职翻译；

2004 — 2008 年，《东西方》商贸公司工作，任职翻译文员；

专业技能：

熟练掌握英语，熟练使用 Windows Access 操作软件。

有驾驶资格证。

**Резюме**

Петрова Наталья Николаевна

Адрес: Санкт-Петербург, 101003, пр. Мира, д. 8, корп.2, кв. 103,

Тел. 308-47-53,

E-mail: npsin.mow@cj.ru

Образование: 1999 – 2004 гг. Петербургский педагогический университет, факультет иностранных языков

Специализация: немецкий язык

Опыт работы

2008 г. – настоящее время Российско-немецкое совместное предприятие «Фольксваген», переводчик

2004 – 2008 гг. Торговая фирма «Восток-Запад», секретарь-референт

Специальные знания: Владею английским языком. Имею опыт работы с программами Windows Access.

Имею водительские права.

## Текст 2

### 翻译求职简历

| 个人资料 | |
|---|---|
| 姓名: | [ 姓名 ] |
| 性别: | [ 性别 ] |
| 出生日期: | [ 年月日 ] |
| 国籍: | [ 国家 ] |
| 居住地: | [ 城市 ] |
| 联系方式: | [ 电话 ], [ 电子邮箱 ] |

理想岗位

职　　位：英语、德语、西班牙语、意大利语翻译

业务范围：语言学

月工资（最低）：30000 卢布

工作类型：全职

工作经验

指南针科技中心：1995 年 2 月至今，分析处理外文文献，处理各种程度和专题的文本翻译、文件综述翻译、口译、文件评析、网站及影片翻译。

"Medhelp" 制药公司：2006 年 7 月至 2010 年 2 月，翻译。从事各种程度和专题的文本翻译、口译、药品说明书翻译，以及药品和生物活性制剂生产过程中的翻译。

专业技能

熟练使用复印、传真、扫描办公设备等；熟练使用互联网工作；熟练使用 PC；熟练使用 Office 办公软件，包括 Word、Excel……以及 ABBYY 精细阅读器、多路转译系统 Multitran 软件。

教育经历

基本学历：高等教育

莫斯科航空学院（国立技术大学），莫斯科（高等教育），1990 — 1995 年

专业：经济师、对外经济管理（掌握英语、德语、西班牙语）

外语水平

英语：熟练

西班牙语：熟练

意大利语：熟练

德语：熟练

附加信息

婚姻状况：已婚

是否有孩子：有

是否可出差：否

自我评价：认真负责，执行力强，善于交际，一丝不苟，富有创新精神。

熟练掌握 4 门外语（德语、英语、西班牙语、意大利语）

有 B 类驾照和护照。

业余时间喜欢心理学和医学，无不良嗜好。

## Резюме переводчика

| Личные данные | |
|---|---|
| Фамилия Имя Отчество: | [ФИО] |
| Пол: | [пол] |
| Дата рождения: | [дата рождения] |
| Гражданство: | [Страна] |
| Место проживания: | [Город] |
| Контактная информация: | [телефон], [электронная почта] |
| **Пожелания к месту работы** | |
| Должность: | Переводчик английского, немецкого, испанского, итальянского языков |
| Область деятельности: | Лингвистика |
| Зарплата (минимум): | 30 000 руб. |
| Тип занятости: | Полный день |
| **Опыт работы** | |
| **НТЦ Компас.** Анализ и обработка иностранных документов, с февраля 1995 г. по настоящее время, референт-переводчик. Перевод текстов любой сложности и различного тематического направления, аннотирование документов, устный перевод, анализ и экспертная оценка документов, перевод сайтов и кинофильмов. **Фармацевтическая компания Медхэлп,** с июля 2006 г. по февраль 2010 г., переводчик. Перевод текстов любой сложности и различного тематического направления, устный перевод, переводы инструкций и описаний на фармацевтические препараты, перевод описаний технологических процессов производства лекарственных препаратов и БАДов. | |
| **Профессиональные навыки** | |
| Работа с офисной техникой: копир, факс, сканер; работа в сети Internet; работа на ПК – уверенный пользователь; работа с программами MS Office, включая Word, Excel, ABBYY Fine Reader, Multitran. | |
| **Образование** | |
| Основное – высшее **Московский авиационный институт (государственный технический университет),** Москва (высшее), с 1990 по 1995 гг. Специальность: Инженер-экономист, менеджер по ВЭД со знанием иностранных языков (английский, немецкий и испанский) | |
| **Иностранные языки** | |
| Английский: | свободное владение |
| Испанский: | свободное владение |
| Итальянский: | свободное владение |
| Немецкий: | свободное владение |
| **Дополнительные сведения** | |
| Семейное положение: | замужем |
| Дети: | есть |
| Возможность командировок: | нет |

| | |
|---|---|
| О себе: | Ответственная, исполнительная, коммуникабельная, аккуратная, инициативная.<br>Свободное владение 4-мя иностранными языками (немецкий, английский, испанский и итальянский).<br>Водительские права Категория В, действующий заграничный паспорт.<br>В свободное время увлекаюсь психологией, медициной. Вредные привычки – отсутствуют. |

### Внимание!

个人基本信息表（анкета）只指信息征集文件，现在主要用于办理护照、出国签证、升学、求职、国家资助、银行信贷等。个人基本信息表通常用第一格填写。

简历、自传、传记（автобиография）是“生活的再现”，分文件式简历和文学创作式传记。这里我们只讲文件式简历。文件式简历格式包括：1）名称；2）正文；3）简历撰写人落款；4）撰写日期。其内容包括撰写人姓名、出生日期、受教育状况、工作状况及职务职位等信息、家庭成员等。

个人简历（резюме）用于主动求职，是求职时的个人推介书。резюме 中只写能够引起雇主注意并给他留下好的第一印象的工作经历、技能和个人素质。резюме 里应写：1）目的；2）个人信息；3）受教育状况；4）工作经验；5）专业知识；6）补充信息（个人素质、特长等）。

## Задания и упражнения

### Упражнение 1. Подумайте и ответьте на вопросы.

1. Почему анкеты относятся к письменным документам?
2. Чем отличается анкета от резюме?
3. Каковы правила заполнения анкет?

### Упражнение 2. Заполните данную анкету, используя свои данные.

**АНКЕТА**

*иностранного гражданина,*
*направляемого на обучение в высшие учебные заведения России*

| | |
|---|---|
| 1. Страна | |
| 2. Фамилия, Имя, Отчество | |
| 3. Пол | |
| 4. Число, месяц и год рождения | |
| 5. Место рождения | |
| 6. Адрес (домашний), телефон | |
| 7. Знание русского языка. Степень владения | |

| | |
|---|---|
| 8. Образование (наименование учебных заведений, их местонахождение, дата окончания, какой документ получен) | |
| 9. Оценки по основным предметам | |
| 10. Обучались ли ранее в высших учебных заведениях (в каких, когда) | |
| 11. Номер и наименование выбранной специальности | |

**Подпись** ______________________ **Дата** ___________________

## Упражнение 3. Напишите следующие тексты, используя образцы:

а) автобиографию;
б) своё резюме на должность переводчика.

## Упражнение 4. Прочитайте. Определите тип текста.

### Текст 1

*Уважаемый Иван Иванович!*

*Мы получили ваше резюме на позицию топ-менеджера. Спасибо за ваш интерес к компании «Делопись.ру» и потраченное время. Мы очень впечатлены вашей квалификацией и опытом. Мы хотели бы обсудить с вами эту должность подробнее и возможность вашей занятости в этой позиции.*

*Пожалуйста, позвоните [Имя] по телефону [номер], чтобы назначить собеседование. С нетерпением ждём встречи с Вами.*

*С уважением,*
*Пётр Петров*

### Текст 2

*Прошу предоставить мне отпуск без сохранения заработной платы продолжительностью 10 календарных дней на период с 14.06.2013 по 24.06.2013 по семейным обстоятельствам.*

*П.П. Петров*

## Текст 3

*Уважаемая Анна Ивановна!*

*Сердечно поздравляю вас и весь коллектив преподавателей вуза с Днём учителя!*

*В этот день мы с особым чувством выражаем благодарность и уважение людям, чья профессия — «сеять разумное, доброе, вечное», готовить к профессиональной жизни вчерашних школьников. С удовольствием присоединяюсь ко всем поздравлениям в Ваш адрес.*

*От всей души желаю вам пытливых студентов, настроенных на творческое начало в освоении профессии, у которых «добрый ум и умное сердце», доброго здоровья, профессионального долголетия, многих интересных идей и возможностей для их воплощения.*

*С уважением, Ваша выпускница*

## Текст 4

*Максимов Сергей Николаевич, выпускник ТГУ. Поступил в Тверской государственный университет в 2009 году на факультет журналистики.*

*За время обучения на отделении журналистики зарекомендовал себя добросовестным студентом. Имел отличную успеваемость. Уровень знаний и профессиональной подготовки позволяет Максимову Сергею Николаевичу ориентироваться в [юридических] вопросах.*

*Окончил курс по программе «бакалавра». Изучал английский язык. Государственные экзамены сданы на «отлично». Умеет вести беседу и участвовать в дискуссии по широкому кругу вопросов. По характеру скромен, вежлив. В коллективе с товарищами поддерживал хорошие отношения.*

*Ст. препод. каф. английской филологии О.М. Федорчук*

## Текст 5

*Наш офис будет закрыт с 29 декабря по 11 января, чтобы вы смогли провести время с вашей семьёй во время новогодних праздников. Желаем вам прекрасно провести время и насладиться новогодними каникулами! Увидимся в следующем году!*

*Директор Компании (подпись) О.А. Ивашкин*

# Деловая переписка

деловая переписка 商务函电、办公通信
коммерческое письмо 商务函
электронная переписка 电子通信
электронное письмо 电子邮件
письмо-поздравление 祝贺信
письмо-благодарность 感谢信
письмо-информация (информативное письмо) 信息函
письмо-приглашение 邀请函
письмо-просьба 请求函
письмо-подтверждение 确认函
письмо-извинение 道歉函
письмо-одобрение 赞扬函、表扬信
письмо-жалоба 抱怨函、投诉信
письмо-утешение 安慰函
письмо-рекомендация 推荐信
инициативное письмо 动议函
ответное письмо 答复函
рекламное письмо 广告函
реквизиты 要件、要素
адресат 收信人
адресант 发信人
юридический адрес 法定地址
ГОСТ (государственный стандарт) 国标
языковая формула 语言格式
клише 套语

## Предтекстовые задания и упражнения

**Задание 1. Ответьте на вопросы.**

1. Какие правила деловой переписки Вы знаете? Почему их нужно соблюдать?
2. Чем отличается деловое письмо от личного? Что недопустимо в деловом письме?
3. Какова основная тематика деловых писем?
4. Какие новые формы делового письма становятся актуальными в настоящее время? С чем это связано?

**Задание 2. Прочитайте правила ведения переписки, выдвинутые Бернетом Лео. Какие принципы делового письма выделяет автор?**

- *Пишите просто.*
- *Пишите так, чтобы это запоминалось.*
- *Пишите так, чтобы на это хотелось бы взглянуть.*
- *Пишите так, чтобы читать тебя было бы интересно.*

## 9.1. Классификация и структура делового письма

Письма – одна из важнейших частей деловой документации. Деловыми письмами называют все документы, которые служат для связи организации с внешними структурами. Это особый вид письма, который отличается от личных писем. Важная задача в составлении письма – его информационное насыщение. Чтобы правильно и быстро составить деловое письмо на русском языке, необходимо в общих чертах знать особенности языка и стиля современной корреспонденции и требования, предъявляемые к ней.

Язык деловой переписки должен обладать следующими чертами:

1) нейтральность;

2) надличностный характер изложения;

3) унификация, типизация речевых средств и стандартизация терминов;

4) сужение диапазона используемых речевых средств;

5) повторяемость отдельных языковых форм на определённых участках текста документов.

Изложение каждого аспекта содержания следует начинать с нового абзаца. Таким образом, абзац показывает переход от одной мысли к другой. Разбивка текста официального письма на абзацы облегчает его восприятие, позволяет адресату мысленно фиксировать аспект, возвращаться к прочитанному, сосредоточиваться перед очередной порцией информации.

Принципы классификации деловых писем могут быть различными (см. схему 18).

1. **По теме** письма разделяются на коммерческие и собственно деловые.

Коммерческие письма используются при организации коммерческой сделки, заключении и выполнении контрактов; составляются от имени юридических лиц и нередко имеют правовую силу. К коммерческой корреспонденции относятся коммерческое письмо-запрос, письмо-предложение (оферта), письмо-претензия (рекламация) и ответы на эти письма, кредитное письмо (при заключении контрактов с иностранными партнёрами).

Собственно деловые письма решают организационные, правовые вопросы, проблемы экономических отношений корреспондентов, поэтому они весьма разнообразны по форме и содержанию. Это могут быть и расписка, и приглашение, и протокол собрания и др.

2. **По функции** письма делятся на письма-ответы и инициативные письма. Последние, в свою очередь, подразделяются на письма, требующие ответа (коммерческое инициативное письмо, письмо-запрос, письмо-предложение, письмо-рекламация, письмо-просьба, письмо-обращение), и письма, не требующие ответа (письмо-напоминание, письмо-предупреждение, письмо-извещение, письмо-заявление, сопроводительное письмо).

3. **По форме** отправления письма делятся на традиционные почтовые отправления (обычно это письма, имеющие юридическое значение: договоры, оферта, рекламация), электронные письма и факсы. Последние два вида писем используются, когда необходимо срочно решить вопрос, но юридической силы они не имеют.

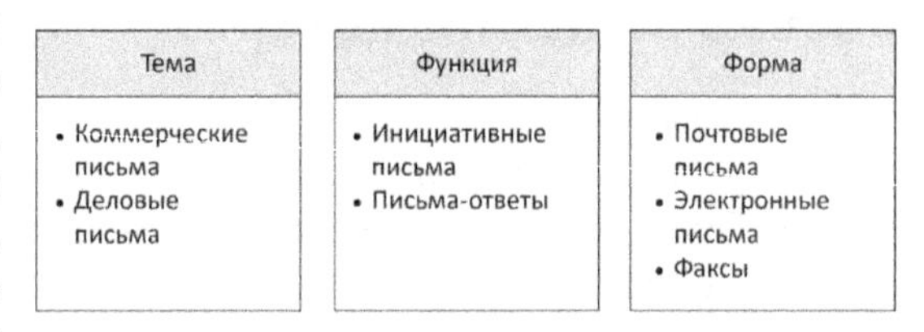


**Схема 18. Типы деловых писем**

Перечислим основные факторы, влияющие на текст и форму делового письма:

• кто пишет письмо (адресант);
• получатель (адресат);
• тема;
• цель;
• функция письма;
• сколько вопросов будет обсуждено в письме;
• каким образом оно будет отправлено;
• существуют ли строго регламентированные формы (требования ГОСТа) для этого вида писем.

Любое деловое письмо имеет следующую структуру:
1) реквизиты отправителя (адресанта);
2) реквизиты получателя (адресата, ФИО в дательном падеже);
3) заголовочная часть;
4) текст письма;
5) подписи составителей письма;
6) печать организации (учреждения).

Текст рассматриваемых документов, как и любого другого вида деловых писем, должен включать следующие части: 1) обращение, 2) вводную часть, 3) основную часть, 4) заключение.

В обращении, как правило, используются стандартные языковые формулы:
*Уважаемый г-н Степанов!*
*Уважаемый А.А. Карпов!*
*Уважаемый господин Ван!*

*Уважаемый профессор Гао Сун!*
*Уважаемая г-жа Ли Хуа!*
*Многоуважаемый господин директор!*
*Уважаемые господа!* (если получатели письма неизвестны)
*Уважаемые коллеги!* (используется в общении людей одной профессии)
*Господин Президент!* (обращение без фамилии принято, если адресат является должностным лицом органа власти, депутатом, президентом (председателем) общества, компании, фирмы и т.п.).

Если адресат Вам хорошо знаком, лучше использовать менее официальные формулы: обращение по имени-отчеству:
*Уважаемый Андрей Петрович!*
*Глубокоуважаемая Анна Петровна!*
*Уважаемый Цао Либин!*

Вводная часть передаёт общую информацию по теме письма. Например:
*Нами получено Ваше письмо от «12» июля текущего года. Благодарим за предоставленные материалы.*
*От имени коллектива нашего университета поздравляю Ваш университет с 50-летием.*
*Выражаем большую признательность и благодарность Ханьбань – Штаб-квартире «Института Конфуция» и лично Вам за тёплые слова и поздравления.*
*В рамках государственной программы китайско-российского сотрудничества в области высоких технологий в 5-6 февраля проводилась научно-практическая конференция, в которой участвовала Ваша Корпорация.*

Основная часть содержит конкретную информацию, отражающую цель письма. Она должна быть краткой и точной.
*Мы подробно ознакомились с представленной Вами информацией. В настоящий момент необходимо уточнить сроки визита.*
*Делегация из 5 человек во главе с генеральным директором г-м Ли Вэем прибывает 20 марта, рейс HU6324 Пекин-Москва. Просим организовать встречу в аэропорту.*
*Оборудование готово к отправке. При получении подтверждения банка Ваш заказ будет отправлен по указанному адресу в течении 3 рабочих дней.*

Заключение делового письма помимо этикетных выражений должно содержать полную информацию об отправителе и дату написания. Например:
*С уважением, Ли Цзинлян*
*менеджер компании «Чжунхуа шию»*
*«23» февраля 2016 года*

## Внимание!

事务信函也是具有特定格式的一种文体。不同语言中有不同的书写样式和行文风格。为了迅速正确地撰写俄语信函，必须了解俄语信函的语言和语体特征及要求。

俄语事务信函的语言应具有以下特点：中性；非私人性；语言手段的局限性和标准化；语言形式的一定程度格式化等。因此，强调对事实的逻辑评价，避免使用各种具有感情色彩的语言手段，比如：俗语、方言、叹词等等。

事务信函按主题分为商务信函和公务信函，按功能分为动议信函和答复信函，按形式分为邮政信函、电子邮件和传真。

各类信函的结构都包括发信人、收信人（第三格）、标题、正文、落款、盖章。

## Задания и упражнения

### Упражнение 1. Напишите нижеследующие адреса на конвертах, укажите свой обратный адрес.

Россия, 103274, г. Москва, Краснопресненская набережная, 2, Правительство РФ.

Россия, 117485, Москва, ул. Академика Волгина, 6, Государственный институт русского языка им. А.С. Пушкина.

Россия, 630092, Новосибирск, пр. Карла Маркса, 20, корпус 1, Новосибирский государственный технический университет.

Россия, 101084, Новгородская область, Новгородский район, д. Подберезье, ООО «ИКЕА Индастри Новгород».

Россия, 620078, Екатеринбург, ул. 8 Марта, 46, ТЦ Гринвич, «МегаФон».

### Упражнение 2. Поставьте в нужную форму имена адресатов на конверте:

Николай Семёнович Петухов, Анатолий Гаврилович Мазин, Виктория Леонтьевна Перцова, Ольга Владимировна Перчук, Виталий Владасович Грачёв, Галина Анатольевна Соболь, Светлана Николаевна Явтушенко, Эрнест Гедревич Мацкявичус, Валентина Владимировна Мошенская, Фарида Рашидовна Курбангалеева, Вадим Викторович Цепилов, Евгений Олегович Шевко.

### Упражнение 3. Выделите в данном письме структурные части.

*Уважаемый профессор Ван Сян!*

В настоящее время у нас есть возможность пригласить Вас с наш университет, чтобы Вы прочитали курс лекций в объёме 20 часов на тему «История китайско-российских отношений в XX веке». Мы гарантируем Вам проезд, проживание в гостинице нашего университета. Просим Вас в ближайшее время сообщить нам, есть ли у Вас возможность приехать и какое время Вам будет удобно.

*Декан факультета международных отношений* *проф. И.Н. Белый*

# 9.2. Виды и образцы деловых писем

**Письма-приглашения** предлагают принять участие в каком-либо проводимом мероприятии. Они могут адресоваться как конкретным лицам, так и учреждениям. Часто эти письма начинаются словами: «*приглашаем Вас*» или «*просим Вас принять участие*». В них раскрывается характер проводимого мероприятия, указываются сроки проведения и условия участия в нём.

**Информационное письмо** – сообщает адресату о каком-либо факте или мероприятии. Наиболее часто с помощью информационных писем пропагандируют деятельность организаций и учреждений, выпускаемую продукцию, издаваемую литературу. Например: *Оргкомитет X Международного научного конгресса «Интерэкспо Гео-Сибирь» приглашает Вас принять участие в конференции.*

**Письмо-извещение** по своему стилю близко к письмам-приглашениям и информационным письмам. Составляется для конкретного адресата и чаше всего является ответом на запрос. Начинается словами: «*извещаем*», «*сообщаем*», «*ставим Вас в известность*», далее излагаются какие-либо факты. Если такое письмо адресуется конкретному лицу, в нем указываются фамилия, имя, отчество того, которому оно посылается.

**Письмо-подтверждение** содержит сообщение о получении какого-либо отправления (письма, перевода, бандероли, товаров, ценностей и т.п.). Письмо может подтверждать какой-либо факт, действие, телефонный разговор. Начинается это письмо словами, образованными от глагола «подтверждать»: *Подтверждаем, что Ваша заявка на участие в конференции принята.*

**Инициативные письма** – это письма, требующие ответа. Большая часть таких писем выражает просьбу (предложение, запрос) к адресату о решении каких-либо вопросов: *Просим сообщить имена и должности участников ярмарки.*

**Письма-ответы** по своему содержанию носят зависимый характер инициативных писем, так как ТЕМА их текста уже задана и остаётся изложить характер решения поставленного в инициативном письме вопроса: принятие или отказ от предложения, выполнения просьбы. Ответ всегда должен быть изложен в конкретной и чёткой форме. Если письмо содержит отказ, он должен быть хорошо аргументирован.

**Сопроводительное письмо** – часто составляемый документ, который информирует адресата о направлении к нему документов; если необходимо что-либо разъяснить или дополнить к приложенным документам: указать срок исполнения, объяснить причину задержки, разъяснить сложные моменты и т.д. В сопроводительном письме всегда есть слова: «посылаем», «направляем», «возвращаем», «прилагаем». В электронном письме обычно пишут: *Направляю Вам «Договор о сотрудничестве»; «Договор о сотрудничестве» в прилагаемом файле.*

**Рассмотрим образцы различных видов писем.**

(1)

报春花有限责任公司
总经理姆·阿·克拉尤哈收
克鲁克街185号，叶卡捷琳堡市，000000
电话：（0000）231287，传真：（0000）231287；
电子邮件：tekst@delo-ved.ru
2015年2月18日函12号

尊敬的马克西姆·安德烈耶维奇先生：

值报春花有限移动责任公司成立20周年之际，由衷地祝贺您及全体人员节日快乐。贵公司在俄罗斯市场占据着重要地位，并取得了巨大成功，我们对此感到十分高兴。能够成为贵公司长期的商业合作伙伴，我们感到不胜荣幸。

希望您百尺竿头，大展宏图！祝您事业有成，万事如意！

中国北京飞龙有限责任公司 总经理 鲁抗

*ООО «Первоцвет»*
*М.А. Краюхе*
*ул. Круговая, 185, г. Екатеринбург, 000000*
*Телефон: (0000)23-12-87; Факс: (0000)23-12-87;*
*E-mail: tekst@delo-ved.ru*
*Генеральному директору*
*18.02.2015 № 12*

***Уважаемый Максим Андреевич!***

*С огромным удовольствием поздравляем Вас и весь коллектив ООО «Первоцвет» с замечательным юбилеем – двадцатилетием со дня основания фирмы. Мы искренне рады, что Ваша фирма достигла таких грандиозных успехов и занимает заметное положение на рынке России. Для нас было истинным удовольствием все прошедшие годы быть партнёрами по бизнесу.*

*Желаем Вам не останавливаться на достигнутом и воплотить в жизнь Ваши самые смелые планы. Успеха и удачи в любых начинаниях!*

*Генеральный директор ООО «Фэйлун», Пекин, КНР　　Лу Кан*

(2)

敬爱的И.Л. 穆汉诺夫教授：

西安外国语大学俄语系全体师生衷心祝您新年快乐！

祝您在艰巨而光荣的工作中取得巨大成就，祝您心情愉快，身体健康。

俄语系全体师生
2014年1月5日

*Уважаемый проф. И.Л. Муханов!*

*Факультет русского языка СУИЯ сердечно поздравляет Вас с Новым годом!*

*Желаем Вам больших успехов в Вашей трудной и почётной работе, хорошего настроения и крепкого здоровья.*

*Коллектив факультета*
*05.01.2014*

(3)

敬爱的王霞教授：

衷心地祝贺您三八国际妇女节快乐。祝您身体健康，获得巨大的创造性成就，祝您生活幸福。

四年级二班

2015年3月4日

*Уважаемая проф. Ван Ся!*

*Сердечно поздравляем Вас с Международным женским днём. Желаем Вам крепкого здоровья, больших творческих успехов и счастья в жизни.*

*04.03.15* *2 группа 4 курса*

(4)

尊敬的阿列克谢·彼得洛维奇：

对您的来信、祝贺和热情的祝愿，我深表感谢。您的关心使我深受感动。

请允许我再次向您本人和你们科室的全体同事表示深深的谢意。

感谢您的：李济

2014年5月9日

*Уважаемый Алексей Петрович!*

*Глубоко признателен Вам за Ваше письмо, за поздравление, за тёплые пожелания. Я был искренне тронут Вашим вниманием.*

*Ещё раз разрешите выразить мою большую благодарность лично Вам и всем сотрудникам Вашего отдела.*

*С благодарностью, Ли Цзи*

*09.05.14*

(5)

尊敬的伊万·瓦西里耶维奇：

我们谨向您，并通过您向大会组织委员会全体同志致以深深的感谢。感谢你们为大会做了出色的组织工作，保证会议获得圆满成功。还要感谢你们对我们代表团的关怀和帮助。

中国代表团全体代表

2014年5月28日

*Глубокоуважаемый Иван Васильевич!*

*Мы хотели выразить Вам и Вашем лице всему оргкомитету конференции глубокую благодарность. Мы благодарны Вам за хорошую организацию конференции, работа которой была очень плодотворной, за помощь и внимание к нашей делегации.*

*Участники конференции из Китая*

*«28» мая 2014 года*

(6)

致国立普希金俄语学院
国际关系副校长
娜·尼·米诺娃
传真：007-495-3308565

尊敬的娜杰日塔·尼古拉耶夫娜女士！

对您能够出席西安外国大学校庆庆典，以及对西安外国语大学和俄语系的良好祝愿，我谨代表俄语系表示万分感谢。

此外，感谢您和贵校国际处安排了国立普希全俄语学院骨干教师为我系举办的俄语系列讲座。

这一切在发展我们两校的友好关系中发挥了很大的作用。

希望两校之间的合作不断加强。

西安外国语大学俄语系系主任王红教授
2012年11月2日

*02.11.2012 г.*

*Проректору по международным связям*
*Государственного института русского*
*языка им. А.С. Пушкина*
*Н. Н. Миновой*
*Факс: 007-495-330-8565*

*Уважаемая Надежда Николаевна!*

*От имени факультета русского языка выражаем благодарность за Ваше участие в церемонии юбилея Сианьского университета иностранных языков и тёплые пожелания в адрес университета и факультета русского языка.*

*Кроме того, благодарим Вас и всех сотрудников международной службы за организацию лекций по русскому языку ведущих преподавателей Государственного института русского языка им. А.С. Пушкина.*

*Всё это сыграло большую роль для развития наших отношений.*

*Надеемся, что сотрудничество между нашими университетами будет укрепляться с каждым днём.*

*Сианьский университет иностранных языков*
*Декан факультета русского языка* *проф. Ван Хун*

(7)

尊敬的Л.И. 弗拉基米洛夫同志：

能否请您将我的发言改期，（最早）放在会议的第二天？情况是这样的：我无论如何也赶不上开幕式。我只能在25日清晨起飞，11时才能抵达学院。

恳请您同意我的请求。

此致

敬礼

王雨涛
2014年3月7日

*Многоуважаемый г-н Л.И. Владимиров!*

*Не могу ли я попросить Вас перенести моё выступление на второй (не ранее) день конференции. Обстоятельства складывается так, что к открытию приехать никак не смогу. Вылечу лишь 25-го рано утром, к 11 часам смогу быть в институте.*

*Убедительно прошу Вас исполнить мою просьбу.*

*07.03.2014* *Ван Юйтао*

(8)

尊敬的编辑部同志：

您好！

我是你们报刊的一位长期读者。我从发表在你们报纸的文章和简讯中汲取了知识、力量以及对未来的信心。《共青团真理报》是我最喜欢的报刊。我想成为这份报纸的长期订阅者，但不知道在哪里可以订阅。

此致

敬礼

Я. С. 伊万诺夫

*Уважаемая редакция газеты!*

*Я постоянный читатель вашей газеты. Из статей, заметок, опубликованных на её страницах, черпаю знания, силы и уверенность в будущем. «Комсомольская правда» – моя любимая газета. Мне хочется стать её постоянным подписчиком, но не знаю, где могу подписаться на неё.*

*С уважением, Я. С. Иванов*

(9)

我家在纳希莫夫大街 33 号 2 栋，旁边是一家餐厅。一周内有两天晚上 10 点以后（甚至在夜间、午夜或者凌晨 1 点）餐厅周围放礼炮（管理部门规定，任何庆祝活动都只能在本餐厅内进行）。夜深了，礼炮鸣响，汽车发出警报，打扰居民休息。除此之外，我们还担心火花会引爆汽车。楼长已经对此提出了投诉，但是问题仍然没有解决。请帮帮我们！我们需要休息！

娜塔莉娅・伊莉依娜

*Рядом с нашим домом – Нахимовский проспект, 33/2 – расположен ресторан. Два раза в неделю после 10 вечера (и даже ночью, в полночь или час ночи) около ресторана начинают запускать салют (с разрешения администрации, во время празднования всяких торжеств в самом ресторане). Время позднее, салют хлопает, машины начинают сигналить, все это мешает жителям спать. Кроме того, мы опасаемся возгорания машин от искры. Старший по дому писал жалобы на этот счёт, но проблема остаётся. Помогите! Мы хотим спать!*

*Наталья Ильина*

(10)

无论怎么说，互联网推动了人类的进步。在网络出现前，如果你想要提什么问题或者投诉什么，你首先需要给你订阅的报纸写信，然后去买信封和邮票，最后投入邮箱。手续的繁杂很可能使你放弃这一想法。而互联网却改变了这一困窘的局面。

9月13日，星期四，《地铁周报》出报的日子。像往常一样，上午10：00左右我去查看信箱，可是信箱里面没有报纸。11：00，还是没有。我给报社打去电话，他们答应："好，好，马上就送来了。"可是，报纸还是没送来。

星期五，9:00。我住在五楼，下楼时，我就在想，报纸肯定已经送到信箱里面了。唉！没有。10:00，没有。11:45，第三次去查看，没有还是没有。我决定打电话给报社，您信吗？四部电话，一部都没有人接听。直到下午我才拨通了。他们对我的情况表示很惊讶，承诺一定尽快将报纸送过来。可是已经14：45了，还是没有。既然办公室的工作人员们都可以违反劳动纪律，一个员工又何必勤勤恳恳呢！ 15：15，我终于见到了报纸。邮递员说，报社一给她打电话，她很快亲自跑到了五楼给我。

谢谢你们的关注。

*Что ни говори, а Интернет – это прогресс. Раньше, если захочешь рассказать о наболевшем или пожаловаться, надо написать в газету, которую выписываешь, купить конверт с маркой, опустить в почтовый ящик – волокита, можешь и передумать. Другое дело – Интернет.*

*На днях, то есть в четверг, 13 сентября, должна прийти "Метро". В обычное время около 10-00 утра газеты нет, в 11-00 нет. Позвонила в редакцию. Обещали: «Да, да, принесут». Так и не принесли.*

*В пятницу в 9:00 спускаюсь с 5-го этажа, где я живу, ну, думаю, газета в ящике. Увы! В 10:00 нет, в третий раз было 11:45 – НЕТ, решила позвонить. Верите, четыре номера телефона, не один не поднял трубку, только после обеда дозвонилась. Удивились. Обещали. Вот уже 14:45 газеты – нет. Да какой работник будет стараться, если сами административные служащие нарушают трудовую дисциплину. Газету принесли в 15:15 . Почтальон сказала, что ей только-только позвонили и она сразу прибежала на 5-й этаж.*

*Спасибо, что прочитали.*

(11)

尊敬的系主任：

我于10月18日将自己的测验答卷发送到了学院邮箱。不过，很遗憾，直到现在，我还不清楚自己的成绩。恳请您告知我测验结果如何。恕我打扰！

此致

敬礼

函授生：弗拉基米尔 · 波波夫

*Уважаемый г-н декан!*

*18 октября я выслал в адрес института свои контрольные работы. К сожалению, я до сих пор не знаю, как они оценены. Очень прошу Вас сообщить мне результаты проверки. Извините за беспокойство.*

*С уважением, студент-заочник Владимир Попов*

(12)

尊敬的伊万 · 伊万诺维奇！

2015 年 1 月 15 日，我订购了一套“夏天”牌餐具。到写此信为止，仍未收到订货商品。请您在系统中确认我的订单已完成，期待您确定详情后的回复。

如订单还未完成，请尽快确认。若订货已发送，那么货物可能在邮局丢失。

感谢您帮助我解决此问题。

此致

敬礼

斯 · 斯 · 莫洛季娜

*Уважаемый Иван Иванович!*

*Я заказала набор посуды «Лето» 15 января 2015 года. В момент написания письма, я все ещё не получила свой заказ. Пожалуйста, проверьте в своей системе, что мой заказ был выполнен. Надеюсь на ответ, когда Вы выясните информацию о моём заказе.*

*Если заказ ещё не был выполнен, пожалуйста, сделайте это как можно скорее. Если заказ уже отгружен, возможно, он потерялся на почте.*

*Спасибо за помощь в этом вопросе.*

*С уважением, С.С. Молодина*

(13)

太令人气愤了！大约三个月前，我的手机号未经我的同意被擅自连接到视频门户。每天三次扣费，每次扣除 12 卢布。遗憾的是，由于没有任何连接通知，所以到现在才发现。发现之后，勉强被关闭了。但这事没有就此结束。仅仅两天之后，我的手机又被连上了，又没有经过我的同意！！！请问，我该怎么办呢？随后又关闭了，但两天之后“Beeline”公司又一次在我毫不知情的情况下连上了！！！

马克西姆

*Я нахожусь в бешенстве! Приблизительно 3 месяца назад на мой телефонный номер, без какого либо моего согласия, подключили подписку видеопортал. Ежедневно снимали 3 раза по 12 рублей. К сожалению, обнаружили это недавно, так как никакого оповещения о подписке не поступало. Как обнаружили, сразу с горем пополам отключили. Но не тут то было. Буквально через пару дней, нам опять подключили эту подписку, опять же без оповещения и нашего согласия!!! И что, простите, нам делать? Опять отключим, и снова через пару дней «Билайн» без нашего ведома все включит!!!*

*Максим*

(14)

尊敬的马特韦 · 米哈伊洛维奇：

得知贵校拟招一名优秀打字员，特向您推荐本信的送信者——Ю. В. 波波娃。

波波娃精通英语，从事打字工作 10 年余上，具有丰富的实践经验。她谦虚认真，值得信赖。

录取她，您就多了一个经验丰富、勤劳忠诚的得力干将。

尊敬您的：伊 · 德米特里耶夫

2013 年 12 月 9 日

*Уважаемый Матвей Михайлович!*

*Узнав, что Ваша школа ищет хорошую машинистку, рекомендую Вам подательницу этого письма Ю. В. Попову.*

*Она хорошо знает английский язык и имеет большой практический опыт, так как свыше десяти лет служила машинисткой. Что касается её скромности и аккуратности, то можете на неё положиться.*

*Приняв её на работу, Вы приобретёте опытного, трудолюбивого и преданного Вам работника.*

*Уважающий Вас* *И. Дмитриев*

*9 декабря 2013 г.*

(15)

尊敬的王红教授：

根据您对主题的要求，我已拟好了活动计划。希望我能顺利把书和材料带来并转交给系上。关于出访的期限和条件，我想和您商量一下。我们的讲习班是免费的。类似这样的出差任务，一般情况下，我们主任负责我的差旅费和住宿费。但是现在有个接待方支付费用的问题。如果贵校原则上准备提供这些费用（路费和住宿费），那么邀请函上最好写清楚。这边我再看我们领导的决定。至于期限，什么时间最好呢？是星期三到星期四，还是就可以放在休息日？我觉得，最好能安排哪怕半天的游览时间，看看你们的城市和市郊。

邀请函请尽快以传真和电子邮件的形式发出（副本发到我的电子信箱），以便我们能把我此次访问纳入四月份的计划。

您的 B.C.

*Уважаемая проф. Ван Хун!*

*План мероприятий для Вас я наметил, принимая во внимание ваши пожелания по тематике. Надеюсь, мне удастся привезти и передать факультету книги и материалы. По срокам визита и условиям я хотел с Вами посоветоваться. Семинар мы проводим бесплатно. Обычно в таких командировках наш директор оплачивает для меня также проезд и проживание. Но может возникнуть вопрос об оплате за счёт принимающей стороны. Если университет в принципе готов к таким расходам (дорога и проживание), то в приглашении об этом лучше написать. А здесь посмотрим, какое решение наше руководство примет. И по срокам... Когда лучше? Среда – четверг, или может, быть вообще – в выходные дни? Я бы хотел, конечно, найти хотя бы полдня для экскурсии – посмотреть город и окрестности.*

*Приглашение лучше как можно скорее направить по факсу и эл. почте (дубликат мне по электронной почте), чтобы мы могли поставить мой визит к вам в план на апрель.*

*Ваш В.С.*

(16)

尊敬的 Т. П. 特罗什金娜：

您好！

非常感谢贵校以及您本人对我校教师及硕士生们给予的大力帮助。

喀山联邦大学在我校曾去进修和正在进修的老师和硕士生之间享有很高的声誉。您来我校访问后，我们打算看看是否可以准备双文凭计划。但是我还不知道从哪儿开始。期待您的具体计划。

此致

敬礼

王红

*Глубокоуважаемая Т. П. Трошкина!*

*Очень благодарю Ваш университет и Вас лично за большую помощь, оказанную нашим и преподавателям и магистрам.*

*Казанский Федеральный университет пользуется глубоким уважением среди наших преподавателей и магистров, которые были на стажировке и учатся в университете в настоящее время. После Вашего визита в наш университет мы намерены рассматривать возможность подготовки программы двойных дипломов. Но не знаю, с чего начать. Жду Вашу конкретную программу.*

*С уважением, Ван Хун*

Внимание!

事务信函根据内容可分为很多种，这里列举了几种实际应用中比较常见的几种类型：祝贺信、感谢信、请求信、投诉信、推荐信，还有两种用于信息沟通的信函。

## Задания и упражнения

### Упражнение 1. Вставьте пропущенные слова.

1. Не ___________ только тот, кто ничего не делает.
2. К сожалению, никакого оповещения о работе ___________.
3. Если заказ уже ___________, возможно, он потерялся на почте.
4. Недавно я купил ___________ и очень разочарован в качестве товара.
5. Мне кажется, сотрудникам почты следовало бы ___________ своим клиентам.
6. Мне не хочется тебя расстраивать, но у меня ___________.
7. От всей души поздравляю тебя ___________ и желаю здоровья.
8. Надеюсь, эта ___________ Вас не очень обременит.
9. ___________ складываются так, что к открытию приехать никак не смогу.
10. Убедительно просим Вас ______________ все усилия к тому, чтобы приехать к открытию конгресса.

11. Всё это ___________ большую роль для развития наших отношений.
12. Мы ___________ Вам за помощь в организации конференции.
13. ___________ поздравляю Вас с этим новым успехом.

### Упражнение 2. Напишите письмо-просьбу о нижеследующем:

- выслать анкету на обучение в университете;
- организовать встречу в аэропорту;
- выслать образцы товаров (каталог товаров);
- проследить за отгрузкой товаров.

### Упражнение 3. Подберите китайские эквиваленты.

1. Очень благодарю Вашу компанию и Вас лично за большую помощь, оказанную нашим сотрудникам.
2. Вопрос об оплате за счёт принимающей стороны будет решён в ближайшее время.
3. Сообщите нам об изменениях в режиме работы.
4. Прошу выступить в качестве оппонента на защите диссертации.
5. Приблизительно месяц назад на мой телефонный номер подключили подписку на прогноз погоды.
6. Если заказ ещё не был отгружен, пожалуйста, сделайте это как можно скорее. Пожалуйста, сообщите мне статус моего заказа.
7. Очень прошу Вас сообщить результаты проверки.
8. Пусть Ваша жизнь всегда будет озарена солнцем любви и счастья!
9. Извините, что надо написать тебе о своих проблемах.
10. Деньги на словарь я высылаю Вам одновременно с этим письмом.
11. Очень признателен Вам за Ваше участие в Торжественных мероприятиях.
12. Надеемся, что сотрудничество между нашими регионами будет укрепляться с каждым днём.
13. Ещё раз разрешите выразить мою большую признательность лично Вам и всем сотрудникам Вашего факультета.

## 9.3. Переписка деловых людей по электронной почте

В 2016 году электронной почте 45 лет. Она ветеран электронных коммуникаций. Стиль делового письма, отправляемого по электронной почте, не отличается от обычного письма. Переписка лишена эмоций. Соответственно стиль должен быть сугубо рабочим и сжатым. При почтовой переписке знаки внимания, элементы вежливости передаются с помощью внешних атрибутов. Например, используя специально подготовленный бланк, соответствующую бумагу, оформление, размещение реквизитов и т. п. при электронной почте эти возможности исключены. Поэтому этот «недостаток» можно компенсировать, соблюдая правила письменного этикета.

Электронное письмо не допускает задержки с ответом. Это почта экстренной связи с элементами срочности. Переписка порой протекает в режиме реального времени – «On-line». Требуется умение вести письменный диалог «со скоростью мысли». Это требует определённой подготовки, навыков, способности владеть пером.

Структура электронного письма не отличается от других деловых писем. Однако, необходимо обратить особое внимание на тему письма. Она формулируется кратко, отражая основное содержание письма:

*Приглашение на форум «Наука XXI века»,*
*Заявка на участие,*
*Описание продукции,*
*Материал для сайта,*
*Текст о льготном мероприятии,*
*Соглашение о сотрудничестве,*
*Приглашения,*
*Правка договора,*
*Макет журнала,*
*К плану работы,*
*Из Международной службы,*
*Новые банковские реквизиты,*
*Коммерческое предложение.*

Язык при электронной переписке отличается конкретностью, краткостью. Рекомендуется избегать длинных фраз и набивших оскомину стандартных при традиционной переписке выражений типа «*мы информируем Вас…*», «*согласно Вашему запросу*» и т.п.

Приведём несколько из возможных вариантов переписки по электронной почте.

**(1)**

*От кого: Иван Петров*

*Кому: RBM Manufacturing Company, Inc*

*Дата: 13 октября 2015 г.*

*Тема: покупка*

*Уважаемые господа!*

*Мы намереваемся до конца этого финансового года приобрести новую копировальную машину для офиса. Мы хотели бы изучить возможность покупки копировальной машины RBM, и нас интересует, имеется ли у вас подходящая модель.*

*Наш офис небольшой и новой копировальной машиной будут пользоваться только три секретарских работника. Мы изготавливаем примерно 3000 копий в месяц и хотели бы иметь машину, которая работает на стандартной бумаге. Нам необходима также сортировочно-подборочная (раскладочная) машина, но мы редко обрабатываем более 25 экземпляров одновременно.*

*Мы хотели бы также получить информацию о гарантии и услугах по ремонту.*

*Учитывая, что финансовый год у нас заканчивается 15 декабря 2015 года, просим ускорить ответ.*

*С уважением,*

*Иван Петров*

*Менеджер*

**(2)**

*Уважаемая Ольга Владимировна!*

*Обращаюсь к Вам по просьбе начальника МС Е.Б. Цоя.*

*В связи с формированием плана командирования российских специалистов в зарубежные страны с целью продвижения русского языка и образования на русском языке по указанию Министерства образования и науки РФ у нас есть возможность направить в Ваш университет одного или двух специалистов по русскому языку/филологии в качестве гостевого профессора для чтения лекций и проведения занятий на русском языке.*

*Оплата командирования полностью производится за счёт фонда «Русский мир».*

*Срок и время командирования: не более 1 месяца, конец ноября - декабрь 2016 г.*

*Мы были бы вам очень благодарны, если бы Вы смогли обсудить этот вопрос с руководством университета в самое же ближайшее время, и если они готовы принять нашего преподавателя, просим сообщить об этом.*

*Спасибо!*

*С уважением,*

*Баденкова Юлия Андреевна,*

*Менеджер центра международных проектов и программ*

*Международная служба*

*Новосибирский государственный*

*технический университет*

*Адрес: пр. Карла Маркса, 20*

*г. Новосибирск, 630073*

**(3)**

*Уважаемые коллеги, оргкомитет конференции «Речевая коммуникация в современной России» (Омск) принял решение о том, чтобы статьи сборника получили регистрацию РИНЦ (как вы знаете, такие статьи больше ценятся в итоговых отчётах). В связи с этим огромная просьба ко всем авторам предоставить следующую информацию:*

*1. Название статьи, а также имя и фамилия автора на английском языке.*

*2. Ключевые слова на русском и английском языках.*

*3. Аннотация (2-3 предложения) на русском и английском языках.*

*Огромная просьба прислать эту информацию до 15 июля.*

*Просим извинить нас за беспокойство, надеемся на ваше понимание*

*С уважением, оргкомитет.*

**(4)**

*Здравствуйте, уважаемые коллеги!*

*Рада пригласить вас на церемонию официального открытия Класса Конфуция НГУ. Церемония состоится в рамках II Форума сотрудничества государственных научных учреждений ШОС 5 июля в 15.00 в Малом Зале Дома учёных СО РАН.*

*Адрес: Морской проспект, 23.*

*Проезд на авт. 8, 1209, маршр. такси 1235, 1015 до ост. "Дом учёных" (перейти дорогу, левое крыло комплекса, 2-й этаж).*

*С уважением,*

*Юлия А. Азаренко*

*Класс Конфуция*

*Новосибирского государственного университета*

**(5)**

尊敬的王静华教授：

您好！

我已从刘娟女士那里收到您从哈尔滨发来的传真和信件。关于我的行程单，我是这样想的：首先是出席9月21日的哈尔滨举办的俄语竞赛，然后在当天抵达西安，出席9月22日的大学校庆。我已请刘女士为我订了9月20日到哈尔滨的机票，因为晚上的飞行，我需要休息一下。另外，我希望您能让我在西安多待一两天，原因是：首先我由于飞行需要休息；其次，我非常想利用这次机会参观一下著名的兵马俑博物馆。我之前从来没有到过西安，不想错过这次机会。希望这个请求不会给您添太多的麻烦。

再见。

此致

敬礼

国立莫斯科技术学院外事副校长伊琳娜·伊凡诺夫娜·斯维尔德洛娃

联系电话：(495) 3360288

传真：(495) 3308565

*Здравствуйте, уважаемая профессор Ван Цзинхуа!*

*Я получила Ваш факс и письмо из Харбина от г-жи Хуан Дунцзин. Я так поняла, что график моей поездки будет такой: сначала Харбин и конкурс русского языка 21 сентября, и в тот же день в Сиань на юбилей в университет 22 сентября. Я попросила г-жу Хуан, чтобы мой билет был из расчёта прилёта в Харбин 20 сентября, так как перелёты ночные и мне надо отдохнуть. С другой стороны, я надеюсь, что Вы найдёте возможность оставить в меня в Сиане ещё на день-два, так как, во-первых, мне надо будет отдохнуть от перелётов, а во-вторых, я бы очень хотела воспользоваться этим случаем и увидеть знаменитый Музей терракотовых фигур. Я раньше никогда не бывала в Сиане и хотела бы не потерять эту возможность. Надеюсь, эта просьба Вас не очень обременит.*

*С уважением и до встречи,*

*Ирина Ивановна Свердлова,*

*Проректор по международным связям*

*Государственного Московского технического института*

*тел. (495) 330-22-68*

*факс (495) 330-32-23*

Правилами электронной переписки определяется объем делового письма: оно должно быть в два раза короче, чем письмо, написанное на бумаге. Если необходимо переслать важную информацию, содержащую значительный объем, принято составлять краткий сопроводительный текст в электронном письме, а саму информацию оформлять в виде вложения. При этом в тексте письма указывается наличие дополнительных документов и материалов. Например:

*Образец договора в приложенном файле.*

*Дополнительные (конкретные) материалы в приложенных файлах.*

*Высылаю Вам анкету по преподаванию русского языка.*

*Высылаем Вам новый вариант договора.*

*Высылаем Вам информационное письмо.*

*Детальные сведения о проекте можно найти на соответствующей странице нашего сайта.*

*Заявки на участие принимаются до 14 февраля 2017 по ССЫЛКЕ.*

*Информационное письмо Вы можете скачать, используя следующий ЛИНК.*

При частной неформальной переписке по электронной почте допускается использование смайлов. Речь идёт об использовании схематического изображения человеческого лица для передачи эмоций в электронных текстах. Они призваны оживить сухой и краткий язык E-mail.

Сюда входят смайлы (улыбки, смешинки) и акронимы (слова, сформированные из первых букв словосочетания). Разумеется, это касается только личностной коммуникации и вряд ли применимо при серьёзной и ответственной переписке, затрагивающей важные деловые проблемы. Акронимы встречаются намного чаще при деловой корреспонденции, чем смайлы. Более того, они в ходу не только в электронных письмах, но и в обычной переписке. Ниже приводятся несколько наиболее распространённых акронимов:

- ASAP (As soon as possible) – как можно скорее;
- MSG (Message) – послание;
- JIC (Just in case) – при случае;
- CUL (See you later) – встретимся позднее;
- FAQ (Frequently asked question) – часто задаваемый вопрос;
- IMHO (In my humble opinion) – по моему скромному мнению;
- BTW (By the way) – между прочим;
- <g> (Grin) – усмешка. Ухмылка;
- BRB (Be right back) – немедленно возвращайся;
- GTG (Got to go) – готов идти;
- LOL (Laugh out loud) – заслуживает громкого смеха;
- WTG (Way to go) – куда идти, направление;
- OIC (Oh, I see) – мне все понятно;
- TTUL (Talk to you later) – поговорю с тобой позднее.

Современные документоведы серьёзно относятся к переписке по электронной почте. Они рассматривают её как наиболее перспективную из принятых сегодня на вооружение способов коммуникации и прогнозируют неуклонный её рост в будущем. Это обусловлено скоростью при передаче информации и простотой операции при её использовании. Однако многие деловые письма не «укладываются» в рамки электронной почты, их путь к адресату лежит через традиционную почтовую связь либо по факсу. Например, претензионное письмо, когда требуется обстоятельно и подробно изложить суть жалобы, лучше отправить в «старом» классическом формате. В данном случае (а их в деловой практике бывает немало) требует не скорость, а убедительная аргументация, подробное изложение фактов. Кроме того, нередко при подготовке корреспонденции (например, первичной, информационной) на переднем плане стоит форма, ритуал. Письмо играет роль визитной карточки, и его требуется изложить на официальном бланке компании с привлечением всех предусмотренных реквизитов.

Электронная почта весьма прозрачна, и при желании с содержанием ваших писем может ознакомиться любой, чей компьютер подсоединён к Сети. Поэтому они предлагают воздерживаться от передачи документов, содержащих коммерческую тайну, конфиденциальную информацию по E-mail. Для пересылки и согласования контактов, коммерческих сделок лучше использовать проверенные надёжные каналы связи.

При электронной переписке, как и при обычной, необходимо оставаться на уровне бизнеса, деловых отношений. Будьте точным, аккуратным в формулировках, выражениях и т. д. При всей простоте E-mail для бизнесмена остаётся средством официальной переписки. Надо следить за грамотностью, грамматикой, орфографией. При всей скорости переписки надо избегать ошибок. Они могут не только отрицательно повлиять на формирование имиджа фирмы, но и навредить отношениям с партнёром или клиентом.

Западные документоведы рекомендуют не заменять телефонные разговоры электронной перепиской. Учитывая скорости E-mail, такое желание появляется постоянно, т. к. телефонные переговоры и электронная почта не могут заменить друг друга, а при умелом использовании дополняют и помогают друг другу. И ещё один подводный риф, встречающийся при переписке по E-mail. Поступающая от адресата информация не всегда приятна, а порой, вызывая отрицательные эмоции, толкает на резкость, желание ответить «как надо». Лучше оставить не понравившееся послание без ответа, чем отреагировать на него возмущённым и невежливым письмом.

**Внимание!**

电子邮件内容和纸质信函没有差别，但是格式上具有特点，这与电脑使用有关，比如发信人信息写在信件最后。电子邮件必须在收到后 24 小时内回复，回答不一定详细，只要确认收到即可。电子邮件不能代替纸质函件和电话，是二者的重要补充。

## Задания и упражнения

### Упражнение 1. Прочитайте деловые письма и определите тип письма и основное содержание.

**Текст 1**

**Уважаемый проф. Ли!**

Не могу не обратиться к Вам за помощью. Знаю, что сейчас Вы очень заняты, но мне нужны новые материалы по теме, которой Вы занимаетесь уже долгое время. Особенно мне интересны статьи современных китайских исследователей. Если у Вас будет время и возможность, то пришлите мне ссылки. Я постараюсь сам их найти.

Заранее благодарен.

Н.И. Степашин

**Текст 2**

**Уважаемая Елена Петровна!**

Простите, что не смог встретить Вас на вокзале, как мы планировали. У нас внезапно назначили собрание, на котором нужно было присутствовать всем сотрудникам. Надеюсь, что Вас встретил мой хороший друг и Вы приятно провели время.

Б.Б. Синица

### Упражнение 2. Составьте письма в соответствии с указанным содержанием.

1. Фирма «Сибирь» продаёт частным и государственным предприятиям персональные компьютеры по договорной цене.
2. Составьте письмо-приглашение организационного комитета «Экспоцентр» с предложением посетить международную специализированную выставку «Топливно-энергетические ресурсы». Выставка проходит в павильоне выставочного комплекса на Красной Пресне.
3. Составьте письмо-ответ типографии издательства «Наука» о возможности выполнить заказ на изготовление бланков учёта и отчётности.
4. Составьте письмо-отказ Авиакомпании «Хайнаньские авиалинии» (Китай) на осуществление пассажирских перевозок по маршруту Пекин-Иркутск-Пекин. Укажите причину отказа.
5. Составьте письмо-просьбу туристического центра «Восток» в комитет по внешнеэкономической деятельности администрации области с просьбой выдать лицензию на обслуживание туристов из КНР.

# Научный стиль

термин 术语

монография 专著

реферат 摘要性报告

доклад 报告

курсовая работа 课程论文

выпускная квалификационная работа (ВКР) 本科毕业论文

диссертация （研究生）毕业论文

аннотация 摘要

профиль (научной работы) 学科门类

узкоспециальная лексика 专业性很强的词汇

интернациональная лексика 国际通用词汇

синтаксическая компрессия 句法紧缩

цитата 引语

ссылка 援引、注释

титульный лист 扉页、封里

интервал 行距

кегль 字体

рубрика 栏目

приложение 附录、附件

библиографическое описание 图书索引

таблица 表、表格

график 曲线表，进度表

схема 示意图

диаграмма 图示

## Предтекстовые задания и упражнения

**Задание 1. Ответьте на вопросы.**

1. *Какую сферу общественной деятельности обслуживает научный стиль речи?*
2. *Каковы формы существования научной речи? В чем преимущества письменной формы?*
3. *Что такое термины? Приведите примеры терминологической лексики.*

**Задание 2. Прочитайте высказывания акад. Д.С. Лихачёва о научном стиле. Какие особенности научной речи выделены в данных высказываниях?**

*Требования к языку научной работы резко отличаются от требований к языку художественной литературы.*

*Хороший язык научной работы не замечается читателем. Читатель должен замечать только мысль, но не язык, каким мысль выражена.*

*Главное достояние научного языка – ясность.*

*Другое достоинство научного языка – лёгкость, краткость, свобода переходов от предложения к предложению, простота.*

*Метафоры и разные образы в языке научной работы допустимы только в случаях необходимости поставить логический акцент на какой-нибудь мысли.*

*Придаточных предложений должно быть мало. Фразы должны быть короткие, переход от одной фразы к другой – логическим и естественным, «незамеченным».*

*Следует поменьше употреблять местоимения, заставляющие думать, к чему они относятся, что ими заменено.*

## 10.1. Особенности научного стиля

Научный стиль – это система речевых средств, обслуживающих сферу науки. В России научный стиль речи начал складываться в первые десятилетия XVIII века в связи с созданием авторами научных книг и переводчиками русской научной терминологии. Значительная роль в формировании и совершенствовании научного стиля принадлежала М.В. Ломоносову и его ученикам (вторая полов. XVIII века), окончательно научный стиль сложился к концу XIX века.

Главные черты научного стиля: отвлечённость и обобщённость, подчёркнутая логичность, терминологичность.

Второстепенные черты: смысловая точность, однозначность, объективность, стандартность, краткость, ясность, строгость, безличность и др.

Научный стиль имеет ряд общих черт, общих условий функционирования и языковых особенностей, проявляющихся независимо от характера наук (естественных, точных, гуманитарных) и жанровых различий (монография, научная статья, доклад, учебник и т.д.), что даёт возможность говорить о специфике стиля в целом. К таким общим чертам относятся:

1) предварительное обдумывание высказывания;

2) монологический характер высказывания;

3) строгий отбор языковых средств;

4) тяготение к нормированной речи.

Выделяется три подстиля: собственно-научный (монографии, статьи, диссертации, выступления в научных диспутах, научные доклады), научно-учебный (учебники, лекции), научно-популярный (научно-популярные сообщения, статьи, очерки).

Сфера применения научного стиля очень широка. Это один из стилей, оказывающий сильное и разностороннее влияние на литературный язык. Совершающаяся на наших глазах научно-техническая революция вводит во всеобщее употребление огромное количество терминов. *Компьютер, дисплей, экология, стратосфера, солнечный ветер* – эти и многие другие термины перешли со страниц специальных изданий в повседневный обиход. Если раньше толковые словари составлялись на основе языка художественной литературы и в меньшей степени – публицистики, то сейчас описание развитых языков мира невозможно без учёта научного стиля и его роли в жизни общества. Достаточно сказать, что из 600 000 слов авторитетнейшего английского словаря Уэбстера (Вебстера) 500 000 составляет специальная лексика.

Исконная форма существования научной речи – письменная.

Конечно, и устная форма тоже часто используется в научном общении, но эта форма в научном общении вторична: научное произведение чаще сначала пишут, отрабатывая адекватную форму передачи научной информации, а потом уже в тех или иных вариантах (в докладе, лекции, выступлении) воспроизводят в устной речи.

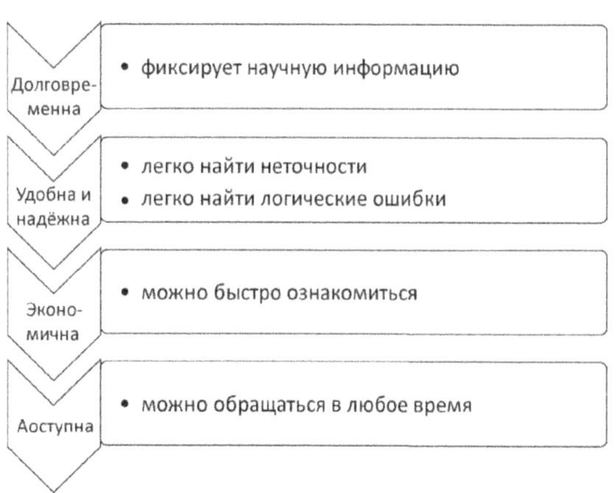


**Схема 19. Особенности письменной речи**

### 10.1.1. Лексические черты научного стиля речи

1. Широко употребляются слова с абстрактным значением: *закон, число, предел, свойство, функция, диспозиция, секвестр*. Слова бытового характера также приобретают в научном тексте обобщённое, часто терминологическое значение: *муфта, стакан, трубка* и многие другие.

2. Активно используются отглагольные существительные со значением действия: *переработка, приземление, использование*.

3. Характерной чертой научного стиля является его высокая насыщенность терминами. Каждая отрасль науки располагает своей системой терминов.

**Термин** – это слово или словосочетание, являющееся названием понятия какой-либо сферы производства, науки, искусства. В терминологии каждой науки можно выделить несколько уровней в зависимости от сферы употребления и от характера содержания понятия.

Обобщённые понятия: *система, функция, структура, значение, элемент, процесс, множество, часть, величина, условие, движение, свойство, скорость, результат, количество, качество.* Они составляют общий понятийный фонд науки в целом.

Общие понятия для ряда смежных наук: *вакуум, вектор, генератор, интеграл, матрица, нейрон, ордината, радикал, термический, электролит* и пр.

Узкоспециальные понятия: *фонема, морфема, флексия, лексема, дериват и др.* лингвистические термины.

4. Для языка науки характерно использование заимствованных и интернациональных моделей (*макро-, микро-, метр, интер-, граф* и т.д.): *макромир, интерком, полиграф.*

5. В научном стиле частотны существительные и прилагательные с определённым типом лексического значения и морфологическими характеристиками. В их числе:

а) существительные, выражающие понятие признака, состояния, изменения на *-ние, -ость, -ство, -ие, -ция (построение, частотность, кульминация, свойство, инерция);*

б) существительные на -тель, обозначающие инструмент, орудие, производителя действия (*землеустроитель*);

в) прилагательные с суффиксом *-ист(ый)* в значении «содержащий в малом количестве определённую примесь» (*глинистый, песчанистый*).

6. Слова употребляются в прямых значениях, отсутствует образность (метафоры, метонимии, междометия, восклицательные частицы).

7. Часто используются лексические средства, указывающие на связь и последовательность мыслей: *сначала, прежде всего, во-первых, следовательно, наоборот, потому что, поэтому.*

### 10.1.2. Грамматические особенности научного стиля речи

Отвлечённость научного стиля речи проявляется и **на морфологическом уровне** – в выборе форм частей речи.

1. Специфично употребляется в научном стиле глагол. В научных текстах часто используются глаголы несовершенного вида. От них образуются формы настоящего времени, которые имеют вневременное обобщённое значение (например: *в данной отрасли используется это соединение*). Глаголы совершенного вида употребляются значительно реже, часто в устойчивых оборотах (*рассмотрим…; докажем, что…; сделаем выводы; покажем на примерах* и т.п.). По наблюдениям учёных, процент глаголов настоящего времени в три раза превышает процент форм прошедшего времени, составляя 67 - 85 % от всех глагольных форм.

2. В научном стиле часто используются возвратные глаголы (с суффиксом -ся) в страдательном (пассивном) значении. Частота употребления пассивной формы глагола объясняется тем, что при описании научного явления внимание сосредоточивается на нем самом, а не на производителе действия:

*В современной социологии норма определяется как средство регулирования деятельности общества в целом.*

*В этом смысле норма понимается как закон деятельности, правило.*

3. Большое распространение в научных текстах имеют краткие страдательные причастия, например:

*Теорема доказана.*

*Предложение составлено верно.*

4. В научной речи чаще, чем в других стилях речи, употребляются краткие прилагательные, например:

*Многообразны и неоднозначны функции этих элементов.*

5. Своеобразно проявляется в языке науки категория лица: значение лица обычно является ослабленным, неопределённым, обобщённым.

*В результате анализа установлено, что …*

*Как показывает исследование, …*

В научной речи не принято употреблять местоимение 1-го лица ед. ч. Его заменяют местоимением мы (авторское мы). Принято считать, что употребление местоимения мы создаёт атмосферу авторской скромности и объективности:

*Мы исследовали … и пришли к выводу… (вместо: я исследовал и пришёл к выводу…).*

6. В научной речи часто встречаются формы множественного числа существительных, которые в других типах речи не встречаются:

а) сорт или вид вещественных существительных (*глины, стали, смолы, спирта, масла, нефти, чаи*);

б) некоторые отвлечённые понятия (*мощности, ёмкости, математические преобразования, культуры*) и понятия, выражающие количественные показатели (*глубины, длины, теплоты*);

в) отряды и семейства животного и растительного мира (*парнокопытные, хищники*).

**На синтаксическом уровне** научный стиль речи имеет следующие особенности:

1. Стремление к синтаксической компрессии, к сжатию, увеличению объёма информации при сокращении объёма текста. Поэтому для него характерны словосочетания имён существительных, в которых в функции определения выступает родительный падеж имени (*обмен веществ, коробка передач, прибор для монтажа*).

2. Употребление именного сказуемого (а не глагольного), что способствует созданию именного характера текста. Например:

*Сбережение – часть располагаемого дохода, которая не израсходована на конечное потребление товаров и услуг.*

*Акция – это ценная бумага.*

3. Широкое употребление предложений с краткими причастиями:

*Этот метод может быть использован при производстве наукоёмкого оборудования.*

4. Вопросительные предложения выполняют в научной речи специфические функции, связанные со стремлением пишущего привлечь внимание к излагаемому.

*В чем же состоят преимущества использования пластиковых карт?*

*Что же представляет собой бессознательное?*

5. Частотность безличных предложений разных типов, поскольку в современной научной речи личная манера изложения уступила место безличной.

*Можно сказать, происходит негласный конкурс проектов будущего социального переустройства.*

*Современному человеку это легко понять на модели перехода к рынку.*

6. Определение причинно-следственных отношений между явлениями, поэтому в них преобладают сложные предложения с различными типами союзов (*несмотря на то что, ввиду того что, потому что, вследствие того что, тогда как, между тем как, в то время как и др.*).

7. Использование вводных слов и словосочетаний, содержащих указание на источник сообщения (*по нашему мнению, по убеждению, по понятию, по сведению, по сообщению, с точки зрения, согласно гипотезе, определению и др.*). Например:

*Ответ, по мнению автора, всегда опережает свою истинную причину – цель, а не следует за внешним стимулом.*

8. Композиционная связанность изложения. Взаимосвязанность отдельных частей научного высказывания достигается при помощи определённых связующих слов, наречий, наречных выражений и других частей речи, а также сочетаний слов:*так, таким образом, поэтому, теперь, итак, кроме того, кроме, к тому же, также, тем не менее, еще, все же, между тем, помимо, сверх того, однако, несмотря на, прежде всего, в первую очередь, сначала, в заключение, в конце концов, следовательно.*

9. Часто используются цитаты и ссылки.

*Писарев полагал даже, что благодаря этому Россия может узнать и оценить Канта гораздо точнее, чем Западная Европа.*

*О.Д. Митрофанова в работе «Язык научно-технической литературы»* (*М.: Изд-во МГУ, 1973. С. 30, 31) отмечает однообразие, однородность лексики научного стиля, что приводит к увеличению объёма научного текста за счёт многократного повторения одних и тех же слов.*

10. Использование особых конструкций и оборотов для связи фрагментов текста, без которых научная речь становится отрывистой, скачкообразной.

*Теперь перейдём к вопросу о…*

*Наконец, можно ещё отметить постоянную связь…*

*Приведём ещё пример…*

*Постараемся теперь объяснить…*

*Остановимся на…*

*Далее отметим…*

*Итак, данные исследования показывают, что …*

11. Некоторые словесные сочетания используются в научном стиле особенно часто и поэтому приобретают свойства оборотов-клише:

*анализ данных показывает;*
*рассмотреть проблему;*
*на основании приведённых фактов;*
*из сказанного следует;*
*предварительные исследования показали, что…;*
*следует заметить (отметить), что …;*
*Наши результаты подтверждают и дополняют прошлые выводы о…;*
*Целью исследований являлось… и т.п.*

Внимание!

科学语体是服务于科学领域活动的言语系统，使用面很广，其主要特点是：抽象性、概括性、高度的逻辑性和术语性。这就决定了科技语体的准确性、客观性、程式化、严谨性等等。科技语体分有纯科学、教学和科普三个分语体。

科技语体的词汇特点有：1）大量使用具有抽象意义的词；2）大量使用动名词；3）大量使用术语；4）使用外来语；5）使用具有类型词义的名词和形容词；6）词汇常用于直义；7）广泛使用表示逻辑次序和联系的词汇手段。

科技语体的词法特征有：1）经常使用未完成体动词；2）使用反身动词；使用被动形动词短尾；4）经常使用短尾形容词；5）人称弱化，具有概括和不确定特征；6）经常使用名词复数形式。

科技语体的句法特征有：1）连续使用二格结构；2）使用静词谓语；3）广泛使用形动词短尾句；4）使用设问句；5）使用无人称句；6）较多使用表示因果意义的主从复合句；7）较多使用插入结构；8）结构联系紧密；9）广泛使用引语和注释；10）普遍使用内容联系结构；11）使用套语。

## Задания и упражнения

### Упражнение 1. Выделите глаголы, актуальные для научного стиля. Составьте с ними словосочетания.

Преобладать, включать, выделять, заключать, записывать, написать, развивать, впихнуть, содержаться, реализоваться, рассмотреть, представлять, сравнивать, умолять.

### Упражнение 2. Подберите к данным существительным синонимы и составьте с ними предложения:

языковед, область, отрасль, учение, концепция.

### Упражнение 3. Прочитайте предложения, определите, какие относятся к научному стилю. Объясните свой выбор.

1. Я изучил литературу по теме исследования.

2. В ходе анализа фактического материала выделены следующие структурные элементы.
3. Работа над статьёй не терпит торопыг.
4. В лингвистике под речью понимают конкретное говорение, протекающее во времени и облечённое в звуковую форму.
5. В настоящее время наблюдается взаимодействие устной и письменной речи, поскольку устная речь нередко опирается на письменную.
6. Я провёл анализ материала и понял, что в процессе развития произошли существенные изменения.
7. Нам нравится заниматься не только прекрасным русским языком, но и изучать теорию языка.
8. В своей монографии В.В. Виноградов выделяет основные признаки слова.

## 10.2. Тесты научного стиля

В процессе обучения мы сталкиваемся с необходимостью написания различных научных работ. К ним относятся 1) конспекты; 2) рефераты; 3) доклады и аннотации; 4) курсовые работы; 5) дипломные работы; 6) диссертации.

**Конспект** – это краткое изложение прочитанного научного произведения. Самое важное в конспекте – найти верное соотношение между цитированием и передачей мысли автора своими словами.

**Реферат** – это краткое описание научной проблемы, своеобразный обзор литературы по данной теме. Реферат должен содержать анализ научных текстов, не должно быть сплошного цитирования. Цель реферата – «уметь схватить новое и существенное в сочинениях» (М.В. Ломоносов).

**Аннотация** представляет собой краткое изложение содержания научного произведения. Её можно обнаружить в любой книге на обороте титульного листа. Основными требованиями, предъявляемыми к аннотации, являются её краткость и информативность.

Аннотация к статье «Образы китайской культуры в названиях китайских рек» следующая:

*Этимологический анализ китайских гидронимов, опирающийся на данные различных справочников и словарей, показывает, что в названиях китайских рек отражается история и культура китайского народа, в которой тесно переплетаются визуальные образы рек (чёрный, жёлтый, дракон, большая вода), их географическое положение, названия уездов, округов и народностей, а также важные исторические события древней и современной истории Китая.*

### Языковые средства выражения в текстах научного стиля

**1. Тема и название**

*Статья называется, носит название, озаглавлена…*

*Тема статьи…*

*Данная дипломная работа посвящена теме…*

*Статья написана на тему о…*

*В статье говорится о…*

*Автор статьи рассказывает о…*

**2. Проблематика**

*В статье рассматривается, ставится вопрос о том, что…*
*В статье автор касается вопросов о…*
*В выпускной работе затрагивается, ставится, освещается вопрос о…*
*Автор говорит о проблемах…*
*Авторы останавливаются на следующих вопросах (проблемах)…*

**3. Композиция (структура)**

*Исследование делится на…, состоит из…, начинается с…*
*В статье можно выделить вступление, основную часть и заключение.*
*Во вступительной (первой) части статьи (исследования) говорится о…, ставится вопрос о том, что….*
*В основной части даётся описание…, даётся анализ, излагается точка зрения на…, даётся характеристика (чего).*
*В заключительной части, в заключении подводятся итоги исследования; делается вывод, обобщается сказанное выше; даётся оценка (чему).*

**4. Сравнение различных точек зрения**

*Существует несколько точек зрения по данной проблеме.*
*Одна из точек зрения заключается в том, что…; вторая точка зрения противостоит первой.*
*Если первая утверждает, что…, то вторая отрицает это. Третья точка зрения высказана (кем) в статье (какой)…*
*Мы разделяем третью точку зрения, приведённую здесь. С этой позиции мы попытаемся рассмотреть реферируемую статью.*

**5. Сообщение о наличии основной информации в авторском тексте**

*В исследовании называется, описывается, анализируется, рассматривается, разбирается, доказывается, раскрывается, утверждается, подтверждается (что).*
*В работе дан анализ, даётся характеристика, приводятся доказательства (чего).*
*В работе проводятся сравнения, сопоставления (чего, с чем); проводится противопоставление (чего, чему).*

**6. Основание для доказательства, утверждения, соответствия или противоречия**

*Это доказывает, подтверждает то, что…*
*Это соответствует, противоречит тому, что…*
*На этом основании автор считает, утверждает, доказывает, что…*

**7. Описание основного содержания текста**

*В исследовании высказывается мнение о том, что…; представлена, высказана, отражена точка зрения (на что); доказано, что…*
*В работе имеются ценные сведения, важные неопубликованные данные (о чем), убедительные доказательства (чего).*

**8. Включение дополнительной информации в авторский текст**

*Важно отметить, что…*
*Необходимо подчеркнуть, что…*
*Надо сказать, что…*

**9. Сообщение о согласии или несогласии**

а) Согласие: *Мы разделяем мнение автора статьи по вопросу о том, что…; стоим на сходной с ним точке зрения на то, что…; согласны с ним в том, что…*
*Нельзя не согласиться с тем, что…; нельзя не признать того, что…; нельзя не отметить того, что…*

б) Несогласие: *Хотелось бы возразить (кому, на что)*
*Хотелось бы выразить сомнение (по поводу чего)…*
*Хочется возразить автору по вопросу о…*
*Мы стоим на противоположной точке зрения по вопросу о том, что…*
*Мы не разделяем мнения автора о том, что…*
*Мы расходимся с автором во взглядах на вопрос о том, что…*
*Сомнительно, что…*
*Непонятно (что, почему, как).*

**10. Оценка**

а) Элементы положительной оценки:
*Автор подробно описывает, рассматривает, характеризует (что); останавливается (на чем).*

б) Элементы отрицательной оценки:
*Необходимо отметить следующие недостатки: …*
*(Что) представляется недосказанным, малоубедительным, сомнительным, непонятным.*

**11. Адресат статьи (книги)**

*Статья (книга) адресована специалистам /неспециалистам, широкому кругу читателей.*

**12. Включение иллюстративного материала**

*Автор приводит факты, цифры, данные, иллюстрирующие и подтверждающие основные положения статьи.*

Внимание!

我们学习过程中应用到的科学文本有：1）读书笔记；2）缩本；3）报告和摘要；4）课程论文；5）本科毕业论文；6）研究生论文。

## Задания и упражнения

**Упражнение 1. Прочитайте данную статью. Выделите ключевые словосочетания. Составьте аннотацию (не более 500 знаков).**

### Запретный город

Гугун – «дворец старых (бывших) правителей». Так после падения монархии в Китае в 1911 году стали называть главный дворцовый комплекс китайских императоров с XV по начало XX века. Находится в центре Пекина. 10 октября 1925 года в бывшем императорском дворце был создан соответственно названный музей.

Самый обширный дворцовый комплекс в мире, занимает 720 тыс. кв. м. Территория Запретного города в плане представляет собой квадрат. Окружён стеной длиной 3400 м и рвом с водой, который называется «Золотая вода». Отсюда Поднебесной правили 24 императора династий Мин и Цин.

Императорский комплекс был отрезан от остальной территории Пекина рвами и пурпурно-красными стенами. Именно поэтому иногда его называют Пурпурным городом. Только император и его приближенные имели право здесь находиться, а для простых смертных эта часть Пекина была недоступна. Императорский двор, насчитывавший несколько тысяч чиновников, охранников, наложниц и рабынь, а также евнухов, представлял собой маленькое государство в государстве – с особенной иерархией, законами, судом и финансами.

Запретный город был выстроен в 1420 году, когда император Чжу Ди из династии Мин перенёс столицу страны из Нанкина в Пекин. После этого был возведён дворцовый ансамбль, соответствовавший величию имперской власти. В 1644 году династия Мин была свергнута маньчжурами, и город был разграблен. Но правители-маньчжуры, пришедшие к власти под именем династии Цин, восстановили его в прежнем виде. В Цинскую эпоху многие императоры наведывались в Запретный город только для формальных приёмов, проводя большую часть времени за городом, в Летнем дворце или дворце Юаньминъюань.

Комплекс окружён широкими рвами и стенами высотой 10 м. Они так широки, что там свободно могут разъехаться две повозки. Мощь этих стен подчёркивается изяществом четырёх угловых башен, имеющих замысловатую форму. За ними симметрично расположены дворцы, ворота, внутренние дворы, ручьи и сады.

Старинные китайские здания отличались рядом специфических архитектурных черт: они были приземистыми, с массивными стенами и огромными многоярусными крышами, с рельефно выраженными, загнутыми карнизами. Крыши и ворота, покрытые цветной глазурованной черепицей и барельефами, а также многими надписями, придавали зданиям праздничный и парадный вид. В таком же стиле был выстроен и дворцовый ансамбль Гугун, напоминавший небольшой город.

Дворцовый комплекс насчитывает 8707 комнат, в которых жили император и его женщины (мать, жены и наложницы), также бесчисленные слуги и множество евнухов. Легенда такова. Первоначально планировали построить дворец с 10 тысячами комнат. Но только в самом дворце богов насчитывается 10 тысяч комнат. Тогда было решено построить 9999 с половиной комнат и таким образом сохранить в неприкосновенности авторитет и Неба, и императора.

Внутрь комплекса Запретный город можно попасть через одни из четырёх ворот: на севере – Ворота военной доблести (Шэньумэнь); на юге – Полуденные ворота (Умэнь); на западе – Западные цветочные ворота (Сихуамэнь); на востоке – Восточные цветочные ворота (Дунхуамэнь). Комплекс разделён на Внутренний дворец и Внешний дворец.

Ворота Тяньаньмэнь, или Ворота Небесного Спокойствия – основной вход в императорскую резиденцию с главной площади современного Пекина Тяньаньмэнь, на которой ещё в начале XX столетия разрешалось находиться лишь немногим высокопоставленным чиновникам (обязательно в парадном одеянии) и иностранным дипломатам. Ворота имеют величественную надвратную башню с двухкарнизной крышей, покрытой глазурованной черепицей. Перед воротами Тяньаньмэнь возвышаются две монументальные триумфальные колонны (хуабяо), высеченные из белого камня. Основания колонн имеют форму восьмиугольника, сами колонны украшены искусной резьбой, изображающей летящих драконов, облака и каких-то мифических животных. Эти ворота ведут к воротам Умынь.

Полуденные ворота (Умэнь) – ворота собственно Гугуна. Они являются символом солнца и высшей императорской власти. Построены в 1420 году. Эти ворота славились своим пышным убранством и красотой. Их венчает величественная башня, возведённая на высоком десятиметровом цоколе, под двухъярусной крышей. За воротами Умынь открывается вид на большую площадь, окаймлённую дворцовыми зданиями.

Внутренняя река Золотой воды – канал «Яшмовый поясок», который расположен в центре площади за воротами Умынь. Берега канала облицованы белым мрамором. Через него перекинуты пять красивых мостиков с низкой каменной балюстрадой. Через средний мостик прямая, выложенная белыми плитами дорога ведёт к следующим воротам Тайхэмэнь, которые охраняет пара оскалившихся бронзовых львов. Львы, стерегущие входы во дворцы, выполняли символическую роль. Чем выше положение хозяина, тем свирепее вид зверей. Львы Запретного города были самыми грозными в Поднебесной империи.

Тронные палаты – три тронные палаты, являющиеся главными сооружениями Гугуна. Они расположены на общей для них трёхъярусной террасе высотой 7 м. Она облицована белым мрамором и обведена мраморными резными балюстрадами со стилизованными изображениями драконов, фениксов и плывущих облаков. Они являлись классическим образцом китайского национального стиля.

Эти покои призваны олицетворять непревзойдённый авторитет императора, они же служили местом императорских аудиенций. Примечательно и неслучайно, что в названиях всех трёх павильонов имеется иероглиф «хэ» – «мир», «гармония».

Тронная палата Высшей Гармонии – один огромный павильон, где проходили торжественные церемонии, отмечали праздники и дни рождения императора. Он восседал в глубине зала на высоком троне с эмблемой дракона. Тронная палата Высшей Гармонии является самым грандиозным сооружением в Запретном городе. Её высота 35 м, а площадь 2300 кв. м. Разделённая на 11 звеньев и поддерживаемая красными колоннами, эта палата протянулась с запада на восток на 63 м. Крышу палаты поддерживают 84 колонны диаметром в 1 м. Перед Тронной палатой Высшей Гармонии застыли в бронзе черепаха (символ долголетия) и журавль (символ мудрости), а рядом стоят большие медные треножники (символ императорского трона). Перед палатой Высшей Гармонии Тайхэдянь находится совершенно пустой двор. Площадь этого двора более 30000 кв. м. Всякий раз во время дворцовых церемоний в этом дворе выстраивались в строгом порядке ряды вооружённых стражников, в порядке субординации стояли на коленях лицом к северу гражданские и военные сановники. Из многочисленных треножников и курильниц поднимались дым благовоний, усиливая и без того таинственную атмосферу, окружавшую императора.

Тронная палата Полной Гармонии – зал, где император просматривал молитвы для жертвоприношений, обозревал зерно и земледельческие орудия, предназначенные для его церемониального землепашества.

Палата Сохранения Гармонии – зал для проведения государственных экзаменов на высшую учёную степень.

Гигантская каменная плита, покрытая барельефами – самое крупное и высокохудожественное произведение барельефного искусства в Запретном городе. Служит препятствием для проникновения злых духов. Стена была сооружена в 1417 году. Её длина 27 м, толщина – 1,2 м, а высота – 5 м. Вся стена выложена глазурованной плиткой и отличается высоким мастерством композиции и тонким подбором красок. Дракон – исключительно императорский символ власти. Узор составлен из 9 извивающихся драконов, каждый из которых держит в пасти большой жемчужный шар. Фоном танцующим драконам служат рельефные изображения гор, морей и облаков. Вес каменной плиты до её обработки превышал 300 тонн. Камень был доставлен ещё до окончания застройки императорской резиденции, так как иначе такой камень невозможно было бы перенести через многочисленные ворота дворца. Он насчитывает более 570 лет.

Императорский сад – сад невелик (130 м на 90 м), но очень живописен. Он засажен деревьями (вековыми кипарисами и соснами), декоративными кустарниками и яркими цветами, украшен статуями, каменными садами и живописными искусственными горками, прудами и водопадами, а также вольерами для содержания различных птиц и животных.

Внутренние (семейные) дворы – проникновение во внутренние покои строго запрещалось любому, даже князьям императорской крови, пройти могли лишь дежурный чиновник и лица, призванные к императорской аудиенции. На общей мраморной платформе стоят дворец Небесной чистоты, павильон Соединения и процветания и дворец Земного спокойствия.

Красные фонари в переулке Юнган – фонари в покоях императрицы и наложниц. При Минах перед входом в покои каждой из жён и наложниц вывешивались фонари из красного шёлка. Отсутствие фонаря говорило о том, что именно в покоях этой жены проводит ночь богдыхан. Евнух, совершавший ночной обход переулка Юнган, заметив по отсутствию фонаря, что выбор императором уже сделан, оповещал остальных наложниц о том, что они могут отправляться ко сну. При Цинах уже во время вечерней трапезы император решал, с какой женой или в одиночестве проведёт ночь.

С самого начала, после постройки, во дворцах была устроена система отопления, проведённая под полом жилых построек. Источники тепла находились за пределами построек, к которым были проведены подземные трубы, по которым и поступало тепло. Также в Запретном городе для обогрева использовали особые жаровни с древесным углём, не имевшем при горении дыма и запаха.

В Запретном городе для хранения продуктов и напитков применяли холодильники, охлаждаемые природным льдом, заготовленным с зимы. Лёд заготовляли на реке в самый холодный период зимы, его хранили в подземных погребах и по мере надобности доставляли в дворцовые помещения. Ещё в качестве холодильников использовали специальные деревянные лари с крышкой. В них хорошо сохранялись продукты, а холодный воздух через отверстия в крышке можно было использовать для охлаждения воздуха в помещении.

В 1933 году, во время японского вторжения в Китай, значительная часть коллекции музея (111 549 единиц хранения, включая императорские троны), была эвакуирована на юго-запад страны. Часть материалов, эвакуированных из Пекина во время войны (2972 ящика из 13427), была вывезена гоминьдановским правительством на Тайвань.

Источник: Великие шедевры архитектуры. 100 зданий, которые восхитили мир. Сост. А. Ю. Мудрова. – М.: Изд-во «Центрполиграф», 2014. – 319 с.

**Упражнение 2. Прочитайте некоторые высказывания Конфуция из книги «Беседы и суждения».**

На основе этих разрозненных высказываний составьте связный текст, в котором излагались бы основы конфуцианства. Вы можете менять порядок их в зависимости от смысла.

1. *Если любовью будут воспламенены сердца смертных, то весь свет будет наподобие одного семейства.*
2. *Мы должны любить других, как самих себя, следовательно, должны желать им всего того, чего себе желаем.*
3. *Лицемерие есть порок ненавистнейший.*
4. *Тот, кто прикрывается одной внешностью добродетели, походит на злодея, который днём показывается честным человеком, а ночью занимается похищением имущества ближнего.*
5. *Опасайся тех, которые учиняются скорей хвалителями добродетели, нежели её последователями.*
6. *Воздержание, простота в одеянии, приличество, изучение наук и искусств, отвращение к ласкателям, любовь к низшим, бескорыстие, благоразумие, постоянство, доброта – суть обязанности предписанные.*
7. *Учись наукам и изящным искусствам, пользуйся наставлениями мудрости.*
8. *Скупой, будучи сам в беспокойстве, делается для других предметом страшным и отвратительным.*
9. *Не давай чувствовать высокого твоего положения низшим, не покажи преимущества твоих заслуг равным.*
10. *Человек, не осознавший своё назначение, не может считаться великим человеком.*
11. *Мудрый ждёт все от самого себя, ничтожество – все от других.*
12. *Мудрец твёрд, но не упрям.*

## 10.3. Особенности оформления научных текстов

Обычно академические тексты на русском языке печатаются согласно соответствующему стандарту через полтора интервала, 1800 знаков на странице, включая пробелы и знаки препинания. Размер левого поля – 30 мм, правого – 10, верхнего и нижнего – по 20 мм, отступ абзаца – 1,25 см, кегль – 14.

Объектами внимания автора должны стать следующие составляющие структуры будущей работы: 1) титульный лист, 2) оглавление (содержание), 3) текст (введение, основная часть, заключение), 4) ссылки (сноски или примечания), 5) цитаты, 6) список литературы.

Структура работы должна быть чёткой, обоснованной таким образом, чтобы была видна логика решения проблемы.

Каждую новую главу следует начинать с новой страницы. Это же правило относится к другим основным структурным частям работы: оглавлению, введению, заключению, списку литературы, приложениям.

**Титульный лист** содержит:

1) полное название учебного заведения;

2) название кафедры, на которой выполнялась работа;
3) наименование вида работы, дисциплины и темы;
4) данные об исполнителе с указанием фамилии, имени, (отчества), института, номера студенческой группы;
5) указание должности лица, принявшего работу, его фамилии и инициалов;
6) год выполнения работы.

В **оглавлении** приводится перечень всех разделов и глав работы, рубрик и подрубрик, приложений с указанием номера страницы. Названия разделов, глав, рубрик, приложений в тексте и оглавлении должны совпадать. Для нумерации разделов используется простая иерархическая система на основе арабских цифр, например, аналогично тому, как пронумерованы рубрики данной книги. Первой страницей документа является титульный лист, на котором номер страницы не принято ставить.

Особенно тщательным образом регламентирована форма **введения** к работе. Практически всегда требуется обязательное отражение в нем следующих пунктов:
1) введение в тему (проблему) работы;
2) обоснование выбора темы, определение её актуальности и значимости для науки и практики;
3) обзор литературы по данной теме;
4) определение границ исследования (предмет, объект, хронологические и (или) географические рамки);
5) определение основной цели работы и подчинённых ей более частных задач;
6) краткое описание структуры работы.

**Пример введения курсовой (дипломной) работы**

*Культурология представляет собой ... (даётся определение понятия «культурология»). Главной проблемой культурологии является проблема определения понятия культуры. Существуют известные в истории попытки выработать искомое определение данного понятия. Анализ этих определений в соответствии с целями данной работы будет связан с тем, какие именно предметы входят в содержание того или иного понятия культуры и какой общий принцип лежит в основе предметного «распространения» культуры.*

*Актуальность выбранной темы обусловлена тем, что, с одной стороны, многие явления действительности, будучи подвергнуты анализу со стороны самых разных наук, остаются вне культурологического осмысления; с другой, в современной философской публицистике часто говорится о принадлежности к культуре тех или иных явлений, тогда как не существует пока метода, с помощью которого можно было бы с достаточной надёжностью проверить подобные утверждения.*

*Интерес к истории понятия культуры, попытки сопоставить различные определения культуры, перспективы исследования и тем самым дать целостное представление о «проблеме культуры» в культурологии характерны для авторов самых различных направлений...*

*Целью данной работы является раскрытие тех обстоятельств, которые способствуют или, наоборот, препятствуют формированию культурологии как самостоятельной науки.*

*В задачи работы входит 1) полная систематизация всех версий определения культуры; 2) определение нового, наиболее адекватного и универсального понятия культуры; 3) выяснение вопроса о том, насколько исследования в данной области соответствуют условиям формирования культурологии.*

*Работа состоит из введения, двух глав и заключения.*

*В первой главе даётся систематизация всех существующих версий определения понятия культуры, а также предпринимается попытка создания нового определения данного понятия.*

*Во второй главе рассматриваются…*

*В заключении подведены итоги исследования.*

*Список литературы по теме содержит 25 наименований.*

За введением следует **основная часть**, в которой следует выделять смысловые части (главы и параграфы).

Требуется, чтобы все разделы и подразделы были примерно соразмерны друг другу как по структурному делению, так и по объёму. В конце каждого раздела основной части необходимо дать краткие выводы.

В **заключении** необходимо суммировать все те выводы и научные достижения, которые были сделаны в работе, а также определить направления для дальнейших исследований в данной сфере.

Объем заключения, как правило, составляет примерно одну двадцатую часть общего объёма работы. Например:

*В данной работе был проведён анализ... В результате можно сделать следующие выводы.*

Особого внимания **требует список литературы**.

Каждая статья и книга должна быть соответствующим образом описана. В это описание должны входить: 1) фамилия и инициалы автора (если таковой имеется); 2) полное название книги (с подзаголовками, если они есть); 3) данные о числе томов (отдельно опубликованных частей, если таковые имеются); 4) после косой черты – данные о переводчике (если это перевод) или о редакторе (если книга написана группой авторов); 5) после тире (или без него) название города, в котором издана книга; 6) после двоеточия – название издательства, которое её выпустило; 7) после запятой – год издания; 8) количество страниц.

Например:

*Маслова В. А. Лингвокультурология: Учеб. пособие для студ. высш. учеб, заведений. – М, 2001. – 208 с.*

*Топоров В. Н. Миф. Ритуал. Символ. Образ: Исследования в области мифопоэтического. – М., 1995. – 624 с.*

*Шанский Н. М. Фразеология современного русского языка. – М.: Высш. шк., 1985. – 160 с.*

*Происхождение названий пятнадцати знаменитых китайских рек. – 12.01.2015.* （中国十五条著名江河名称之由来。2015 年 1 月 12 日） *[Электронный ресурс]. – Режим доступа: http://www.zhuayoukong.com/1165086.html.*

Для целого ряда городов, в которых издаётся особенно много книг, приняты специальные сокращения. Вот некоторые (основные) из них:

М. — Москва

n.y. — New York (Нью-Йорк)

P. — Paris (Париж)

СПб. — Санкт-Петербург

L. – London (Лондон)

В алфавитном списке все книги, располагаются по месту их первой буквы в кириллическом или латинском алфавите.

В академических работах не обойтись без цитат. На источник цитирования должны быть оформлены ссылки. Существует два способа оформления ссылок: сноски и примечания.

Сноски оформляются внизу страницы, на которой расположена цитата. Для этого в конце цитаты обычно ставится цифра, обозначающая порядковый номер цитаты. Все сноски и подстрочные пояснения печатаются через один интервал.

Внизу страницы под чертой, отделяющей сноску от текста, этот номер повторяется и за ним следуют: 1) автор; 2) название книги, из которой взята цитата; 3) город, где издана книга; 4) издательство; 5) год издания; 6) номер цитируемой страницы. Например:

*1. Введенская Л. А., Колесников Н. П. Этимология: Учебное пособие. – СПб.: Питер, 2004. – С. 22.*

Если текст цитируется не по первоисточнику, а по другому изданию или по иному документу, то ссылку следует начинать словами Цит. по: Виноградов П.Г. Указ. соч. С. 38.

Текст цитаты заключается в кавычки и приводится в той грамматической форме, в какой он дан в источнике, с сохранением особенностей авторского написания. Цитирование должно быть полным, без произвольного сокращения цитируемого фрагмента и без искажения смысла. Пропуск слов, предложений, абзацев при цитировании допускается, если не влечёт искажения смысла всего фрагмента, и обозначается многоточием, которое ставится на месте пропуска.

**Языковые правила оформления цитат**

Цитата как самостоятельное предложение (после точки, заканчивающей предшествующее предложение) должна начинаться с прописной (большой) буквы, даже если первое слово в источнике начинается со строчной (маленькой) буквы.

Например:

*М. Горький писал, что «в простоте слова – самая великая мудрость: пословицы и песни всегда кратки, а ума и чувства вложено в них на целые книги».*

*С точки зрения исторического тяготения и культурных предпочтений русская нация есть нация европейская: «...как русская литература, при всей своей оригинальности, есть одна из европейских литератур, так и сама Россия при всех своих особенностях есть одна из европейских наций» (Вл. Соловьёв).*

В цитатах сохраняются те же знаки препинания, что и в цитируемом источнике.

Если предложение цитируется не полностью, то вместо опущенного текста перед началом цитируемого предложения, или внутри него, или в конце ставится многоточие. Например:

*Вл. Соловьёв обращает внимание на эту сторону проблемы: «Сила и красота божественны, только не сами по себе... а если нераздельны с добром. Никто не поклоняется бессилию и безобразию; но одни признают силу и красоту, обусловленную добром... а другие возвеличивают силу и красоту, отвлечённо взятые и призрачные» (Вл. Соловьёв).*

*В этом отношении знаменательно восклицание Н. Гумилева: «Я не хочу, чтобы меня смешивали с другими – а это требует, чтобы и я сам не смешивал себя с другими!»*

**Работа с графическими материалами**

Необходимым элементом научных работ являются таблицы и иллюстративный материал: графики, схемы, диаграммы и т.д. Все таблицы, диаграммы и рисунки, размещённые в тексте научной работы или в приложении должны иметь номер, название и пояснения к условным знакам. Все иллюстрации нумеруются последовательно арабскими цифрами. Каждый должен сопровождаться содержательной подписью, которая располагается под рисунком в одну строку с номером. На рисунок обязательно должна быть ссылка в тексте, например: (см. рис. 3).

Если таблица является частью текста, ссылка на неё в тексте обязательна, читатель должен знать, когда и в связи с чем надлежит обратиться к таблице.

В тексте, анализирующем или комментирующем таблицу, необходимо не пересказывать её содержание, а формулировать основной вывод, к которому подводят табличные данные, или подчёркивать какую-нибудь их особенность. Например:

*Как показывают данные, представленные в таблице, в Китае в настоящее время увеличивается число студентов, изучающих русский язык. За последние 2 года увеличение составило более 30 процентов.*

Комментарий к таблице и анализ её в тексте должны отвечать фактическому и смысловому содержанию таблицы, не вступать в противоречие с ним.

Внимание!

俄语学位论文通常印刷格式：1.5 倍行距，每页 1800 字符（词、标点符号、空格），左边距 30 毫米，右边距 10 毫米，上下边距各 20 毫米，段前缩进 1,25 厘米。文章结构同汉语学术文章一致：1）封面；2）目录；3）正文；4）注释；5）引语；6）参考文献。论文每章和目录、引语、结语、参考文献、附录等的开头均另外起页。

封面内容：1）所在学校全称；2）所在教研室全称；3）研究方向、所属学科和标题；4）作者信息；5）指导教师信息（博士不需）；4）论文完成日期。

目录为论文各部分、章、节的标题清单。目录各条后均标有所在页码，页码用阿拉伯数字书写。与汉语学术论文格式不同的是第一页为封面页，不标页码，但计入页数。

引语内容：1）引言；2）选题依据、重要性、理论和实践意义；3）文献综述；4）研究范围；5）研究目的和任务；6）论文结构简述。

正文应该分章分节。各章节的结构和内容大致均衡。每部分后应有小结。

结语归纳全部结论和研究成果，提出进一步研究的方向。结语通常占总内容的二十分之一。

参考文献和注释格式严格细致，请见样本。

## Задания и упражнения

**Упражнение 1. Прочитайте предложения. Выделите черты, характерные для научного стиля.**

1. В самом древнем китайском словаре «Происхождение китайских иероглифов» («Шовэнь цзецзы») Хуанхэ называлась «Хэ» (река).

2. Диаграмма – графическое представление данных линейными отрезками или геометрическими фигурами, позволяющее быстро оценить соотношение нескольких величин.
3. Публицистика (от лат. publicus – общественный), род литературы и журналистики, рассматривающий современные проблемы, актуальные политические, экономические, социальные вопросы.
4. В результате анализа данных разных китайских источников и литературы представлена важность и значимость для развития территорий, находящихся вдоль Экономического пояса.
5. Подробный отчёт с диаграммами представлен в приложении.
6. Этот метод может быть использован при производстве электроники.
7. Научный стиль речи используется в ряде различных дисциплин и наук.
8. Как отмечают китайские специалисты, Экономический пояс Великого Шёлкового пути, являясь поясом трансгосударственного экономического развития, тесно связан с «транспортным экономическим коридором», «треугольником экономического роста» и «полюсами роста».

## Упражнение 2. Изучите диаграмму «Структура российской торговли с Китаем (2012 г.)». На основании данной диаграммы составьте текст о китайско-российском экспорте (импорте).

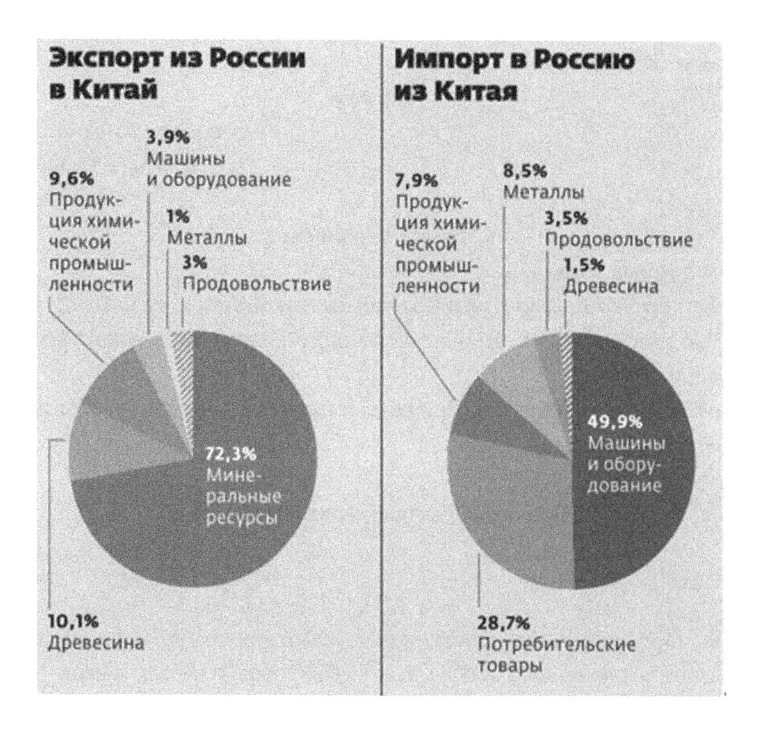


## Упражнение 4. Составьте презентацию на одну из следующих тем.

1. Особенность научного стиля русской речи.
2. Правила оформления научной работы.
3. Отличия научного стиля в русском и китайском языках.

# Приложение 1

## Обучение сочинению

### Тема: «Немного о себе»

***Хороший рассказ о себе – это такой рассказ, хотя бы одно слово из которого хочется запомнить.***

**Вопросы, на которые нужно ответить:**

Кто я? Какой я? Что мне интересно? Отчего мне хорошо? Отчего мне плохо? Чего я хочу? К чему стремлюсь? Что я ценю? Кого люблю?

**Эпиграф**

*В человеке все должно быть прекрасно:*
*и лицо, и одежда, и душа, и мысли.*
*А.П. Чехов*

**Структура сочинения**

1. Введение: первые годы жизни и семья.
2. Раскрытие черт характера при описании жизненных ситуаций. Факты, которые характеризуют Вас как личность. Необходимо определить себя: я как студент, я как сын (дочь), внук (внучка).
3. Итог. Своё мнение о себе, стремление менять, развивать, чтобы жить в гармонии с миром. Свои мечты и планы на будущее.

**Примерное начало сочинения о себе**

**(1)**

Среди миллионов людей нет одинаковых, каждый чем-то уникален, у каждого есть свои особенности. И я не исключение. Рассказывать о себе можно и много, и мало. Я хочу ...

**(2)**

Никто не станет спорить, что каждый человек с самого рождения наделён определёнными талантами. Некоторые уже с детства знают, к чему у них есть способности и желания. А другим для познания себя могут потребоваться годы. Наша жизнь и заключается в том, чтобы дать возможность пробудиться скрытым талантам и развернуться талантам явным. По моему убеждению, призвание – это зов природы, к которому нужно прислушиваться. Я могу твёрдо сказать, что нашла своё призвание, и в моей жизни есть восхитительные моменты вдохновения и счастья. Правда, для того, чтобы найти себя, мне пришлось пройти достаточно долгий и порой тернистый путь. Но об этом я совсем не жалею.

**(3)**

Обычно рассказ о себе начинают с момента рождения, но я сразу перейду к дате моего второго, профессионального рождения.

Все началось в 2008 году, когда я смотрела Олимпийские игры в Пекине.

**(4)**

Без ложной скромности могу сказать, что школа ничего не сделала для развития моего таланта. Факультет русского языка, куда я поступил, очень быстро показал, как мало я знаю о русском языке и о России, правда, подтвердил, что талант изучения иностранных языков не смотря ни на что жив.

## Примеры сочинений

### (1)
### Несколько слов о себе
### (образец)

В своём сочинении я бы хотела рассказать вам о себе и о своей дружной семье. Прежде всего, я хочу рассказать немного о себе. Меня зовут _____. Мне _____ лет. Я люблю захватывающие и фантастические книги.

Я учусь в _____. Я думаю, что я хорошая студентка. Я очень люблю свой университет. На наших занятиях мы изучаем много интересных, полезных, необходимых и важных в нашей жизни предметов, это не только русский язык, но и история, культура, литература России. Ещё у нас есть спортивные занятия и много дополнительных и факультативных предметов.

Сейчас я изучаю два иностранных языка: русский и _____. Больше всего я люблю русский язык. На уроках мы говорим по-русски, учим наизусть небольшие стихотворения и песни, задаём и отвечаем на вопросы, читаем и переводим с русского языка на китайский истории и статьи, связанные с жизнью и традициями наших сверстников в русскоговорящих странах. Мы узнаем много новой и занимательной информации на занятиях по русскому языку. Наши преподаватели хорошо объясняют изучаемый материал, и мы отлично понимаем их. Она_____. Она умеет заинтересовать нас и сделать наши занятия более красочными. В нашем университете есть волонтёрские организации, и мы с удовольствием участвуем в их работе. Также я занимаюсь в танцевальной школе и играю на пианино. У меня есть мечта стать прекрасным переводчиком, чтобы участвовать в развитии отношений между Китаем и Россией.

А теперь я хочу рассказать вам о моей дружной семье. Моя семья – это мои родители, две сестры и я (кто есть, напишите). Мы живём в красивом городе _____________. Я могу сказать, что моя семья небольшая, но мы очень любим друг друга. У каждого члена нашей семьи есть своё хобби, но мы не забываем о нашем главном хобби – проводить выходные вместе. Мы любим заниматься разными вещами в разное время года: собирать ягоды и грибы в лесу, плавать, бегать по утрам, играть в волейбол, кататься на коньках и лыжах. Мы отличная семья!

О себе и своей семье я могу ещё много написать, но самое главное – впереди у меня вся жизнь, и я мечтаю стать нужным и полезным человеком.

**(2)**

**Рассказ о себе**

Меня зовут Ван Ган, мне 18 лет, учусь в университете. Я живу в общежитии. У меня обычная внешность, глаза и волосы тёмные, лицо ничем не выделяется. Телосложение среднее, и рост тоже. Я вполне симпатичен внешне, хотя и не красавец.

Семья – это папа, мама и сестра, которая младше меня на два года. Учусь я средне, из предметов больше всего люблю историю, физкультуру и географию. У меня есть хобби: я обожаю настольные игры разных видов: с фигурами, фишками, картами и всем прочим. Я умею играть и в классические шашки и шахматы. Спортом я целенаправленно не занимаюсь, но люблю покрутиться с друзьями на турнике, на брусьях, позаниматься на тренажёрах.

Я общительная личность. Люблю знакомиться с новыми людьми, общаться в большой компании, участвовать в спорах. Среди моих друзей есть и одноклассники, и одногруппники. Я назвал бы себя доброжелательным человеком, часто я помогаю своим друзьям.

По характеру я внешне спокойный. Люблю подумать и помечать. Но это не значит, что я не могу сильно переживать. Просто я заметил, что если внутренне взволнован, то это не видно по моему поведению. Эту черту своего характера я хотел бы немного изменить. Ведь часто мои друзья и товарищи просто не замечают, что у меня какие-то неприятности, и не предлагают помочь.

Изредка я бываю вспыльчивым, если меня очень рассердят. Тогда я могу излить весь свой гнев на обидчика, так, что ему мало не покажется. Но потом я способен помириться, потому что незлопамятен.

Надеюсь, что в будущем найду себе дело по душе, у меня будет хорошая работа, большая зарплата и прекрасные коллеги.

## Тема: «Мой учитель (отец...)»

*В сочинении рассматривается роль учителя (отца) в жизни любого человека. Большое место в сочинении посвящено отношению к своему учителю (отцу), даётся характеристика учителя (отца) и его основным качествам. Повествуется о чувствах автора по отношению к учителю (отцу), о достоинствах, особенностях, его качествах характера, о добром отношении к людям, благодарности за его доброту и человечность.*

**Вопросы, на которые нужно ответить:**

Как зовут учителя (отца)? Как он выглядит? Какой у него характер? Чем он отличается от других? Почему Вы решили рассказать именно о нем? Как он повлиял на Вашу жизнь? Как и когда он помог Вам?

**Эпиграф**

*Учитель щедро учит нас тому,*
*Что очень нужно будет в жизни:*
*Терпенью, чтенью, счёту и письму,*
*И верности родной Отчизне.*

*В. Викторов*

**Структура сочинения**

1. Введение: интересные факты об учителе (отце).

2. Описание внешности и поведения учителя (отца) в разных жизненных ситуациях. Факты, которые представляют его как личность. Необходимо указать, как учитель (отец) повлиял на Вас (Ваш класс, Ваших друзей).

3. Итог. Хотите ли Вы быть похожим на учителя (отца).

**Примерное начало сочинения об учителе**

**(1)**

Учитель! Какое близкое и дорогое сердцу слово! Мы видим в учителе то прекрасное прямодушие, ту человечность, простоту и чуткость, которые присущи лучшим из лучших. Среди множества профессий, учитель всегда стоял и стоит на особом месте. Учитель вписывает в нашу биографию одну из первых страниц. Именно учителя, когда мы этого ещё даже не осознаём, учат нас разбираться в окружающем мире, в сложных человеческих взаимоотношениях, помогают овладевать профессией, дают путёвку в жизнь. И кем бы ни стал в жизни человек – врачом или инженером, музыкантом или учёным, – каждый с чувством благодарности вспоминает свою школу, своего первого учителя.

**(2)**

У меня нет отдельно любимого учителя. Для меня все учителя – любимые. Сложно выделить кого-то одного такого, который бы нравился больше, чем другие. Но к одному учителю у меня особое отношение.

**(3)**

В своём сочинении я хочу рассказать о своём любимом учителе. Конечно же, я люблю и уважаю всех своих преподавателей и учителей. Но я думаю, что у каждого ученика есть свой любимый учитель. И у меня, конечно, он тоже есть.

**(4)**

Профессия учитель была и остаётся самой почётной, но в то же время одной из самых тяжёлых. Я считаю, что учитель – это не профессия, а образ жизни, который ведёт человек с этим именем. Ведь учитель живёт тем, что каждый день он идёт на занятия, чтобы дать нам свои знания, чтобы учить нас.

**Примеры сочинений**

**(1)**

**Мой любимый учитель**

**(образец)**

___________ – прекрасный учитель и замечательный человек. Когда первый раз я увидел(а) её, я подумал(а), что она очень ___________, и скажу прямо, побаивался(ась) её. С каждый разом я стал(а) понимать, что вовсе она не злая, а всего лишь требовательная. ___________ для всех нас стала учителем строгим, требовательным, но добрым и понимающим.

Я очень полюбила её уроки, которые раньше мне казались скучными и нудными, ведь ___________ хорошо объясняет тему и даёт полезную информацию, которая нам пригодится. Она тщательно готовится к каждому уроку, придумывает необычные примеры и наглядные пособия. Я полюбила учительницу, привязалась к ней. На уроке мы могли отвлечься на другие темы, послушать её рассказы о жизни. ______________ всегда идёт к нам навстречу, помогает в любой ситуации, даёт полезные советы. ______________ никогда не оставит в беде. Моя учительница не имеет привычки насмехаться над учеником, выставлять в дурном свете перед классом. ______________ выслушает человека, проникнет душой в его чувства, поймёт. Именно за такие качества я люблю свою учительницу.

Пройдут долгие годы, а мы все будем помнить нашу добрую, требовательную и понимающую учительницу.

**(2)**

**Самый лучший человек на свете**

Мой папа – самый лучший на свете. Он умный, сильный и решительный человек.

Мой папа красивый. Он среднего роста, очень стройный и спортивный. Для удобства он носит короткую стрижку. Папа всегда одевается аккуратно, и так, чтобы было удобно.

Мой любимому папе ровно сорок лет. У него высшее образование. Сейчас он работает ведущим специалистом на предприятии. Часто он приходит с работы поздно и уставший. Тогда мы дома стараемся не шуметь, чтобы не мешать папе отдыхать.

У папы есть свои увлечения. Он хорошо водит машину. У него уже двадцать лет стажа водителя. Три года назад он заработал денег и купил себе джип. Теперь мы всей семьёй ездим на нем. На выходных и в отпуске папа едет на рыбалку, на шашлыки. Он берет с собой нас и своих друзей. Папа любит смотреть по телевизору передачи о рыбалке, про разные удочки и методы ловли.

Ещё мой папа замечательно готовит. Он умеет и очень любит готовить нам обеды. У папы мало времени на это, но когда он все-таки добирается до приготовления еды, получается так, что пальчики оближешь.

Мой папа – самый лучший, и я горжусь им. Всему, что у меня есть, я обязана своему любимому папе!

## Тема: «Один день из моей жизни»

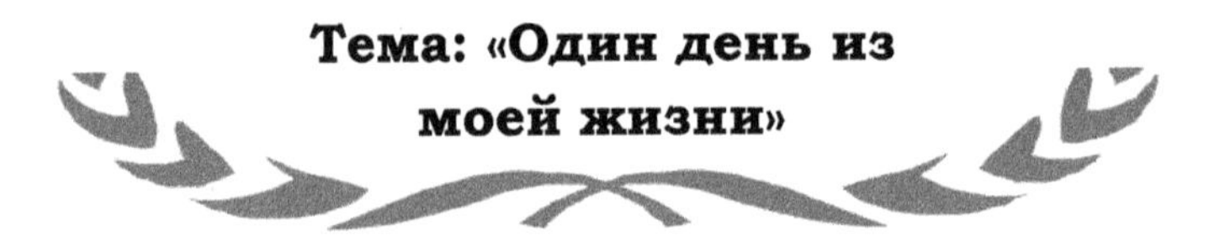

***Рассказ об одном из дней из жизни не должен быть банальным.***

**Вопросы, на которые нужно ответить:**

Где и когда проходил этот день? Почему Вы выбрали этот день? Что необычного случилось в этот день? Чем этот день отличался от других? Что нового Вы почувствовали, узнали, пережили?

**Эпиграф**

*Жизнь – не те дни, что прошли,*
*а те, что запомнились.*
*П.А.Павленко*

**Структура сочинения**

1. Введение: время и место действия.
2. Последовательное описание событий.
3. Итог. Что нового и необычного дал Вам этот день.

### Примерное начало сочинения «Мой день»

**(1)**

Ещё вчера вечером я начал думать о сегодняшнем дне. Долго ворочался, не мог уснуть. Почему? Всё очень просто: я ждал этого дня!

**(2)**

Этот выходной день запомнился мне тем, что я стала участницей необычного праздника – Праздника воды.

**(3)**

День выдался замечательным! Ещё лёжа в постели, я увидел яркое солнце, которое заливало светом всю комнату нашего общежития.

**(4)**

Бывают разные дни: грустные и весёлые, радостные и печальные, удивительные и обычные. Но этот день я могу назвать уникальным! Единственным и неповторимым, который я буду вспоминать всю свою жизнь.

**(5)**

Выбрать один из знаменательных дней очень сложно. А если выбрать невозможно, то остаётся только один вариант – создать такой день заново – самый счастливый день в моей жизни.

### Примеры сочинений

**(1)**

**Мой необычный день**

Университет ещё совсем пустой. Непривычно тихо. Я быстро поднимаюсь на третий этаж и подхожу к окну. Сегодня я пришла раньше, потому что я дежурная. Проходит десять минут, и коридоры наполняются весёлым шумом, все расходятся по своим аудиториям.

В кабинет входит наш преподаватель русского языка. Она рассказывает нам о героических подвигах русского народа в годы Великой Отечественной войны. Это захватывающе! Я сразу вспоминаю о прошлом нашей семьи, о своём дедушке, который пережил трудные послевоенные годы. И мне вдруг захотелось позвонить ему, услышать его голос. Я еле дождалась перемены.

«Дедушка! Как у тебя дела?» – спросила я.

Он очень удивился, потому что я не звонила ему ни разу с начала нового семестра. Но моё сердце наполнилось радостью. Ведь у меня есть семья, которая меня любит, которая заботится обо мне и всегда будет рядом со мной.

Хотя это простой и обычный на первый взгляд день, но я никогда не забуду его. В этот день, в середине октября я поняла, что моя жизнь тесно связана с историей семьи, с историей моей родной страны.

**(2)**

Было холодно, мне не хотелось вставать из нагретой за ночь постели. Я посмотрела на улицу. За окном было пасмурно и тоскливо. Казалось, что сейчас должен пойти дождь, холодный и пронизывающий всего тебя. Такие дожди бывают только поздней осенью. Что может принести этот холодный осенний день? Что может дать эта противная погода?

Я нехотя встала и решила все-таки начать этот «безрадостный» день. Мне пришлось делать домашнюю работу. Потом дождик стал немного прекращаться, облака стали уходить. И вечером часов в 6 дождик прекратился и вышло солнце.

Я позвонила друзьям по телефону позвать их гулять. Через 30 минут мы собрались, пошли гулять, хохотали, смеялись, бегали друг за другом, как будто не было того мрачного дождливого утра. И мы с друзьями пошли в первый раз в развлекательный центр, и нам было там так весело, так как не было весело никогда: мы играли, бегали по центру, смеялись, рассказывали друг другу анекдоты. Мы так провели весело время, даже оно очень быстро прошло, так нам показалась. Потом мы пошли назад в общежитие, но ещё долго смеялись.

Я легла спать, но в душе до сих пор был тот смех, та радость, то веселье. Думаю, такого дня не будет больше и я буду помнить его долго...

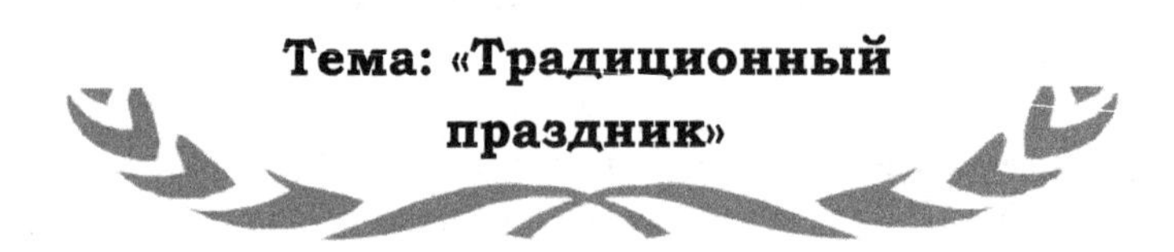

## Тема: «Традиционный праздник»

Впечатления о празднике остаются на весь год. Нужно показать свои чувства и впечатления, что Вам дал этот праздник, почему именно этот праздник стал темой Вашей письменной работы. Также следует связать данный день с историей народа и с историей страны.

**Вопросы, на которые нужно ответить:**

Почему я выбрал этот праздник? Чем отличается этот праздник от других? Какие традиции и обычаи праздника? Какое место занимает этот праздник в культуре народа? Как отмечают праздник в Вашей семье?

**Эпиграф**

*Без блинов не масленица, без пирога не праздник.*

*Русская пословица*

**Структура сочинения**

1. Место традиционных праздников в жизни народа.
2. История и обычаи праздника.
   2.1. Происхождение праздника.
   2.2. Обычаи праздника.
   2.3. Праздник в моей семье.
3. Моё отношение к празднику.

**Примерное начало сочинения о традиционном китайском празднике**

**(1)**

Традиционные китайские праздники имеют многовековую историю и богатое культурное содержание. Многие из них берут своё начало из древней китайской мифологии, другие же имеют вполне реалистические истоки, прежде всего, связанные с сельскохозяйственной деятельностью китайского народа. Практически все они за некоторыми исключениями привязаны к определённой дате китайского календаря.

Прообразы большей части традиционных китайских праздников возникли в эпоху династии Цинь.

**(2)**

Китай... Великое государство с древней культурой и богатой историей. Китай развивается огромными темпами. Однако и в современном Китае большинство людей помнят и чтут древние традиции, соблюдают ритуалы, отмечают традиционные праздники.

**(3)**

Богатые по содержанию традиционные китайские праздники имеют древнюю историю и являются частью неповторимой и уникальной китайской культуры. Во время династии Тан праздники стали приобретать увеселительный и ритуальный характер. С тех пор праздники стали весёлыми, а праздничные обряды – разнообразными и многокрасочными. Некоторые праздники и связанные с ними традиции и обычаи сохранились и до наших дней.

**(4)**

Процесс формирования традиционных праздников – это длительный процесс обогащения истории и культуры нации или государства. В дошедших до наших дней обычаях традиционных праздников живёт история нации. Первобытное поклонение, суеверные запреты, светская жизнь, дух народа, влияние религии – всё это переплетается в обычаях и традициях праздников.

Героями некоторых праздников стали исторические личности. Справляя эти праздники, китайский народ хранит память о них.

Традиционные китайские праздники связаны также с древними познаниями в астрономии, математике и со старинным способом летосчисления. Большое влияние на формирование многих традиционных праздников оказала смена сезонов по лунному календарю.

**(5)**

В мире существует большое разнообразие праздников. Настолько большое, что все их не перечесть. Но у каждого человека есть свой любимый праздник.

## Примеры сочинений

**(1)**

**Мой любимый праздник**

Из всех праздников мне особенно нравится Праздник Весны, наступление которого жду с безграничным желанием. Мне кажется, этот праздник не похож ни на один другой, он по-своему волшебный, так как приносит всем много радости и веселья, и каждый человек, будь то взрослый, то ребёнок, с нетерпением ждёт наступления нового года по лунному календарю, ждёт подарков и исполнения своих надежды и мечты.

Люди к празднику готовятся заранее, и месяц приготовлений переполнен всяких событий. Уже с самого его начала появляется предпраздничное настроение, и начинается отсчёт времени в обратную сторону, с каждым днём сокращая время до наступления этого долгожданного праздника.

Выходишь утром из дома: через улицы тянутся гирлянды фонариков, радуя глаз прохожих. На каждом углу развешены всякого рода афиши и плакаты, на которых написаны поздравления и пожелания в Новом году. В магазинах начинается переполох: все суетятся, ищут подарки, делают различные покупки. Именно такая приятная суета доставляет мне удовольствие до замирания сердца.

Десять минут до наступления Нового года: немножко грустно и волнительно, охватывает буря воспоминаний о том, что было у тебя хорошего, а что плохого в уходящем году. Ровно двенадцать часов... Шум, радостные крики, поздравления, телефон, разрывающийся от звонков.

Самое приятное в этот праздник получать подарки, ведь это всегда ожидание чего-то необычного. Я получаю много красных конвертов: от дедушки, бабушки, мамы, папы, старшей сестры. Возможно, именно такие моменты и называются маленьким счастьем, заставляющим душу радоваться и петь. Иногда это даже заставляет поверить в чудо.

Но вот раздаётся праздничный фейерверк. Я подбегаю к окну и вижу, будто на меня летят миллионы разноцветных искорок, которые непрерывно сыплются и от которых жмурятся глаза, то ли от страха, то ли от восхищения, но потом привыкаешь и просто наслаждаешься этим новогодним дождём, а в голове мелькает мысль о том, как же все-таки красиво.

В этот знаменательный день я откладываю все неприятности и заботы в тёмный дальний ящик и веселюсь от души, ведь говорят, как встретишь Новый год, так его и проведёшь. Но, к сожалению, все хорошее быстро подходит к своему завершению. Иногда даже ловлю себя на мысли, что я нахожусь под властью грусти, ведь этого праздника я всегда жду очень долго, а он проходит незаметно, оставляя за собой лишь след ярких воспоминаний той ночи, которая, казалось бы, должна тянуться бесконечно долго, ведь недаром её называет волшебной.

**(2)**

**Китайские традиционные праздники**

Богатые по содержанию традиционные китайские праздники имеют древнюю историю и являются частью блестящей китайской культуры.

Прообразы большей части традиционных китайских праздников возникли в эпоху династии Цинь (221 – 206 гг. до н.э.). Цинь – первая в истории Китая династия, объединившая Китай и установившая централизованный режим правления. К эпохе династии Хань (206 г. до н.э. – 220 г. н.э.) произошло почти окончательное оформление основных праздников. Хань – первая после объединения Китая эпоха, в которую Китай добился значительного всестороннего развития. Эпоха династии Тан (618 – 907 гг.) стала периодом наивысшего расцвета в истории Китая. К этому времени праздники утратили первоначальное значение обрядов жертвоприношения, проникнутых таинственной аурой, и стали приобретать увеселительный и ритуальный характер. С тех пор праздники стали весёлыми, а праздничные обряды – разнообразными и многокрасочными. Некоторые праздники и связанные с ними традиции и обычаи сохранились до наших дней, но некоторые с течением времени утратили колорит или исчезли совсем.

Процесс формирования традиционных праздников – это длительный процесс обогащения истории и культуры нации или государства. В дошедших до наших дней обычаях традиционных праздников живёт история народа. Первобытное поклонение, суеверные запреты, светская жизнь, дух народа, влияние религии – всё это переплетается в обычаях и традициях праздников.

Героями некоторых праздников стали исторические личности. Справляя эти праздники, китайский народ хранит память о них. Традиционные китайские праздники связаны также с древними познаниями в астрономии, математике и со старинным способом летосчисления. Большое влияние на формирование многих традиционных праздников оказала смена сезонов по лунному календарю. Согласно традиционному китайскому календарю, год делится на 24 сезона. Эти довольно точные разграничения смены сезонов служат для крестьян важным руководством в ведении сельского хозяйства. 24 сезона лунного календаря почти полностью сформировались к эпохе Воюющих царств «Чжаньго» (475 – 221 гг. до н.э.)

На обширной территории Китая живут различные национальности, поэтому в разных регионах страны и у разных народностей – множество неодинаковых праздников. Один и тот же праздник в разных регионах отмечают по-разному. Некоторые праздники, впитав в себя в процессе формирования культуру разных мест и народностей, стали культурным наследием всей китайской нации.

## Тема: «Письмо другу»

***Письмо – написанный текст, посланный для сообщения кому-либо.***

**Вопросы, на которые нужно ответить:**

Кому написано письмо? Почему написано это письмо? Что Вы хотите сообщить получателю этого письма? Что Вы думаете? Какие чувства испытываете?

**Эпиграф**

*Прежде всего, ты обязан своей родине,*
*как и своим друзьям, – правдой.*
*Пётр Чаадаев*

**Структура сочинения**

1. Обращение, зачин письма.
2. Информационная часть. Основное содержание: сообщение, мысли и чувства.
3. Концовка. Заключение.
4. PS (post scriptum) «после написанного».

**Примерное начало сочинения «Письмо другу»**

**(1)**

Не сердись, что долго не писала тебе, но обстоятельства сложились так, что не было возможности и времени сесть за компьютер и набрать тебе несколько строчек. Сейчас времени появилось немного больше: я постараюсь написать подробно обо всех событиях.

**(2)**

Получил твоё письмо, в котором ты пишешь о своих трудностях и проблемах. Как мне стало понятно из твоего письма, основное – это ...

**(3)**

Получил твоё письмо и сразу пишу тебе ответ. В своём письме ты просишь найти (написать, придумать, решить)...

## Примеры сочинений

### (1)

**Здравствуй, моя дорогая подруга Анна!**

Ну вот, наконец, и наступила осень – время года, которое мы обе так любим. Ты, наверное, рада погоде, которая стоит на дворе, рада этому золотому дождю из листьев, тёплым пока ещё дням, свежести и прозрачности воздуха. Помнишь, как прошлой осенью, гуляя по осеннему парку, ты декламировала свои любимые строки из Пушкина:

Унылая пора! очей очарованье!
Приятна мне твоя прощальная краса –
Люблю я пышное природы увяданье,
В багрец и в золото одетые леса...

А мне всегда вспоминались любимые строки из Фета:

Осыпал лес свои вершины,
Сад обнажил своё чело,
Дохнул сентябрь, и георгины
Дыханьем ночи обожгло...

Знаешь, я часто вспоминаю наши прогулки по осеннему парку, наши разговоры, наши вслух произнесённые мечтания. Именно осень навеяла воспоминания о тех днях, которые мы провели вместе до твоего переезда. Совсем недавно мне довелось увидеть картину, которая меня просто потрясла – настолько она показалась созвучной моему настроению в данный момент, которое, впрочем, нередко навевает на меня осень. Думаю, тебе бы понравилось это полотно. Оно называется «Летний сад осенью» И. И. Бродского.

На этой картине художник изобразил осеннею аллею Летнего сада. Огромные высокие деревья практически утратили весь свой золотой наряд – листьев осталось совсем немного, и в лучах осеннего солнца они горят, словно драгоценные слитки. Вся дорожка аллеи засыпана опавшими листьями, испещрена длинными тенями от деревьев. Осеннее небо на картине светлое, пока ещё высокое. Для него художник выбрал удивительно нежные краски: голубые, серые и розовые. Художник изобразил на заднем плане картины, где-то в глубине, много людей, сидящих на скамейках сада и прогуливающихся по аллее. Насладиться прощальной красотой природы перед её долгим зимним сном пришло немало народу. Своеобразная красота Летнего сада завораживает многих. На меня эта картина произвела неизгладимое впечатление. Она мне представилась чудесном творением человека, который сам всей душой любит природу, умеет видеть её красоту и ценить то состояние блаженного покоя, которое она нам даёт. Прозрачность, нежность красок картины как будто говорит о сожалении художника о том, что эти дни продлятся совсем недолго, что скоро наступит суровая для всего живого пора – зима. Если так можно выразиться, эта картина звучит как прощальная песня тёплым дням, солнцу, теплу.

Дорогая моя Анна! Мне бы хотелось, чтобы ты также познакомилась с этой картиной, с этим чудом, о котором можно сказать лишь словами Тютчева:

Есть в осени первоначальной
Короткая, но дивная пора –
Весь день стоит как бы хрустальный,
И лучезарны вечера...

Я надеюсь, очень скоро мы с тобой увидимся, и я также надеюсь на то, что после моего письма ты обязательно посмотришь эту картину, и она понравится тебе так же, как и мне.

Жду от тебя письма. До скорой встречи.

Твоя подруга Виктория

**(2)**

**Уважаемая Ван лаоши!**

Прошло уже так много лет со дня нашего выпуска из школы, что я уже не всегда могу вспомнить всех своих одноклассников и учителей, но вы для меня до сих пор остаётесь предметом подражания и иконой стиля. Поэтому я решила написать вам это благодарственное письмо, чтобы в любой день, когда вы его получите, вам стало хоть чуточку приятнее и светлее на душе от того, что кто-то помнит о вас!

Вы всегда показывали мне пример того, как надо себя вести в достойных ситуациях, ваш голос никогда не переходил на крик, а глаза всегда излучали только доброту и уверенность в собственных силах. Вы шли ярко и энергично по жизни, стараясь вложить в головы ваших учеников как можно больше добра и сострадания, чтобы совесть проснулась в каждом из нас. Поэтому даже сейчас, спустя столько времени, я с тоской и восхищением вспоминаю ваш голос и ваши наставления.

Немногие, кто называются учителями, на самом деле таковыми являются! Раньше это была гордая профессия и все ученики слушали учителя на уроках. Мы все понимали, какое это нелёгкое дело – сеять в головах учащихся разумное, доброе, вечное!

Жаль, что не могу приехать и обнять Вас, но я обязательно постараюсь воспитать в своих детях уважение к людям данной непростой профессии.

Искренне ваша, Ли Сяобин

## Сочинение-описание

*Цель описания – наглядно нарисовать словесную картину, чтобы читающий представил себе предмет изображения.*

**Эпиграф**

*Никакая внешняя прелесть*
*не может быть полной, если она*
*не оживлена внутренней красотой.*
*В. Гюго*

**Вопросы**

Что он такое? Кто он такой? Почему именно этот предмет (человек, животное, время) описывается? Частные признаки предмета: если это внешность, то последовательно описываются её черты: лицо, фигура, поза(ы), манера говорить; если пейзаж, то частные его признаки: деревья, небо, трава, цвет отдельных предметов и т.д.

**План**

Напишите введение. Если объект описания – это единичный предмет, назовите его основную функцию или роль в среде его существования. Если объект – явление или ситуация, во введении можно написать, с чем оно ассоциируется или чем привлекает внимание в первую очередь.

Подумайте, что именно делает этот объект узнаваемым. Это могут быть его качественные характеристики или действия, которые в нем циклически происходят. В соответствии с выявлением этой характеристики используйте в основной части сочинения для описания объекта оценочные прилагательные, наречия, образные выражения, глаголы вневременного значения, которые характеризуют состояния объекта в разные периоды времени. Также используйте прилагательные и глаголы в сравнительных конструкциях и сложных предложениях.

Сначала опишите самые существенные признаки объекта, а затем приступайте к подробностям и мелочам, дополняющим образ. Опишите основные характеристики, чтобы объект стал узнаваемым, а затем используйте оригинальные определения и сравнения, а не те штампы, которые первыми приходят на ум. Для описания движения мысли наблюдателя используйте глаголы с нейтральным значением (видеть, понимать, замечать и т.д.)

В завершение опишите объект краткой ёмкой фразой – обозначьте, какой результат создают названные вами признаки и какое это имеет значение.

**Примерное начало сочинения**

**(1)**

Всем известна пословица: «Друг познаётся в беде». Я слышал её много раз, но не думал, что когда-то пойму по-настоящему.

**(2)**

Я очень люблю весеннюю природу. Особенно когда мы с подругами гуляем в парке.

**(3)**

Я хочу написать о моем товарище Борисе, которого знаю более десяти лет. Мы с ним ходили в одну группу детского сада, а теперь учимся в одной группе.

**(4)**

И.И. Шишкина называли «лесным богатырём», «царём леса». Его, действительно, можно назвать «служителем культа дерева». Художник видел в лесу бесконечное разнообразие форм, воплощение бессмертия природы, выражение чувства родины.

**Примеры сочинений**

**(1)**

**Времена года**

Времена года удивительны и прекрасны. У большинства людей любимой порой года является лето. Летом тепло, не нужно кутаться в тёплую одежду. Дни летом длинные, поэтому успеваешь практически всё. А как хорошо провести своё свободное время вечером в парке или же съездить на выходных к озеру или же речке!

Но, к сожалению, лето – это самая жаркая пора года. И вот уже не за горами осень. Осенью очень красиво, особенно в парке. Это время предназначено не только для сбора урожая, но и для того чтобы восхищаться красотой окружающего года. Не зря у Александра Сергеевича Пушкина осень была самой любимой порой.

Но красивая осень длиться недолго, скоро наступает время дождей, а затем и холодов. По праву занимает своё место зима. Зима – время праздников, именно в это время люди встречают Рождество, Новый год, Праздник Весны, День святого Валентина. Также можно вернуться домой и встретиться с родными и друзьями, которых не видел уже целый год. Зимой тоже можно весело провести свободное время.

И наконец, после зимы приходит долгожданная Весна! Наконец, дни становятся длиннее, с каждой неделей становится все теплее. Вот уже появляются первые весенние цветы. Именно они говорят нам о том, что пришла весна, начинается новая жизнь.

Бесспорно, каждое время по-своему очаровательно и неповторимо!

**(2)**

**Моя комната**

Я очень люблю свой дом и свою комнату. Она просторная, светлая и очень аккуратная.

От большого окна с нежно-голубыми занавесками свет падает на мой письменный стол, на котором находятся подставка с ручками, карандашами и фломастерами, фотография в старинной рамке, несколько учебников и моя любимая книга. Стол большой, массивный, с множеством различных ящиков и отделов, в которых находится все необходимое мне: учебники, пособия, канцелярские принадлежности, фотоальбом, который я пересматриваю, когда мне грустно. За письменным столом – делаю домашнюю работу. Я стараюсь, чтобы он всегда выглядел опрятно. Возле стола – стул.

В левом углу комнаты стоит книжный шкаф, на полках которого аккуратно сложены книги. У нас хорошая библиотека, где собраны самые интересные произведения: фантастика, детективы, классическая и приключенческая литература. Среди этих книг очень много моих любимых, которые я перечитывала уже много раз. На полках много сувениров из тех мест, где мы побывали с моими родителями.

Справа, возле стены, стоит шкаф для одежды. Напротив – кровать, застеленная голубоватым покрывалом с вышитыми на нем темно-синими цветами.

На стенах разнообразные плакаты, календари, есть и мои старые рисунки. На полу стоит мягкий стульчик, на котором я люблю сидеть и читать свою любимую книгу или слушать музыку.

Теперь вы представляете, как выглядит моя любимая комната. Приходите ко мне в гости и увидите, как у меня чисто и уютно.

**(3)**

**Дима – мой лучший друг**

Красота человека – в его сердце.

Не тот хорош, кто лицом пригож, а тот хорош, кто для дела гож.

Пословицы

Дима – мой лучший друг. Он похож на солнышко, так как его всегда улыбчивое лицо обрамляют ярко рыжие вьющиеся волосы. «Улыбка на лице, что солнце в окне» – это о нем. Курносый нос весь в веснушках, на щеках всегда лёгкий румянец. У Димы слегка торчащие уши, которые придают ещё большей шкодливости его внешнему виду.

Говорят, что глаза – зеркало души. Я с этим полностью согласен. Искромётные, лукавые глаза Димы выдают в нем весёлого неунывающего человека, который любит приключения. Он заводила во всех наших нелах. При разговоре он всегда смотрит в глаза собеседнику, что говорит о его честности, искренности и открытости.

Дима небольшого роста, что иногда его очень расстраивает, но при этом он очень подвижный, бегает быстрее всех в классе и хорошо играет в баскетбол, несмотря на то, что эта игра – для высоких.

У моего друга очень заразительный смех, который заставляет хохотать весь класс, и обворожительная улыбка, при которой на щеках у Димы появляются прелестные ямочки. Голос у него звонкий, и он очень любит петь, поэтому участвует во всех школьных концертах.

Походка у Димы стремительная, что выдаёт в нем решительного человека. Несмотря на любовь к приключениям, внешний вид у моего друга опрятный. В повседневной жизни любит носить джинсы, рубашку и свитер – одежду, удобную для игр и развлечений.

Мне нравится дружить с Димой, потому что он настоящий друг, весёлый и оптимистичный человек. Его обаяние притягивает к нему людей, и я очень рад, что он дружит со мной.

# Сочинение-рассуждение

***Рассуждение подразумевает крепкую логическую связь аргументов.***

**Вопросы, на которые нужно ответить:**

Думали ли Вы над этой проблемой раньше? Почему эта проблема интересна (неинтересна) Вам? Какая у Вас позиция по поднятой в названии проблеме (согласие, несогласие, частичное несогласие, двойственная или противоречивая оценка)? На какие факты, детали обращается внимание? Как Вы оцениваете представленные факты? Почему?

**Эпиграф**

*Чтобы себя и мир спасти,*
*Нам нужно, не теряя годы*
*Забыть все культы*
*И ввести*
*Непогрешимый культ природы.*

*В. Федоров*

**Структура сочинения**

1. Вступление (2-3 предложения, подводящих к теме).
2. Основная часть:
   2.1. Проблема, поднятая в названии.
   2.3. Комментарий.
   2.4. Авторская позиция. Позиция по поднятой в тексте проблеме (согласие, несогласие, частичное несогласие, двойственная или противоречивая оценка). Аргументы, подтверждающие или опровергающие позицию (приводится не менее двух аргументов, опираясь на свой жизненный и (или) читательский опыт).
3. Заключение (1-2 предложения должны придать завершённость сочинению, связать его с исходным текстом).

**Примерное начало сочинения-рассуждения**

**(1)**

Вера, надежда, любовь (верность, преданность, дружба, взаимопомощь, милосердие и т.д.) – без этих нравственных категорий невозможно представить себе духовную жизнь человека.

**(2)**

Как в наш век противоречий и социальных потрясений не разучиться отличать истинное от ложного? Как понять, что благотворно влияет на душу, а что развращает, губит её? Как отличить культуру от «псевдокультуры»? Над этими сложными философскими проблемами ...

**(3)**

Я не раз задумывался о том, что самые важные жизненные понятия очень трудно бывает объяснить словами. Любовь, вера, счастье – без этих нравственных категорий невозможно прожить, а дать «определение» им не так уж просто.

**(4)**

Многие писатели, журналисты, историки, художники, режиссёры касались в своём творчестве темы...

## Примеры сочинений

**(1)**

### Образец сочинения-рассуждения

Вопрос о (обозначьте проблему иными словами, нежели это было в названии) никого не может оставить равнодушным, он в большей или меньшей степени касается каждого из нас. Проблема, выдвинутая (поднятая, обозначенная и т. д.) в названии, особенно актуальна (злободневна, важна, существенна) в наши дни, потому что ... (если это нравственная проблема, то укажите, что вопросы нравственности важны сегодня и всегда, так как понятия «совесть», «честь», «достоинство», т.е. те нравственные категории, о которых рассуждает автор, помогают человеку оставаться человеком, делают его добрее, чище. Если проблема философская, т. е. речь идёт о добре и зле, правде и лжи, жизни и смерти, отметьте, что над такой проблемой человечество задумывается с давних пор. Если проблема экологическая, отметьте её злободневность в наши дни, когда люди загрязняют планету, когда речь идёт о глобальном потеплении, об изменении климата всей планеты).

**(2)**

### Знание – сила

Много раз мы слышали фразу: «Знание – сила». Что же это за сила такая, которая живёт не в мускулах и не в кулаках, не в тяжёлых и сложных машинах?!

На самом деле именно сила знания помогает нам воплотить в жизнь мечты, задуманное сделать реальным, невозможное – привычным. Знания помогают постигать законы природы, человеческие взаимоотношения, весь мир, а затем использовать их в необходимом направлении. Именно так появились самолёт и автомобиль, телефон и компьютер, нанотехнологии и спутниковое телевиденье.

Мы получаем знания не только за партой, но и читая информацию в книгах и в Интернете, смотря телевизор, общаясь со старшими и со сверстниками. Все наши успехи и неудачи, ошибки и достижения – это путь получения знаний о жизни.

Сегодня все чаще говорят, что главное богатство этого века – информация. Вот почему, для того чтобы достичь своих целей, людям с каждым годом нужно знать все больше и больше. Вот почему нам необходимо старательно и упорно учиться. Вот почему знание – сила.

# Приложение 2

## Сочинения студентов-русистов

### Природа родного края

Я родился во Внутренней Монголии. Моя родина – это необозримая степь. Настоящий рай для меня. Мне очень нравится природа родного края!

Весной слышно, как на прогреваемой солнышком земле прорастают травы. Весна постепенно вступает в свои права, и зелёная трава следует за ней. Какое разноцветье и разнотравье! Лошади и овцы гуляют в море цветов. Они пьют воду в талой реке. Природа родного края очень гармонична!

Летом природа родного края жизнеспособная. Землю щедро поливают летние дожди. И после дождя всё оживает. Люди ездят по степи верхом на лошадях. По пастбищам носятся табуны скакунов, и это зрелище никого не оставляет равнодушным.

На степь наступает осень. Травы и цветы засыхают. Земля покрывается жёлтым ковром. На небе ни облачка, а вечером невозможно оторвать взора от бескрайнего звёздного неба. Сны осенью сладкие-сладкие. Как тиха природа родного края!

Зимой хлопьями валит снег. Весь родной край покрывается белым одеялом. Земля белая, небо белое. Мы живём в белом краю!

Я люблю гармоничную природу родного края. Я люблю жизнеспособную природу родного края. Я люблю тихую природу родного края. Я люблю белую природу родного края. Во все времена года она мой рай! (Ли Цинлун)

### Природа родного края

Я родился и вырос в маленьком городе на юге провинции Шэньси. Как прекрасна природа моего родного края!

Мой родной край расположен в горном районе, поэтому здесь можно найти разные природные пейзажи. Здесь есть скалистые горы, чистые и извилистые реки, густые леса и глубокие пещеры.

Мимо нашего города протекает бурная река, вода её чистая и живая. Несколько лет назад в низовье реки построили гидростанцию, поэтому сейчас создан искусственный водоём. Летом многие жители приходят на берег реки. Они гуляют, ловят рыбу и катаются на лодках. А мне нравится плавать в реке, потому что она чистая, широкая и тихая.

Недалеко от нашего города расположена известная гора. По древней легенде давным-давно один мудрец на этой горе учил своих учеников и проповедовал здесь своё учение. Гора высотой более 2000 метров круглый год охвачена густым туманом. На вершине горы под пышными лесами сейчас ещё сохранился памятник мудрецу. Сейчас это место стало знаменитым лесопарком.

Ежегодно много туристов из разных районов приезжают сюда, чтобы подняться на вершину, любоваться восходом солнца и прекрасными пейзажами.

Мой родной край небольшой, небогатый, но необычайно прекрасный и гостеприимный. Я очень люблю его. (Ван Цзяпэн)

**Моя родина**

Моя родина находится в уезде на Северо-Востоке Китая, на южном берегу реки Сунгари.

Моя родина живописна во все времена года. В марте тает снег, гуляет ветерок, зеленеют поля, оживляется вся природа. Летом расцветают сады, поют птицы, шумят поля. Это любимое время детей. Ведь они могут купаться в реке. Осень – время урожая. Благодаря плодотворной земле и благоприятным условиям каждый год здесь собирают богатый урожай. Я больше всего люблю осень на родине. Осенью очень приятно наблюдать, как жёлтые листья падают с деревьев и танцуют в воздухе. Зимой дедушка-снег приносит одеяло, вся природа превращается в белое. Этим она привлекает много южных, даже зарубежных туристов на экскурсию. Они катаются на лыжах, на коньках, делают снеговиков, бросаются друг в друга снежками.

В последнее время развивается торговля с Россией. На улицах повсюду можно встретить синеглазых и русых русских.

Я всей душой люблю мою родину, где я родился и вырос. Я верю, что завтра моя родина станет ещё прекраснее и богаче.

**Радуга после дождя**

Вы когда-нибудь видели радугу? Не на картине, не в фильме, а самую настоящую радугу в небе? Однажды прекрасным утром я видела это чудо своими глазами.

Это было летом. Тогда я жила у моей бабушки в деревне. Там есть чистая река, широкие поля, синее небо и зелёный луг, всё было прекрасным, как в сказке. Всё время, с самого начала моего приезда туда, стояли жаркие солнечные дни, и я решила прогулять на берегу реки с друзьями детства. Но на рассвете вдруг пошёл проливной дождь, и утром мы не могли выходить из комнат и очень расстроились. Нам пришлось проводить время в доме. Я вернулась в свою комнату и стала вновь засыпать. Через около часа моя подруга меня разбудила, чтобы я скорее вставала и шла с ней на берег реки. И тут увидела настоящее чудо!

Над рекой красовался разноцветный мостик – радуга. Я увидела яркие полоски – красную, оранжевую, жёлтую, зелёную и синюю, а между ними ещё несколько менее ярких. Они красивой ровной дугой соединяли два берега как раз в том месте, где река пряталась за пригорок. Это зрелище было невероятно прекрасным, даже когда радуга исчезла, у нас осталось радостное настроение. (Ван Ин)

**Весна**

Я больше всего люблю весну, потому что она живая и яркая. Весной душа наполняется радостью и все просыпается к новой жизни. На мой взгляд, нет ничего прекраснее весны.

Мне нравятся цветы весны. Каждый год в нашем университете, расцветает много цветов. Сначала желтоватые жасмины «своей улыбкой» встречают весну, потом расцветают белые и пурпурные магнолии и очаровательные цветы персика. А апрель, по-моему, это время розовых сакур. Кроме того, ещё ароматная сирень и неизвестные голубые мелкие цветочки в траве. Какая красивая природа!

Мне нравится ветер весны. Он нежен, как руки мамы. По ветру разливается тонкий запах цветов. Всё это помогает мне забыть неприятное и только думать о весёлом. Когда ветер притрагивается к моему лицу, я даже могу слышать песни цветов и мелкотравья. Это чувство невозможно описать словами.

Мне нравится дождь весны. В моем родном городе весной часто идёт дождь. Весенний дождь придаёт всем загадочный, неясный смутный облик. Я люблю это чувство. Дождь весны разный. Иногда лёгкий, как перья, иногда идёт, как из ведра. Прошёл дождь и наполнил всё вокруг жизнью: весь мир является передо мной новым и свежим. Я больше всего люблю гулять с друзьями после дождя и дышать сладким воздухом.

Нет лучшей музыки, чем песня, песня птиц весной; нет лучшей картины, чем цветы в весеннем саду. И вот именно за эти я люблю весну. (Лю Сяопу)

**Первый весенний дождь**

В народе говорят: «Изменение неба как изменение лица». Да, это правильно, особенно весной. Погода, как ребёнок, иногда солнечная, иногда облачная, иногда ветреная, иногда дождливая. Наши наряды тоже изменяются. Утро холодное, мы одеваемся тепло; полдень жаркий, мы одеваемся легко; вечер опять холодный, так скверно. Но что поделаешь? Часто за один день мы проживаем все сезоны года.

Сегодня утром я встала, умылась и как обычно вышла из общежития. По дороге на столовую я почувствовала холод, небо полностью покрылось чёрными облаками, казалась, должен пойти дождь.

Когда я прошла студенческую галерею, вдруг услышала раскат грома. Вот неожиданно! Первый весенний гром, значит, пришла настоящая весна! Потом подул сильный ветер, но уже не такой резкий, как зимой. Стоя, я смотрела дальний сад перед учебными зданиями. Все там оживало: ветви ивы танцевали в ритме ветра; волны травы проходили одну за другой, иногда мотали головой; персик, жасмин, сирень и другие неизвестные цветы тоже ожили. Какая прекрасная картина! Тогда я почувствовала, что сама превращаюсь в птицу и лечу по небу.

Уже время идти на занятия. Я торопилась в аудиторию. После пары уроков начался дождь. Сначала был тоненький мелкий дождик. Я восхищалась пейзажем за окном, на улице все было размыто и закрыто вуалью, как на картинах китайской живописи гохуа.

Когда закончились занятия, уже шёл сильный дождь. На земле повсюду накопились лужи, подёрнутые рябью из капелек дождя. Вышла на улицу, свежий воздух сразу бросился мне в лицо. Запахи земли и цветов! Около меня всё изменилось: трава – более зелёная, цветы – более яркие, мир – более чистый, живительный. Всё вновь родилось, проявилось весёлое, энергичное и счастливое. Моё настроение тоже новое, свежее.

Мир музыки дождя, мир танца дождя!

Весна – новый старт, новая жизнь, новая одежда. Первый весенний дождь – первая симфония весны. Весенний день год кормит. Надеюсь, что в это золотое время у каждого будет свой новый урожай. (Лю Жуйчжуан)

**Несколько слов о себе**

Среди миллионов людей я не один из самых красивых людей или самых умных людей. Я только я, обычная девушка. Признаться, что в мире у каждого человека есть свой недостаток, но у каждого тоже есть своя яркость и сверкание.

Теперь я с удовольствием расскажу о себе. Прежде всего, я хочу поблагодарить моего любимого друга – телевизор, потому что он не только открывает мне мир, но и учит меня многому. Когда мне было пять лет, я почти весь день проводила время у телевизора, так как тогда мои родители торопились работать с утра до ночи. Сначала я предпочитала мультфильмы, потом я начала смотреть телесериалы. С тех пор я уже посмотрела многие китайские, английские, корейские телесериалы. Из них я получала разные мнения. Во-первых, в каждой истории есть своё начало и своё завершение. Хотя итоги иногда похожи друг на друга, но процессы никогда не будут похожи как две капли воды. Во-вторых, на мой взгляд, телесериалы исходят из настоящей жизни. Сценаристы только включают много подробностей, которые никогда не случались с одним человеком. Кроме того, телевизор учит меня вести себя в экстремальной ситуации, даёт мне возможность быстро узнать последние новости и расширяет мой кругозор.

В нашей семье не только я, но и мои родители очень увлекаются телесериалами. У мамы и меня есть общий язык. Мой брат очень похож на папу. Оба они любят спорт, но мой брат больше всего интересуется науками. Он хочет стать учёным. Теперь я учусь в городе Сиане, очень далеко от дома.

Жизнь – интересный телесериал. Я тоже играю в разные роли в моей жизни. В первую очередь, я как студент почти каждый день занимаюсь в библиотеке и сейчас тоже. Потом я как дочь для моих родителей должна окружить их заботой и помогать им так, как я могу. Для младшего брата, может быть, я нехорошая сестра. Мне надо обратить больше внимания на его учёбу и жизнь и тратить больше времени на общение с ним. Кроме того, у меня есть несколько друзей. У нас всегда есть общий язык. Впрочем, мы можем понять друг друга с полуслова. Сейчас хорошо играть каждую роль мне трудно.

Словом, жизнь как телесериалы постоянно изменяется. В ней каждому надо исполнять себя, так как никакая удача на свете не может опять появиться и никакой человек не может копироваться. На планете я больше всего ценю свою семью, и поэтому моя мечта – стать настоящим переводчиком, зарабатывать достаточно денег и жить, и проводить всё свободное время с семьёй. Это я обычная девушка. У меня нет большой мечты, но всё ещё есть своя мечта. (Чэнь Июнь)

**Письмо: Субботний вечер у нас в общежитии**

Дорогая Маша, здравствуй!

Сегодня я получила твоё письмо и сразу отвечаю тебе. В письме ты просила меня рассказать о субботнем вечере у нас в общежитии.

Сначала я с удовольствием расскажу тебе о моем общежитии. У нас в комнате живёт 6 девушек, и мы уже 3 года живём все вместе. Жизнь у нас весёлая и интересная. В прошлую субботу мы провели счастливый вечер, потому что это день рождения Анны, самой молодой девушки среди нас.

В 7 часов вечера в общежитии мы своими руками приготовили бисквитный торт. Анна страшно обрадовалась. Мы зажгли свечи, спели для неё именинную песню, и она с благодарностью загадала желание. После того как мы съели вкусный торт, мы по Интернету, почти как в кинотеатре, смотрели фильм «Солнечный свет». Этот фильм рассказывает о дружбе между девушками, и все мы были тронуты до слез. Кстати, Анна очень любит петь и у неё красивый голос, и от радости она пела свои самые любимые песни. Мы слушали её и подпевали одной песне за другой. Тогда каждый из нас вспомнил о тех лучших днях, которые мы провели вместе.

Какой был замечательный субботний вечер! Я очень ценю нашу крепкую дружбу. Что ты думаешь об этом? Пиши мне! Я всегда жду твоих писем!

Твоя подруга Чжан Юй

**Письмо другу**

**Дорогой Антон!**

Извини меня, что не сразу ответил на твоё письмо. В эти дни я очень занят: скоро наступает сессия, поэтому мне нужно много сделать. Я знаю, что ты хочешь узнать о субботнем вечере у нас в общежитии. Сейчас я расскажу тебе о нем.

У нас небольшая комната, в которой живёт шесть человек, приехавших из разных провинций. У каждого из нас есть своё хобби, поэтому вечером в субботу у нас в общежитии очень весело. Кто-то любит играть в компьютерные игры, кто-то – читать книги, а кто-то увлекается музыкой, и вечером в субботу они часто слушают музыку. Я люблю читать книги, я думаю, что книга – источник мудрости, из книг я узнаю много нового и интересного.

Кроме того, мы часто ходим в кино и в студенческий клуб. По нашему мнению, это самое приятное место отдыха. Иногда мы ходим в спортивный зал, чтобы укрепить здоровье. Ведь верно говорят: «Ведь в здоровом деле – здоровый дух!»

Как ваши дела? Скоро наступает Новый год, пусть он принесёт тебе новое счастье и радость.

Очень скучаю по тебе, пиши мне, пожалуйста!

Ли Дун

**Самый счастливый день в моей жизни**

Счастье – это горячий чай, который подаёт твоя мама, чтобы вылечить тебя; счастье – это искренние слова, которые дарит тебе твой друг, чтобы успокоить твоё раненое сердце; счастье – это радость, которую делят все вместе. Самый счастливый день в моей жизни – это снежный день, который мы вместе провели с моими лучшими школьными подругами.

Насколько я помню, это было последний раз, когда мы собрались вместе. После того снегопада мы уже закончили школу и начали работать, ведь тогда мы учились в двенадцатом классе. Можно сказать, что, любуясь снегом, мы в душе уже шли по разным дорогам. В тот холодный снежный день мы разговаривали о семье, об обществе, о жизни... То смеялись, то плакали. Нами овладела тихая печаль. А в то время белый снег валил хлопьями, он попадал в наши слёзы, на наши плечи, в наше сердце, как будто ему было от души жаль наше прощание. Мне даже казалось, что снег желал нам больших успехов в будущем. Хотя перед нами стояло расставание, но мы наслаждались тем самым счастливым моментом. Разве есть ещё что-то важнее, чем быть рядом со своим другом?

И сейчас я могу твёрдо сказать: «Самый счастливый день в моей жизни – это снежный день, который мы вместе провели с моими лучшими школьными подругами». (Чжэн Юаньюань)

**Самый счастливый день в моей жизни**

В этом году мне исполнилось двадцать лет. В моей короткой жизни счастья было немного и, вместе с тем, немало.

В отличие от тех, у кого день рождения каждый год, я родилась двадцать девятого февраля, и поэтому мой день рождения, как Олимпийские игры, бывает раз в четыре года. В связи с этим, я очень ценю этот драгоценный день и считаю, что раз родители родили меня на свет и вырастили меня, в день рождения я должна быть с ними.

К сожалению, в этом году день рождения пришёлся на среду, поэтому я не могла возвратиться домой и провести этот необычный день с семьёй. Я, действительно, очень переживала.

Вернувшись в общежитие, я с удивлением увидела, что на столе стоит торт, и все сёстры, живущие в общежитии, ждали меня. В то мгновения я не могла вымолвить ни слова, но на самом деле, я была очень рада и счастлива, потому что обо мне все-таки заботятся не только родители, но и друзья. Потом мы вшестером вместе поужинали и съели счастливый сладкий торт. Вечером родители дозвонились до меня и поздравили с днём рождения.

Хотя я нахожусь далеко от семьи, от родителей, но я всегда знаю, что благодаря любви, дружбе и заботе я самая счастливая.

**Незабываемый день в моей жизни**

Бывают разные дни: грустные и весёлые, радостные и печальные, удивительные и обычные. Но этот день я могу назвать единственным и неповторимым, и его я буду вспоминать всю свою жизнь.

Вот история началась. Обратимся к 23 июня 2014 года. Было жарко. Маленький зал. Студенты. Жюри из Беларуси. В этот день я должна была участвовать в первом туре конкурса по русскому языку, который был организован CCTV. Хотя я не вышла в финал, но узнала многое. Нам дали пять минут, чтобы показать свой талант. Было 20 участников: одни пели, одни танцевали, а другие читали русские сказки и рассказы. В общем, они хорошо подготовились к конкурсу. А только я выступила со стихотворением «К А. Керн». Хорошо помню, что я не успела его прочитать, как жюри меня перебило, чтобы попросить закончить выступление. Конечно, ничего не получилось.

После этого я серьёзно обдумала сложившуюся ситуацию и поняла, что плохо подготовилась. С тех пор я тонко почувствовала и поняла, что «возможность всегда принадлежит тем, кто готов». Я оглянулась и с удивлением заметила, что у меня всегда ничего не получалось из-за неправильного отношения ко всему. В конце концов, я решила исправить свою ошибку и стала обращать большое внимание на своё отношение к любому делу.

Как Н. Островский сказал: «Жизнь даётся человеку один раз...». Жизнь коротка, и надо делать её красочной и значительной. Это зависит от нас самих, от нашего отношения к жизни. И сейчас можно сказать, что тот день дал мне хороший урок. Я благодарна всем за то, что дали мне возможность взглянуть на свою жизнь с другой стороны и своевременно совершенствоваться.

«Жизнь не те дни, что прошли, а те, что запомнились». До сих пор тот день беспрестанно вертелся у меня в голове. Мне кажется, для меня 23 июня 2014 года имеет большое значение и я буду помнить этот день долго... (Чжан Цзянпин)

**Люди родного края**

Я уверена, что тогда речь идёт о родине, все чувствуют счастье. Я напишу немножко о людях родного края. Мне приятно говорить о них.

Мои близкие живут в маленькой деревне. Нас окружают высокие горы, а перед полем течёт милая сердцу речка. Может быть, это место вас совсем не заинтересует, но мои родные очень любят его. Они здесь счастливо живут и трудятся. Из поколения в поколение передаются культурные традиции. Молодёжь благодарна старикам: только опираясь на обычаи и традиции предков можно жить лучше.

Очевидно, что у нас в Китае после осуществления политики реформы и открытости жизнь людей становятся все лучше и лучше. Но это не значит, что всем хорошо и легко жить. Мои милые родные стараются изо всех сил, чтобы выжить в наше время. Мужчины обычно вербуются на юг или восток страны, чтобы заработать деньги на жизнь. Как бы ни были трудны условия работы, но они никогда не отступают перед трудностями. Они уезжают на заработки в начале года и возвращаются домой на Праздник Весны. Женщины остаются дома, занимаются домашним хозяйством и воспитывают детей. Невозможно оценить их труд. Например, моя мама остаётся дома одна, потому что папа, брат и я уезжаем на работу и учёбу. Моя мама работает не только в поле, чтобы вырастить продукты для дома, но и делает все домашние дела.

Люди родного края живут очень трудно, но радостно, так как они живут своим трудом. Я глубоко уважаю их и преклоняюсь перед ними.

**Мой любимый учитель**

Учитель – это тот, кто любит, понимает истинную суть своей профессии. Он любит и понимает детей, всегда может прийти на помощь в трудной ситуации. Для своих воспитанников он настоящий друг, искренний помощник и мудрый советчик. С удовольствием расскажу о своём учителе китайского языка, так как считаю, что мы с ней повезло.

Это замечательная женщина среднего роста. У неё широкие плечи, тёмные волосы коротко подстрижены. Она очень аккуратная. У неё симпатичное лицо, большие глаза и дружелюбная, весёлая улыбка. Она интересно проводит урок, доступно объясняет содержание правил или произведений. А также мне она нравится тем, что имеет выраженное чувство юмора. Кроме того, её личные качества произвели на меня глубокое впечатление. Молодость у неё была трудная. Все заботы о семье лежали на её плечах. Но она не бросила стремление к знаниям. В конечном счёте, её мечта сбылась: она стала учителем.

Во время работы она тщательно готовится к каждому уроку, придумывает необычные примеры и наглядные материалы. Она тратит много времени и энергии на работу. Из-за такой тяжёлой занятости однажды она легла в больницу. Наступил День учителя, кстати, её день рождения как раз в этот день, мы пели песню по телефону. Она вдруг заплакала и сказала, что очень скучает о нас. Ей хотелось вернуться в нашу большую семью. Она гордилась тем, что у неё такие заботливые и добрые ученики. Но вы знаете, мой любимый учитель, мы тоже гордимся, что у нас такой аккуратный, жизнерадостный, волевой учитель.

Я желаю всяческих благ моему учителю и долгой жизни на благо людям. (Юй Янань)

**Молодёжь – это утреннее солнце**

В праздник Цинмин мы с друзьями поднялись на гору Хуашань, чтобы любоваться восходом солнца.

В тот день погода выдалась ясная. Какое чудо! Итак, мы не напрасно пришли туда и увидели утреннее солнце...

Я вспоминаю это незабываемое впечатление. В моей душе есть место и для горести, и для радости. Мы потратили четыре часа на то, чтобы подняться на восточную вершину Чжаоян, на которой находится место для наблюдения за восходом солнца. Там мы ждали восхода солнца, стоя на холодном ветру, ведь на горе температура очень низкая.

Ожидание было долгим и нетерпеливым. Я заметила, что сначала небо было молочным, потом – оранжевым, оранжево-красным, алым, и, наконец, оно превратилось в ярко-жёлтое. В то же время круглое красное солнце прорвало горизонт, и его сияние ослепило нас. Такое мгновение было необычайно величественно, и, конечно, навеки запечатлелось в моей памяти.

Я увидела восход солнца на вершине горы и поняла, что сравнение молодёжи с утренним солнцем является очень точным. После того, что я увидела своими глазами, моя вера в это только укрепилась. Молодёжь растёт, развивается и изо дня в день движется вперёд, молодость – это преддверие жизни. Можно сказать, молодость – это золотой период для каждого, потому что это время тревог и надежд, время выбора и далеко идущих планов. Есть русская пословица: «Береги честь смолоду». Это значит, что привычки и качества, выработанные в молодые годы, всю жизнь влияют на человека.

Молодая жизнь всегда энергична, как утреннее солнце, но она не только похожа на него внешне, но и потому, что на пути роста встречает много трудностей и испытаний. Ведь чтобы перейти горизонт, обязательно нужно прорвать облака и туманы. Перед лицом молодёжи тоже стоят трагедии и горе, социальная конкуренция и сложная среда. Но я ничуть не сомневаюсь в нашу молодёжь, так как в нас сильна жизнь! (Си Мэнди)

**Сила молодёжи – сила страны**

Когда речь идёт об отношениях между молодёжью и страной, то обязательно вспоминаешь слова известного китайского деятеля: «Если молодёжь сильная, то страна сильная; если молодёжь богатая, то страна богатая; если молодёжь умная, то страна умная». Это значит, что молодёжь – настоящий хозяин страны, будущее страны и судьба страны. Страна предлагает молодёжи не только материальное, но и духовное.

По-моему, чтобы вырастить из молодёжи надёжную опору, самое важное и самое главное – это духовное воспитание. Только так молодёжь может расти и становить полезными стране людьми. И только так будущее нашей страны будет прекрасным. Нам нужно воспитать в молодом поколении чувство обязанности, любви к Родине. Всё это важно для того, чтобы они стали лучшими хозяевами нашей страны.

Сила молодёжи – сила страны. Так как сама молодёжь – сила страны. А какая сила? Это зависит от того, кто и как её ведёт. (Ма Цзинь)

**О спорт, ты – мир!**

Какую роль играет спорт в современном мире? Я не раз задумывалась над этим вопросом, поэтому тема близка и понятна мне.

Спорт придаёт много сил и доставляет массу удовольствия. Спорт оздоравливает людей, держит в форме, делает более организованными и дисциплинированными. На мой взгляд, спорт не только приносит здоровье и даёт жизненные силы, но и может способствовать созданию лучшего и более спокойного мира.

«О спорт, ты – мир!» - это знаменитая фраза была сказана Пьером де Кубертеном много лет назад и до сих пор живёт в сердцах спортсменов.

Первые Олимпиады проводились в Древней Греции три тысячи лет назад. В древности было много разных видов спорта. По всей видимости, популярным видом спорта в Древнем Китае была гимнастика.

В настоящее время Олимпийские игры проводятся каждые четыре года. Благодаря быстрому развитию глобализации Олимпийские игры стали профессиональными, что ещё больше увеличило их популярность. Это отражает потребность человека выразить свой восторг, воодушевление перемещением в другую плоскость, своеобразным слиянием со всем человечеством.

Конечно, некоторые занимаются спортом профессионально, а некоторые – ради здоровья. Люди всего мира любят спорт и соревнования. В каждом городе, в каждом районе можно увидеть стадионы, спортивные площадки, бассейны, футбольные поля, на которых занимаются разными видами спорта. Многие люди, которые не имеют свободного времени, стараются найти минутку, чтобы позаниматься спортом.

Спорт – это мир, мир во всём мире! (Цао Ли)

**Без охраны природы нет экономического развития**

Природа – это естественная среда обитания человека. Естественно, что ему нужно заботиться о ней, постоянно беречь её и хранить.

В древние времена люди трепетно и бережно относились к тому, что их окружало. Многие обряды и ритуалы седой старины способствовали тому, чтобы человек находился в гармонии с природой. Однако сейчас от былого уважения и почтения не осталось и следа. Сегодня активно осуществляется интенсивное использование природных ресурсов, атмосфера беспощадно загрязняется, загрязнение окружающей среды вредит человеку и сдерживает развитие экономики. Значит, без охраны природы нет экономического развития.

Раньше считалась, что наша земля богата неисчерпаемыми природными ресурсами, которые человек мог использовать для своих целей в неограниченном количестве. Однако со временем потребности человека начали увеличиваться, а природные ресурсы начали уменьшаться. Это серьёзно ограничивает экономическое развитие, поэтому в экономическом развитии необходимо принимать во внимание, по крайней мере, два ограничения: конечность природных ресурсов и способность окружающей среды принимать и перерабатывать отходы и загрязнение, производимые промышленностью.

Одним словом, экономическое развитие – это долгосрочное дело, связанное с охраной природы. (Чжоу Шучин)

**Любовь – основа китайской культуры**

В течение 5000 лет пашет плуг истории и распахивает плодородную китайскую землю. В течение 5000 лет течёт река истории и кормит самобытную и неповторимую китайскую культуру.

Если говорить о китайской культуре, то сразу вспоминаешь великие достижения искусства, литературы, архитектуры, вспоминаешь обряды, обычаи и традиции всех национальностей, проживающих на этой неповторимой и непостижимой китайской земле. Но внутри этого многообразия и колорита лежит никогда не проходящая основа – любовь, объединяющая конфуцианство, буддизм и даосизм в единое и неразрывное целое. И именно такая любовь порождает и не даёт угаснуть свету китайской культуры на протяжении нескольких тысячелетий.

Как это понять? В философии буддизма и даосизма любовь – это любовь ко всему сущему, ко всему, что существует в мире, которая рождает в душе китайцев сочувствие, нежность и миролюбие. С этой любовью китайская культура распространяется по всему миру и легко принимается другими народами. Например, известный русский писатель Л.Н. Толстой на основе любви создал свою философскую систему – толстовство.

В конфуцианстве любовь – это почитание начальства, родителей и старших, и это понимание любви в первую очередь отражается на семье. Родители естественно любят своих детей, они не могут не любить их. На основе такой любви мы становимся близки к своим соседям, к друзьям, к коллегам и просто людям вокруг нас. Это все рождает любовь к родной земле, к родному народу и к родной стране. Русские говорят: «Любовь к Родине начинается с семьи». Такая любовь превращается в патриотизм – любовь к родине, – с которой китайский народ пережил войны и революции, преодолеu бесчисленные трудности и невзгоды и сумел сохранить нашу историю и цивилизацию.

С любовью мы обращаемся ко всему живому, к нашему миру. С любовью мы подходим к родной земле и нашей стране. Любовь – это не только основа китайской культуры, но и основа китайского менталитета. (Чжан Цзиюань)

**Моя китайская мечта**

17 марта 2013 года глава государства Си Цзиньпин всесторонне описал «китайскую мечту», которая заставляет китайский народ укрепить свои убеждения. Она объединяет в себе мечты и стремления каждого человека, и в то же время она напрямую связана с судьбой каждого гражданина. Я думаю, только в том случае, когда осуществится мечта каждого, то осуществится китайская мечта всего народа.

У каждого человека есть своя мечта, являющаяся составной частью китайской мечты, и каждый кропотливо день за днём строит свои «воздушные замки». Кто-то мечтает о деньгах, кто-то надеется сделать хорошую карьеру, кто-то мечтает о любви. О чём мечтаю я?

У меня есть свои мечты и «воздушные замки». Мой «воздушный замок» – это гармоничное и богатое общество, это общество наполнено любовью, заботой энергией, надеждой, общество без преступлений и принуждений. В нём каждый человек дышит чистым воздухом и ест безопасные продукты, дети и старики получают более эффективную защиту со стороны общества. В нём я буду чувствовать себя свободным, независимым. Я мечтаю, чтобы правительство оказало большую поддержку бедным и безработным, чтобы правительство искренне служило народу. Мы всегда можем погружаться в чудесный мир, чтобы люди получили хорошее образование, которое поможет друг другу заботиться о других. Я надеюсь, что наше общество создаст справедливые возможности каждому человеку.

Для исполнения этой мечты каждый отдельный член общества должен стараться соблюдать законы, сохранять нормы морали, опираться на общественную справедливость, равноправие, взаимопонимание и поддержку, создавая материальные и духовные ценности своими добрым сердцем и усердным трудом. И я верю, что рано или поздно настанет этот день и «китайская мечта» действительно откроет перед всеу китайскому народу новые возможности и новый путь к счастью. (Ван Цзяпэн)

**Китайская мечта**

У каждого своя мечта. Семечко прорастает из земли, чтобы осуществить свою мечту стать высоким деревом; подсолнух непрерывно тянется вверх, чтобы осуществить свою мечту и приблизиться к солнцу; бабочка выбирается из кокона, чтобы осуществить свою мечту летать в небесах.

У меня тоже есть мечта. Когда я начала изучать русский язык, мне казалось, что его трудно и невозможно понять. Но прошло три года, сейчас я горжусь тем, что владею русским языком. Накапливаются мои знания о русском языке, и моя мечта становится все ближе и ближе: идти по пути русиста, стать кирпичиком моста русско-китайской дружбы. Я поняла, только если учиться всегда, учится везде и во всём, прикладывая все силы, мы сможем преодолеть любые трудности и реализовать свою мечту.

Каждый житель Поднебесной имеет свою мечту: маленькую и яркую, как звезда на небосводе. А мечты каждого из нас создают общекитайскую мечту. Это мечта о возрождении китайской нации, мечта о богатом и могущественном Китае. Если мы вносим свою маленькую лепту в осуществление китайской мечты, наше общество и наша жизнь обязательно будут лучше и прекраснее.

И пусть твоя мечта осуществится,
Реальную приняв, земную плоть,
Пусть лучшее с тобой еще случится,
С мечтою трудность сможешь побороть!

Мечта является лучшей верой. Следуйте за своей мечтой! (Чжэн Юаньюань)

**Традиционные праздники сегодня**

Современному обществу приходится заново учиться праздновать традиционные праздники. Когда-то традиции передавались в семье из поколения в поколение. В силу исторических и объективных причин эта естественная связь была прервана.

Народная культура состоит из множества взаимосвязанных частей, традиционные праздники сконцентрировали в себе все эти элементы. Народные праздники – это связь с жизнью природы и общества. Тысячелетние праздничные традиции народа органично соединяют в себе два начала: духовное и земледельческое, образуя «годовой круг праздничных дней».

Праздник – антитеза будням, специфическая кратковременная форма жизни. Исторические корни праздника уходят в старину, они тесно связаны с трудом и образом жизни. Издавна существовала потребность в праздниках, выполнявших важные социальные функции: эстетическую, духовную и нравственную. Праздник выступает как способ духовного единения, коллективного самовыражения, раскрепощения, снятия напряжения. По мере своего развития праздники обогащаются культурным содержанием. Праздники с символами, закреплёнными в традициях, являются одной из главных и любимых форм отдыха народа.

За последние годы в жизни общества многое изменилось. Но желание как-то по-особому отметить то или иное событие остались неизменными.

**Россия в моих глазах**

Если окинуть взглядом всю Россию, то перед глазами возникнут бескрайние лесные просторы. Если поеду на поезде в Москву, то из окна поезда я буду всегда видеть бесконечные зеленые леса и поля.

Москва – это не только бесконечная голубизна неба, но и бездонные голубые глаза русских девушек. Если присмотреться, то в этих глазах отражается темно-синяя, фиолетовая и черная тоска и грусть, подобная бездонному Байкалу, тень крепостничества, чёрная и беспросветная. Над чёрным крепостничеством стоят золотой двуглавый орёл и красный Кремль. Красный Кремль молчаливо взирает на Красную площадь, над которой развивается триколор и ограждает темно-красный Исторический музей – символ боевой доблести советского народа.

Я стою в море красного, а мимо меня проходят русские люди: А. Радищев, А. Пушкин, В. Белинский, Н. Чернышевсний, Ф. Достоевский, Л. Толстой, М. Горький, И. Бунин,

А. Блок, Н. Островский, А. Толстой, А. Ахматова, А. Солженицин и многие другие. Все они стоят перед К. Мининым и С. М. Пожарским. Все они смотрят на Храм Василия Блаженного. И все они молчат в раздумье.

Я чувствую, как за ними стоит 17 миллионов квадратных километров русской земли, и тысячелетняя русская история, и миллионный русский народ. Я вижу, что русская земля коричневая, а русское небо светлое. И когда зелёный, синий, золотой, красный, коричневый цвета сольются вместе, то они превратятся в белый, и именно такой свет осветит всю Россию. (Чжан Цзиюань)

**Духовное богатство**

«В человеке все должно быть прекрасно: и лицо, и одежда, и мысли, и душа», – так сказал известный русский писатель Антон Павлович Чехов. Действительно, человеческая красота должна быть не только внешней, но и внутренней. Каждый из нас должен быть человеком, имеющим духовное богатство.

С духовным богатством связаны гуманизм и человеколюбие. Это богатство, которое исходит из благотворительности и милосердия. М. Горький сказал, что всегда приятнее отдавать, чем брать. Так, в России создан детский благотворительный фонд «Маленькая страна», который оказывает помощь детям, страдающим аутизмом. Когда я училась в Туле, имела возможность участвовать в его работе. Каждую субботу мы ездим в клуб, организованный для страдающих аутизмом детей. У них замкнутый характер. Они не хотят разговаривать с другими. Чтобы войти в их жизнь, мы потратили много внимания и терпения. Вместе с ними играли, отмечали дни рождения, делились сладостями и игрушками, и постепенно стали хорошими друзьями. Всё это принесло мне большое удовольствие и превратилось в моё драгоценное духовное богатство.

На руке дарящей розы всегда останется их аромат. В жизни любому человеку предоставлены безграничные возможности приносить людям добро. Как ни скромно сделанное вами доброе дело, оно оставит приятный след в собственной душе и принесёт Вам чувство нравственного удовлетворения. Поэтому, друзья, помогайте окружающим Вас людям! И Ваше духовное богатство будет блистать вечно. (Лю Лиянь)

**Моя любимая картина**

Фёдор Павлович Решетников написал картину «Опять двойка» в Москве в 1952 году. Так как эта картина выразительно описывает бытовую жизнь, она использовалась в школьной программе СССР и хорошо знакома российскому населению.

На левой части картины изображён хмурый мальчик с сумкой книг. Очевидно, что этот мальчик – основной герой, который опять получил двойку. Раскрасневшееся от мороза лицо показывает, что мальчик вдоволь наигрался на улице, поэтому он не в силах выносить укоризненный взгляд мамы. На центральной части – старшая сестра, хмурясь, она с укором смотрит на младшего брата. На правой части сидит на велосипеде младший брат, который смеётся над своим братом. Он ещё дошкольник, не знает горестей получения образования и радуется своему двухколёсному велосипеду. Рядом с братом сидит расстроенная мама, огромное горе на лице которой выразило её огорчение и беспомощность. Она взглянула на её сына молча, и её глаза полны вопросов. Она хочет, чтобы её сын стал человеком, у которого есть перспективы. Но очередная двойка, принесённая мальчиком, разбивают её ожидание и мечту. Собака, не чувствуя человеческую беду, спешит к её хозяину и хочет поиграть с ним.

Я выбрала эту картину для описания, потому что она напомнила мне о собственном прошлом. Когда мне было 13 лет, я получила двойку по математике. Честно говоря, я в то время не переживала об этом и по-прежнему играла в парке с друзьями до 7 часов. Когда я вернулась домой, мама уже узнала о моей оценке от других родителей. Она не ругала меня, но в её глазах было страдание и разочарование. От её взгляда мне стало стыдно и тяжело. Я знала, что она возложила на меня большие надежды и надеялась, что из меня выйдет успешный человек. Помолчав 10 минут, она сказала: «Если ты постараешься заниматься математикой, ты не получишь двойку на следующем экзамене. Я уверена, ты можешь преодолеть любые препятствия». Она решила ещё раз поощрить меня, хотя я и огорчила её. С того времени я пообещала себе оправдать её надежды.

На картине «Опять двойка» этот мальчик испытал такую же ситуацию, как и я. Он опустил голову, и я действительно почувствовала его стыд и досаду. В его сердце обязательно родилось желание хорошо учиться, как и у меня. Эта картина застала меня вспомнить о прошлом, избавиться от лени и стремиться к моей радужной мечте. (Чжан Сюэ)

**Моя любимая картина**

«Утро» – моя любимая картина, написанная замечательным мастером живописи – Татьяной Ниловной Яблонской.

На этой картине изображено раннее, весёлое ясное утро. Солнечные лучи врываются в комнату через окно и открытые двери балкона и падают на стул, стол, пол, кровать... Вся комната наполнена светом и свежестью. В центре комнаты стоит девочка лет десяти, которая грациозно выполняет утренние упражнения. Она стройная, изящная и спортивная. Не смотря на то, что она только проснулась, на её лице улыбка. Её руки подняты вверх и разведены в стороны. Она как птичка, кажется, вот-вот вспорхнёт и полетит навстречу новому дню. Всё вокруг ещё спит, но девочка уже начала новый день.

В комнате девочки почти спартанская обстановка, только кровать, стол и стул. На стене висит необычная тарелка с птицами, двери балкона открыты. Открытая дверь на балкон приносит в комнату свежесть утреннего воздуха. А над балконом висит горшок с цветами, листья которого спускаются вниз по стенам. Очевидно, эта девочка – жизнелюбивый человек.

Мне очень нравится эта картина. Она привлекла меня своими незабываемыми, простыми и трогательными образами. Когда я смотрю на её и почему-то ощущаю непонятную радость, чувствую тепло солнечных лучей. Я думаю, что это картина вызывает положительные эмоции, заряжает бодростью, активностью и оптимизмом. Люди говорят, как начнёшь день, так его и проживёшь. У этой девочки прекрасное начало дня, значит, и дальше каждый её день и вся жизнь будут прекрасны. Я хочу, чтобы репродукция этой картины висела в моей спальне, чтобы каждое утро, просыпаясь, я видела её. Эта картина также подсказывает мне, что нужно уметь радоваться малому – будь то приготовленный мамой завтрак, солнечное утро или светлое будущее, которое ждёт нас впереди. (Хуан Пу)

**Моя любимая картина**

Я не особо интересуюсь искусством, но есть шедевры, которыми я восхищаюсь и хотела бы увидеть своими глазами. Один из них – «Март» Исаака Левитана. По-моему, «Март» – это одна из прекраснейших картин в истории русской живописи, и я её очень люблю. Картина была написана в марте 1895 года в усадьбе Горки. Сейчас она хранится в Государственной Третьяковской галерее.

Я никогда не забуду то чудесное впечатление, которое я получила, когда в первый раз увидела картину «Март». В то время я была студенткой первого курса, и не имела ни малейшего представления о русском языке. Что уж тут говорить об известных русских картинах! Однажды от нечего делать я решила полистать учебник русского языка. «Март» сразу привлёк моё внимание, я даже не могла оторвать взгляд от этой репродукции. Когда я смотрю на эту картину, мне кажется,будто я чувствую холодный ветерок, тепло солнечных лучей, запах леса, время от времени слышу лёгкое ржание лошади, и ещё – ожидание. Если Вы просто увидели просёлочную дорогу, тающий снег, лес, лошадь с санями, то внимательно посмотрите, вглядитесь в это полотно. Жёлтый цвет создаёт больше тепла и солнечного света. Небо чистого голубого цвета будто говорит нам о том, что бурана и вьюги не предвидится. Всё в картине ждёт солнечную весну. Подтаявшая дорога и несброшенная осенняя листва на деревьях ждут перемен. Хотя в лесу царит холод, солнечные мартовские лучи ещё не успели обогреть хмурые сине-зелёные ели, но хочется, чтобы солнце ярко-золотым светом озарило деревья. Что касается лошадки, она такая смирная, наверное ждёт своего хозяина, который с минуты на минуту выйдет из открытой двери. Какое прекрасное полотно создано художником!

Через несколько месяцев после того, как я увидела «Март», на уроке наш преподаватель как раз познакомил нас с автором – Исааком Левитаном. Он мастер «пейзажа настроения», член Товарищества передвижных художественных выставок. Мастер родился в образованной обедневшей семье, в юности потерял родителей, прожил тяжёлую жизнь. Но в художественной сфере он просто гений. Все его работы пользуются большим авторитетом. Искусствовед Алексей Фёдорович Давыдов так писал в своей статье о творчестве Исаака Левитана: «Левитан создал пейзаж, ставший открытием в русской пейзажной живописи. Так цветно и живописно, с голубыми тенями, никто до него не писал снег, освещённый солнцем; никто так не изображал весеннее небо и деревья. После Левитана подобный мотив стал любимой темой русской пейзажной живописи, занявшей большое место в творчестве Игоря Грабаря, Константина Юона и других». «Я считаю его произведение «Март» одним из лучших произведений нашей школы. Это такая же жемчужина, как «Оттепель» Васильева, как «Грачи прилетели» Саврасова», – писал об этой картине художник Василий Бакшеев. Следует напомнить, что картина «Март» написана в 1895 году, а через 5 лет Левитан скончался от болезни сердца. Когда я снова вглядываюсь в картину, мне передаётся не только ожидание, но и большая сила.

Хотя я уже видела многие другие русские картины, но «Март» по-прежнему остаётся самой любимой картиной. Она будто говорит мне: «Не волнуйся, суровая зима пройдёт, затем наступит тёплая светлая весна!» (Ван Синьлэ)

**Моя любимая картина**

«Здесь мало увидеть, здесь нужно всмотреться. Здесь мало услышать, здесь нужно вслушаться», – писал Н. Рыленков. Чувство покоя поднялось во мне, как только передо мной явилась картина «Тихая обитель» – одно из самых знаменитых произведений Исаака Левитана. Она написана в 1890 году в жанре «церковного пейзажа».

Эта картина проста и в тоже время прекрасна. Красивое летнее утро, приятная безветренная погода. На переднем плане картины лесистый мысок и белые церковные постройки отражаются в спокойной речной глади, через которую расположен ветхий деревянный мосток. В центре пейзажа можно увидеть цветущий густой лес. Зелёный является фоном для главного героя картины – монастыря, который не уступает по красоте огромной реке. Мягкое солнце освещает его, и под лучами он становится ещё прекраснее. Недалеко от храма стоит часовня, она дополняет пейзаж и добавляет одухотворённость картине. А по небу, словно лодочки, плавают нежные перистые облака, имеющие розово-фиолетовый оттенок. Они как будто из сказочной страны. Красоту не выразить словами, и тишина и спокойствие картины глубоко пленяют моё сердце.

Два года назад в Интернете я впервые увидела «Тихую обитель», с тех пор она не выходит из моей головы. Каждый раз, когда я её вспоминаю, ко мне приходят воспоминания прошлого – воспоминания о моей бабушке. Старушка жила в деревне одна, у неё пять детей, все, кроме моей мамы, жили очень далеко, только собирались вместе на новогодних праздниках. Но мне можно было ездить к бабушке каждую субботу. Она была невысокого роста, сгибалась при ходьбе, но всегда хранила для других доброту и радость жизни. Когда мне было плохо и всё казалось таким серьёзным, бабушка мне всегда говорила: «Не расстраивайся. Всё образуется. Всё печали уйдут, и останется только хорошее». Просто слова, а как меня успокаивали! Пейзаж, написанный в «Тихой обители», очень похож на место, где бабушка часто гуляла со мной. Ещё помню: весной она, держа меня за руку, проходила по мосту. Ещё помню: летом она стирала бельё, а я рисовала её силуэт на берегу. Ещё помню: осенью она собирала грибы, а я ловила бабочку в лесу. Ещё помню: она ушла от меня, а я горько плакала перед застывшим спокойным лесом. Я очень люблю и ценю свою бабушку. Её роль так важна, что для меня бабушка как вторая мамочка и верная подруга.

Каждая картина имеет свою историю. Она не только особенная для самого художника, но и для зрителя. Это моя картина и моя история. (Ван Цзинь)

### Ожидание

Когда я прочитала название письменной работы, но у меня не возникло никакой определённой идеи. Я долго искала в Интернете русские и советские картины, но что-то меня тянуло к другой картине, которую я видела недавно. Я полагаю, русские и советские картины красивые, у них своё лицо. И может быть, я их не видела в картинных галереях своими глазами, ведь говорят: лучше один раз увидеть, чем сто раз услышать. Правильно? Мне только хочется написать о той картине, что я увидела, которую я почувствовала, поэтому я выбрала картину китайского художника.

Эту картину я увидела несколько недель назад, 11 ноября. Это был вторник, во второй половине дня мы с нашим иностранным преподавателем пошли в Шэньсийский музей изобразительных искусств. Честно говоря, я первый раз посещала художественную выставку. Тематика выставки – лёссовое плато. Большинство картин связано с жизнью простых людей и окружающей средой на Великой Китайской равнине. Так как я сама живу в этом месте, почти всё мне близко и знакомо, напоминает мне о моём детстве и нашей прежней жизни. В определённой степени страшные воспоминания. Во время посещения на меня нахлынула память детства, и долго не могла успокоиться.

Среди всех полотен картина «Ожидание» с первого взгляда произвела на меня глубокое впечатление. Как жаль, что автора этой картины я тоже не запомнила. На картине изображён мужчина в старой поношенной одежде, несущий на спине корзину с картофелем. Рядом с ним – бык, а в руках у изнурённого жизнью человека старый телефон, на который он смотрит с надеждой. По-моему, это отец возвращается домой после работы в поле, он скучает по своим детям, ожидает их звонков. В Китае говорят: «Мать беспокоится о детях, находящих в далёких местах». В самом деле, мать и отец одинаково заботятся о детях. В моих глазах отец на картине именно ждёт сообщения детей, хотя он работал весь день и устал. Кажется, дети – это всё для него. Почему-то слёзы выступили на моих глазах, не знаю, я была тронута красотой этой картины, этим отцом или своими родителями, а может быть, всем.

Все родители от всей души заботятся о своих детях, о нас, а мы рассматриваем их заботу как само собой разумеющееся. Иногда мы думаем, что родители надоедливые, они нам мешают своими разговорами, у них всегда есть что-нибудь, что они хотят нам рассказать. Мы относимся к ним безразлично, молчим, не обмениваемся с ними мнениями, они никогда не сердятся, терпеливо относятся к нам, потому что мы – их дети. Испытываешь ли ты стыд? Я стыжусь за то, что я обращаюсЬ с ними не так бережно, как они со мной. Мы должны беречь их и их любовь. Это моё ожидание, ожидание художника этой картины, ожидание всех родителей и даже ожидание всего нашего общества. (Ян Си)

**Моя любимая картина**

Открою листу бумаги
Все опасенья и страхи,
Сомнения, радость, слезы,
Цветенье и запах розы...
Ольга Росс

Искусство обладает волшебной силой, он может отражать то, что видит человек, что он воспринимает. Искусство является способом свободного выражения своих чувств и эмоций. Люди в искусстве творят по-разному: кто-то пишет стихотворение, а кто-то пишет картины. В мире искусства Россия достигла большим успехом, особенно её неповторимые и выразительные произведения живописи. И так сегодня я хочу вам рассказать о моей любимой картине – «Портрет Льва Толстого» (Репин 1887 г.).

Этот портрет пользуется большой популярностью, потому что и автор, и герой картины (Лев Толстой) известны не только на территории России, но и во всем мире. Илья Ефимович Репин – один из самых известнейших российских художников. Он родился 24 июля 1844 в семье военного поселенца в Чугуеве. В Петербурге художник учился в Академии Художеств. Он представитель школы «Товарищества передвижников». Работы И. Репина получили наивысшую оценку, потому что он ярким и богатым языком искусства показал природу и общественную жизнь России до той степени, что никого нельзя сравнить с ним.

Его «Портрет Льва Толстого» – моя любимая картина. Я ещё чётко помню, как 3 года назад первый раз увидела эту картину в Третьяковской галерее. Тогда я училась в Москве и увлекалась русским искусством. За 3 дня до того, как я посещала Третьяковскую галерею, наш русский преподаватель как раз познакомил нас с известным художником И. Репиным, поэтому все мы

обрадовались, когда увидели его работы в галерее. Портрет Толстого был написан в Ясной поляне. Экскурсовод музея нам сказал, что знакомство Л. Толстого с И. Репиным началось в 1880 году в Москве. Писатель сам пришёл в мастерскую художника, а затем художник часто бывал у Л. Толстого в гостях. Репин уважал мысли и дух Толстого, в свою очередь Толстой также ценил эту дружбу и талант художника.

В 1887 году И. Репин решил написать портрет великого писателя. Портрет был очень прост, в нём нет ничего яркого или лишнего. На портрете творец «Войны и мира» изображён сидящим в кресле и держащим книгу в руке. Его глаза, я даже не знаю, как их описать, но мне повезло, что удалось найти слова С. А. Толстой. Она отмечала, что «острые, небольшие серые глаза Льва Николаевича написаны так поразительно верно, как ни на каком другом портрете Толстого – того же Репина». Хотя портрет простой, но я всегда считала и считаю, что настоящее искусство и драгоценная картина ни в коем случае не зависят от обильных оттенков или ярких фонов. То, что осталось у человека – сильное впечатление, это мысль художника и характер героя на картине. Смотря на эту картину, я будто увидела, как великий писатель размышлял о прочитанном и создавал новую гениальную идею.

А.М. Горький утверждал, что Л.Н. Толстой – это целый мир. На протяжении своей жизни он писал много романов, считающихся сегодня мировой классикой. Он всю жизнь стремился к справедливости, а его общественная деятельность получила мировое признание. Мне нравится эта картина, так как благодаря этому портрету, я могу чувствовать себя ближе к великому писателю, к русскому обществу и ближе к настоящему русскому искусству. (Юй Хань)

**Моя любимая картина**

В моей жизни я столкнулся с сотней известных картин, но самая любимая картина – «Тройка» Василия Григорьевича Петрова.

Когда я в первый раз увидел эту картину, сочувствие волной поднялось во мне, я долго не мог успокоиться. На этой картине трое маленьких детей, лет десяти. Они тащат тяжёлый груз: большую бочку с сухим хворостом. Очевидно, они долго и тяжело работали. По их лицам видно, что они очень устали от изнурительного труда. Справа девочка, она, с отсутствующим лицом и задумчивым взглядом, несёт на спине маленькое ведро. Может быть, у неё возник такой вопрос: «Сможет ли этот хворост помочь нам благополучно пережить зиму?» Посередине ребёнок постарше, у него суровый взгляд, не лишённый надежды. Вероятно, есть уверенность, что они не погибнут от холода. Слева мальчик помладше, он совсем без сил. Наклонив голову, он размышляет о своей жизни. Пожалуй, он уже потерял надежду на жизнь. Рядом с ним бежит собачка. Она все время сопровождает своих хозяев. Возможно, только эта собака может принести им радость. Позади старик толкает сани. Он явно добрый и усердный человек, лёд намёрз на дороге и на улице очень холодно. По их изношенным, развевающимся одеждам ясно, что дует морозный ветер. Их руки и ноги наверняка замёрзли. Такие ужасные условия заставили меня задуматься, что у них в душе? Эта картина напомнила мне о моем собственном детстве, о своих сёстрах. У меня две сестры, мы едва сводили концы с концами. Обеим моим сёстрам пришлись бросить учёбу для того, чтобы я смог пойти в школу. Они занимались домашней работой, пережили много трудностей. Моё сегодняшнее счастье построено благодаря их жертвам. Поэтому, каждый раз, когда я вижу эту картину, моё сердце бьётся всё быстрее. Я знаю, моя мечта принадлежит не только мне одному, но и всей нашей семье, поэтому мне приходится старательно учиться. Я верю в то, что если ты улыбаешься жизни, то она всегда улыбается тебе!

В настоящее время мы живём довольно счастливо по сравнению с такими детьми, как на картине «Тройка». В России говорят: «Что имеем – не храним, а потерявши – плачем». «Тройка» – это именно та картина, которая показывает всю ценность нашей жизни и буквально принуждает беречь то, что сейчас есть у нас. Как русистам, нам необходимо хорошо выучить русский язык и узнать русскую культуру. Давайте начнём с малого. (Хэ Минсин)

**200-летие великого русского поэта**

15 октября исполнилось 200 лет со дня рождения великого поэта России М.Ю. Лермонтова.

М.Ю. Лермонтов – удивительное явление в мировой литературе. Он погиб, не дожив и до 27 лет. Нельзя не поразиться тому, сколько успел создать этот человек. Он успел создать литературный мир, стать величайшим поэтом, равным Пушкину. Слава Лермонтова имеет свои особенности. И стихи, и проза его прежде всего ставят читателя как бы перед самим собой, заставляют задуматься о себе, о своём месте в обществе, в мире, в вечности. На мой взгляд, ни один философ не может сравниться по воздействию на людей с Лермонтовым. Он побуждает стремиться к добру, к красоте, к жизни, к умению противодействовать жизненным невзгодам.

Я прочитала часть произведений этого бессмертного гения и думаю, что его поэтический мир безграничен. В нём каждый человек найдёт отзвук самым задушевным думам и чувствам. Поэтому сколько людей, столько и тропинок к Лермонтову. Когда читаю строки Лермонтова, то понимаю, как безмерно повезло России, которая описана так поэтично и искренне, что невозможно не полюбить синие вершины гор, бескрайние степи, безграничную водную гладь. Сердце переполняется радостью, любовью к России, она становится такой близкой и родной, что я понимаю – это моя судьба. (Цзян И)

**Юбилею М.Ю. Лермонтова посвящается**

М.Ю. Лермонтов – одно из удивительных явлений в мировой литературе. Это известный русский поэт 19 века. За свои неполные 27 лет он создал огромное количество произведений, став преемником Пушкина.

В этом году исполняется 200 лет со дня рождения Лермонтова. Эта круглая дата не осталась незамеченной в нашей стране. Шанхайский институт иностранных языков и ассоциация переводчиков совместно организовали семинар в честь этого события. На встрече обсуждались влияние поэзии Лермонтова на русскую литературу.

В нашем университете также не осталось незамеченным это событие. 15 октября мы писали сочинение о творчестве гения русской литературы, читали его стихи, слушали романсы. Нам очень близка лирика Лермонтова. Каждый раз на конкурсе русского языка мы слышим от участников конкурса его стихи.

Невозможно выразить словами глубину души и сердца Михаила Юрьевича. Он и Пушкин, как крылья птицы, парят высоко в небесах, создавая прекрасную картину, которая не может не восхищать. Даже их влияние на литературу и искусство кажется согласованным.

Непревзойдённый певец Кавказа, борец за свободу, творец романсов, создатель Печорина, блестящий художник, вот неполный перечень метафор, которыми можно назвать Лермонтова. И его поэзия будет вечной, будет всегда с нами.

**Годы молодёжного обмена**

Всем известно, что в марте этого года состоялась церемония открытия годов молодёжного обмена между Китаем и Россией. С одной стороны, это способствует дальнейшему укреплению взаимопонимания и распространению духа дружбы. С другой, это большой шанс развития и прогресса для молодёжи.

Под знаком китайско-русского обмена двум странам необходимо укрепить сотрудничество в области образования, культуры, туризма. Думаю, что это большая радость для нас, потому что это прекрасные перспективы для русистов в нашей стране. Это большой шанс для развития наших способностей. В нашей стране началась серия мероприятий по китайско-российскому молодёжному обмену. Это и совместные фестивали, летние лагеря, встречи молодых учёных. Их так много, что перечислить просто невозможно. Участвуя в этих мероприятиях, мы можем поближе пообщаться с русскими студентами, познакомиться с русской молодёжной культурой. Мой друг Антон, изучающий русский язык в Шаньдунском университете, недавно работал волонтёром на Форуме китайских и русских молодых учёных. Он сказал, что они с русскими учёными обменивались впечатлениями об образовании и науке. Антон обрадовался, что узнал много нового и интересного о России. Мне жаль, что таких мероприятий в Сиане ещё очень мало.

Несомненно, что проведение годов молодёжного обмена показывает, что отношения между Китаем и Россией становятся все теплее и ближе. Нас ждёт прекрасное завтра, но важно, чтобы мы обратили большее внимание на развитие своего русского языка. Мы должны использовать все возможности, чтобы поднять уровень языка, повысить знания о культуре. Ведь в будущем мы будем служить развитию отношений двух стран. Это, разумеется, требует крепких знаний и о России, и о нашей стране, поэтому мы должны сделать себя живой энциклопедией. Нужно и читать, и общаться, и думать.

Годы дружественного обмена не только придадут новые силы развитию отношений двух стран, но и укрепят фундаментальные связи из поколения в поколение. А мы готовы встречать светлое будущее. (Чжан Цзянпин)

**Годы молодёжного обмена**

Что такое годы молодёжного обмена между Китаем и Россией? Если что-то не знаешь, то нужно спросить у Яндекса. Ой, мамочки! Несколько миллионов ответов! Какой же выбрать? Вы тоже хотите узнать? Может быть, Вы уже все знаете, но я хочу показать вам разные варианты.

Чтобы развивать экономику, укреплять дружбу народов наших стран, Председатель КНР Си Цзиньпин предложил Президенту РФ В. Путину организовать новое мероприятие.

Церемония открытия прошла на сцене Мариинского театра в Санкт-Петербурге. Здесь были и симфония, народные танцы, драма и советские песни. Если бы я могла участвовать в этом празднике, то это было бы самое прекрасное воспоминание в моей жизни.

Конечно, молодёжь – утреннее солнце, она полна энергии и надежды. Только в молодёжи будущее нашей страны, будущее дружбы Китая и России. И мы учим русский язык не для себя, а для нашей страны, для всего мира.

В России в разных уголках страны проходят праздники, связанные с китайской культурой. От Владивостока до Санкт-Петербурга можно познакомится с китайской каллиграфией, кухней, боевыми искусствами.

А в нашей стране? Это, конечно, Хэйлунцзян, где студенты выступают с русскими песнями и танцами. Это и обмен опытом на языке. Как бы я хотела участвовать в таком шоу!

Мы с Россией хорошие друзья. Хотя говорят, что не существует друзей навсегда, но есть друзья только по интересам, но я верю, что наша страна во многом похожа на Россию, у нас есть общий язык. Мы должны расширить свои познания в области культуры, учиться хорошему у других. Я хочу понять: почему я изучаю русский язык, кем я стану в будущем. Язык – это только метод общения. Но о чем общаться, что я знаю, что ещё хочу узнать? Надеюсь, что годы молодёжного обмена помогут мне ответить на вопросы.

**Литература – моя вторая любовь**

Когда мне задали такие вопросы: «Как вы оцениваете современную мировую литературу? Какое влияние она оказывает на ваши ценностные представления и взгляды на жизнь?» И я, ни минуты не раздумывая, отвечала: «Литература – это моя вторая любовь».

Моя любовь к литературе, особенно к русской, уходит своими корнями в моё детство. Хорошо помню, когда была маленькой, я уже начала читать русских писателей. Эти книги и комические, и трагические, и эстетические, и поучительные.

Русские писатели и поэты стали моими учителями. В стихотворении «Если жизнь тебя обманет» А.С. Пушкин, обращаясь ко мне, говорит: «Дорога к успеху не всегда благополучна, но мы не должны ни в коем случае падать духом, и верить, что все будет хорошо». Судьба тургеневского Ваньки заставила меня почувствовать его боль, его беспомощность, и даже его мечту.

Часто думала, что моя жизнь тесно связана с русской литературой. Но поступив в университет, заметила, что даже не нахожу времени, чтобы подержать в руках любимые книги. Как хочется, чтобы всё изменилось!

К счастью, что именно в прошлом году, чтобы привлечь внимание и интерес к русской литературе и чтению, президент России Владимир Путин объявил 2015 год Годом литературы. Это мой шанс вернуться к любимым книгам и открыть новые страницы русской литературы.

Русская литература входит в сокровищницу мировой культуры своей уникальностью и бессмертностью и является важной частью моей жизни. Литература – это не только моя вторая любовь, но и вся моя жизнь! (Цзян Сюэцзяо)

**Моё первое знакомство с Россией**

Много лет назад на уроке по географии наш учитель сказал нам, что Россия – самая большая страна в мире, в России много морей, рек и гор, о которых нельзя не знать. И я увлеклась этой страной.

Когда мне было тринадцать лет, мы с мамой провели каникулы в России, гуляли по Москве, любовались Красной площадью и Кремлём. Об истории страны обычно пишут книги, но история России написана на прекрасной земле. Здесь повсюду память и памятники, все наполнено мечтой и величием. Много великих поэтов, писателей, учёных спят вечным сном на русской земле.

Не могу забыть красоту Московского университета, который достаёт свой главой до самых облаков, а перед ним раскинулись необъятные просторы, цветы и деревья. Моя мечта – учиться в МГУ, но для этого я должна много-много заниматься.

Однажды во сне я видела Россию. Это была прекрасная девушка посреди белых берёз и зелёных лугов, она приглашала меня! Я жду тебя, жду всех Вас!

Россия – как из песни слово.
Берёзок юная листва.
Кругом леса, поля и реки.
Раздолье, русская душа.

В конце, на картине я увидела небольшой дом, перед ним растут красивые цветы, над цветами летают бабочки, за домом течёт река, на её берегу растут высокие деревья, под деревом сидит девушка с книгой в руках. Вот не ожидала, та девушка – это я!

Россия! Я начала любить тебя с нашей первой встречи! Надеюсь, что наша любовь будет взаимной. (Вэй Мими)

**Россия моими глазами**

Это слишком трудно, чтобы я не могла показать другим Россию несколькими словами. Но я думаю, что мы можем узнать о стране с помощью людей из этой страны.

На мой взгляд, русский национальный гимн может полностью выразить русский характер. Россияне громко объявляют о любви и уважении, лояльности и толерантности, они показывают миру сильную национальную гордость. Я думаю, что каждый человек, изучающий русский язык, может почувствовать эту страсть.

У россиян есть достаточно поводов для своей гордости. Что достойно гордости? И это не только самая **большая** территория, обширные леса, извилистые реки и богатые природные ресурсы, но и смелый, самостоятельный характер и железная воля. Из поколения в поколение россияне боролись за родину и отразили все нашествия, сохранили государственную территорию, а нынешнее поколение создаёт своими руками мирную, ровную и свободную жизнь. Россияне выражают свои мысли и чувства прямо, а не косвенно. Они любят решать дела без проволочек, так сокращают многие проблемы. Этот стиль очень похож на образ выражения любви к родине.

Ещё одно преимущество характера россиян производит на меня глубокое впечатление: их чувство юмора, сохраняемое при любых самых сложных обстоятельствах. Чувство юмора является одной из самых больших характерных черт россиян, помогая преодолевать препятствия.

Если ты хочешь хорошо знать об этой стране, я советую тебе дружить с россиянами, потом ты можешь найти волшебство России.

Мне кажется, что можно сказать о России одним словом – большая. Большая земля, большая площадь лесов, большие ресурсы и тоже большой характер. На самом деле, у России много тайн, которые я попытаюсь открыть. (Цян И)

**День Победы – это праздник со слезами на глазах**

Ни один праздник нельзя сравнить с этим праздником, это День Победы, мы отмечаем его со слезами на глазах. Цена, заплаченная народами СССР за победу над фашизмом, была чрезвычайна велика. Война принесла народу неслыханные потери и разрушения.

Война – это трагедия, трагедия для всех, в войне никто не побеждает, гибнут только люди. И потому победа – это радость, это праздник для тех, кто рисковал жизнью для победы, для кого она была целью. Для тех, кто умер за эту цель. И конец войны – это победа над смертью, победа за жизнь.

Историческое и мировое значение победы СССР в Великой Отечественной войне заключается не только в освобождении своей территории и сохранении целостности своей Родины, но и освобождении народов Европы от фашистского порабощения. 9 мая – День Победы – праздник и светлый, и грустный одновременно.

В последние дни пользователи социальных сетей обсуждают фотографию. На фото изображена сирийская девочка, которая приняла направленную на неё фотокамеру за оружие и подняла ручки. Кадр был снят в лагере для сирийских беженцев в Турции. Очевидно, что она была в ужасе, она прикусила губу и подняла руки. Обычно при виде камеры дети убегают, прячут лица или улыбаются.

Очевидно, что один за другим непрерывно вспыхивали региональные конфликты, в результате чего серьёзно замедлился поступательный исторический процесс дела мира и развития во всём мире. Развитие мира нуждается в мире.

Нам очень повезло жить в мирное время, иметь много возможностей в жизни, поэтому в этот Великий Праздник хотелось бы особенно поздравить неизвестных героев, чья слава и доблесть сыграла немаловажную роль в уничтожении фашизма. И место, где когда-то проливалась кровь и умирали люди, превратилось в место веселья и радости. (Юй Янань)

**День Победы – праздник со слезами**

Солнечное утро 9 Мая настраивает на особенный праздничный лад, и все как-то по-другому и воздух какой-то особенный. Сердце всех русских наполняется гордостью. В Парке очень шумно, много народу, море цветов и отовсюду слышаться слова: «С Праздником! С Праздником дорогие ветераны, с Днём Победы!». Это заставляет меня задуматься об этом необычном празднике, что такое День Победы?

День Победы – это праздник с горькими слезами. Победа Советской Армии и советского народа над нацистской Германией в Великой Отечественной войне получилась так трудно, что мы не знаем, сколько людей погибло на войне, сколько разрушено домов, сколько исчезло семей. Может быть, молодые ещё мечтали о любви, маленькие дети не научились писать, война пришла и изменила жизни бессердечно. К Счастью, благодаря борьбе русских за прочный мир, наконец, мы встретили победу. Мы плачем по ветеранам, которые отдали жизни Родине, но не видели победу страны.

День Победы – это праздник со счастливыми слезами. Хотя мы пожертвовали многим, всё-таки война прошла, и наступило мирное время. Дух, смелость, сплочённость и стремление к миру – это всё богатства, которые мы получили во время войны. После войны мы видим, что все так любят Родину, даже дети помнят имена героев войны.

Россия постепенно набирает силы и становится красивее и сильнее. Поэтому когда мы отмечаем День Победы каждый год, мы можем улыбаться и желать Россип процветания, и могущества. Только мы ценим наше настоящее, у нас будет светлое будущее. И время и история ни для кого не остановится. Нам надо идти вперёд с улыбкой и надеждой. Я знаю, что круглосуточно пылает Вечный огонь славы. Я знаю, никто не забывает и не забудет.

День Победы – праздник со слезами! (Лю Чэнчэн)

**Когда мир перекуёт мечи на орала?**

Скульптура, стоящая перед Штаб-квартирой ООН, уже стала символом желания, стремления всех народов к миру. Можно видеть, что мужчина перековывает меч на плуг.

В этом году отмечается 70-летие победы в мировой антифашистской войне. Для того чтобы победить, мы отдали слишком много. Нанкинская резня, Освенцим, бомбы на Хиросиму и Нагасаки, Битва за Берлин, Блокада Ленинграда... Каждый раз я слышу эти слова, как будто я могу услышать грохот разрывы бомб и плач детей, как будто я могу увидеть поля, полные погибших солдат, и мёртвые сёла и города. Война принесла слишком много горя. В фильме «Иваново детство» Иван двенадцатилетним мальчиком ушёл на фронт; из рассказа «Судьба человека» мы узнаём, как война в один миг унесла жизнь всей семьи Соколова; В телесериале «А зори здесь тихие» пять молодых красивых девушек отдали свои жизни за победу. Она не сладкая, а горькая. Она – улыбка со слезами на глазах.

9 Мая в России на Красной площади торжественно проводился военный парад и нам показали самое прогрессивное оружие и могучую армию. Однако когда я смотрела парад, я немного горевала... Почему? Потому что считаю, что даже самый торжественный парад никогда не может вернуть жизнь погибших людей. И сейчас война не кончилась. Йеменский кризис влияет на жизнь людей; старики и дети в Донбассе ждут гуманитарную помощь; а в Сирии люди живут под угрозой ИГ. «Три зла» ещё являются главными врагами общества... Путь к миру ещё труден и далёк.

Когда мир по-настоящему перекуёт мечи на орала? Сегодняшний мир ещё не ответил на этот вопрос. Однако уже есть результаты: Саммит 20, координационные группы, ШОС, концепция «Один пояс и один путь», даже проект об обмене студентами между различными странами. Всё это содействует взаимопониманию и мирному диалогу, предоставляет возможность забывать различия и дружески сидеть вместе, снова познакомиться друг с другом и стремиться к одинаковой цели. Именно это – основа мира.

Прошли долгие годы и произошли огромные перемены, а ненависть к войне остаётся в крови человека и передаётся из поколения в поколение. Давайте вместе защищать мир, давайте попытаемся сделать жизнь лучше – во имя прошлого, настоящего и будущего. (Лю Сяопу)

# Список литературы и источников

## Отечественные издания


1. 北京外国语学院俄语系：《俄语写作》（四、五年级用），外语教学与研究出版社，1987 年。
2. 南京大学外文系：《俄语写作》（三年级用），外语教学与研究出版社，1986 年。
3. 季元龙：《俄语写作教程》，上海外语教育出版社，2006 年。
4. 唐松波：《俄语修辞与写作常识》，北京出版社，1988 年。
5. 陆勇：《俄语外贸外事应用文》，对外贸易教育出版社，1992 年。
6. 胡谷明、科尔切夫斯卡娅：《俄语写作》，武汉大学出版社，2008 年。
7. 倪波、顾柏林：《俄语语句同义转换——方法和手段》，上海译文出版社，1991 年。
8. 骆开廉、梁荣富：《俄语应用文》，四川人民出版社，1987 年。
9. 郭淑芬：《俄语实用写作教程》，外语教学与研究出版社，2009 年。
10. A. 阿基申娜、H. 福尔马诺夫斯卡娅：《怎样写俄语书信——俄语书信礼仪》，中国对外翻译出版公司，1992 年。

## Российские издания


1. Азимов Э.Г. Новый словарь методических терминов и понятий (теория и практика обучения языкам)/ Э.Г. Азимов, А.Н. Щукин. СПб: ИКАР, 2009. 448 с.
2. Анопочкина Р.Х. Грани текста: Учебное пособие по русскому языку для иностранных студентов-нефилологов. М.: Изд-во «Русский язык. Курсы», 2010. 208 с.
3. Антонова Е.С. Тайна текста. Рабочая тетрадь для развития речи и мышления школьников 5-6 классов. М., 2011. 88 с.
4. Афанасьева Н.А., Попова Т.И. Палитра стилей. Учебное пособие по стилистике русского языка для иностранцев. Уровень ТРКИ-2 (В2). СПб.: Златоуст, 2009. 116 с.
5. Беляева Г.В, Сипенко Л.С., Шипицо Л.В. Пишем правильно. М.: Русский язык, 2007. 327 с.
6. Беляева Г.В., Луцкая Н.Э. Я пишу по-русски. Пособие по письму. Книга для студентов. Базовый уровень. М.: ред. Изд. Совет МОЦ МГ, 2008. 150 с.
7. Беляева Г.В., Сипенко Л.С., Шипицо Л.В. Пишем правильно: Пособие по письму и письменной речи (начальный этап обучения). М.: Русский язык, 2007. 237 с.
8. Богданова Г.А. Сборник диктантов по русскому языку. 5-9 классы. М.: Просвещение, 2010. 176 с.
9. Бузулукова А.М., Зверева Е.Н., Эпштейн Н.Д. Русский язык. Сборник диктантов. М.: МЭСИ, 2004. 90 с.
10. Введенская Л. А., Пономарева А.М. Русский язык: культура речи, текст, функциональные стили, редактирование. М.: ИКЦ «МарТ»; Ростов н/Д: Издательский центр «МарТ», 2009. 352 с.

11. Введенская Л.А., Павлова Л.Г. Риторика и культура речи. М.: 2012. 538 с.
12. Введенская Л.А., Павлова Л.Г., Кашаева Е.Ю. Русский язык и культура речи: Учеб. пособие для вузов. Ростов н/Д: Феникс, 2011. 539 с.
13. Верещагин Е. М., Костомаров В. Г.: Лингвострановедческая теория слова. Москва: Изд-во «Русский язык», 1980. 320 с.
14. Верещагин Е.М., Костомаров В.Г. Язык и культура. Лингвострановедческое преподавание русского языка как иностранного. М.: Русский язык, 1990. 246 с.
15. Вигилянская Е. Пишем сочинение грамотно: Упражнения с ключами. Справочные таблицы: Пособие по русскому языку для поступающих в вузы. М. : Азбуковник, 2000. 367 с.
16. Винокурова И., Наумова С. Увлекательные диктанты по русскому языку для начальной школы. М.: Экзамен, 2014. 172 с.
17. Влодавская Е.А., Демина М.В. и др. Итоговые диктанты по русскому языку. 5-9 классы. М.: Экзамен, 2012. 223 с.
18. Влодавская Е.А., Хаустова Д.А. Диктанты и изложения по русскому языку. 7 класс. М.: Экзамен 2012, 224 с.
19. Голуб И.Б. Русский язык и культура речи: Учебное пособие. М.: Логос, 2010. 432 с.
20. Демина М.В. Диктанты и изложения по русскому языку. ФГОС. М.: «Экзамен», 2014. 240 с.
21. Демина М.В., Петухова Н.Н. Диктанты по русскому языку. 8 класс. М.: Экзамен, 2012. 127 с.
22. Захарова А. И., Лукьянов Е. Н., Парецкая М. Э., Савченкова И. Н., Шакирова Г. Р. Учебно-тренировочные тесты по русскому языку как иностранному. Выпуск 3. Письмо: Учебное пособие. СПб.: Златоуст; Р н/Д.: Южный федеральный университет, 2009. – 96 с.
23. Зырянова М.Ю., Полякова М.А. (сост.) Сборник диктантов и изложений: Учебное пособие для студентов довузовского этапа обучения. Воронеж: Изд-во Воронеж. гос. ун-та, 2007. 33 с.
24. Иванова В.А., Потиха З.А., Розенталь Д.Э. Занимательно о русском языке. – С-Пб.: Просвещение, 1995.
25. Ивченков П.Ф. Обучающие изложения. 5-9 классы. М., 1994. 224 с.
26. Капинос В.И. Развитие речи: теория и практика обучения. М.: Просвещение, 1991. 191 с.
27. Катаева М.Б., Протопопова И.А., Сергиенко З.П. и др. Читаем о России по-русски. СПб., 2009. 87 с.
28. Китайгородская Г. А.: Методика интенсивного обучения иностранным языкам. Учебное пособие. Москва: Изд-во МГУ, 1987. 157 с.
29. Колесниченко О.В., Расходчикова Л.Е. Диктанты по русскому языку: пособие для студентов-иностранцев подготовительного отделения. Одесса: ОНАЗ, 2013. 53 с.
30. Колесова Д.В., Маслова Н.Н. Радуга: практикум по развитию письменной речи. СПб:МИРС, 2008. 126 с.
31. Колесова Д.В., Харитонов А.А. Золотое перо. Пособие по развитию навыков письменной речи. СПб.: Златоуст, 2011. 96 с.
32. Колесова Д.В., Харитонов А.А. Пишем эссе. М. СПб. 2008. 100 с.
33. Колесова Д.В., Харитонов А.А. Пишем эссе: Учебное пособие для изучающих русский язык . СПб.: Златоуст, 2011. 93 с.
34. Костомаров В. Г., Митрофанова О. Д.: Методическое руководство для преподавателей русского языка иностранцам. Москва: Русский язык, 1990. 270 с.
35. Костюк Н.А. Читаем без проблем. В 4 частях. СПб.: Златоуст, 2009.
36. Кривоносов А.Д., Редькина Т.Ю. Разберемся в тексте - Разберем текст. 2008, 143 с.
37. Крючкова Л.С. Практическая методика обучения русскому языку как иностранному: учеб. пособие. М.: ФЛИНТА: Наука, 2012. 480 с.
38. Кулаева Л.М., Петрова Е.В. Диктанты по русскому языку. 9 класс. 2012. 192 с.
39. Культура устной и письменной речи делового человека: Справочник. Практикум. М.: Флинта; Наука, 2008. 315 с.

40. Куманова Н.В. Как научиться писать сочинение 5 класс. М.: Изд. Грамотей, 2009. 32 с.
41. Куманова Н.В. Как научиться писать сочинение 6 класс. М.: Изд. Грамотей, 2009. 48 с.
42. Куманяева А.Е., Потапова Г.Н. Диктанты и изложения по русскому языку. 10-11 классы. М.: Экзамен, 2012. 192 с.
43. Куманяева А.Е., Потапова Г.Н. Диктанты и изложения по русскому языку. 10-11 классы. М.: Экзамен, 2012. 192 с.
44. Львов М.Р. Основы теории речи. М.: Академия, 2002. 248 с.
45. Львова С.И. Практикум по русскому языку. 8 класс. М.: Экзамен, 2009. 255 с.
46. Макарова Б.А. Диктанты и изложения по русскому языку. 5 класс. М.: Экзамен, 2013. 176 с.
47. Макарова Б.А., Пересветова Е.В., Никулина М.Ю.. Диктанты и изложения по русскому языку. ФГОС. М.: «Экзамен», 2013. 175 с.
48. Методика развития речи на уроках русского языка: Кн. для учителя / Под ред. Т.А. Ладыженской. М.: Просвещение, 1991. 240 с.
49. Мучник Б.С. Культура письменной речи. М., 1996. 175 с.
50. Неделку А.М. Развитие навыков письменной речи у студентов-иностранцев подготовительного отделения. Тексты и задания для изложений. Учебное издание. Одесса: ОНАС, 2008. 20 с.
51. Никитина Е.И. Русский язык. Русская речь. М.: Дрофа, 2013. 160 с.
52. Пассов Е.И. Основы коммуникативной методики обучения иноязычному общению. М.: Русский язык, 1989. 276 с.
53. Педагогическое речеведение: Словарь-справочник. М., 1993.
54. Переслегина Е.Р. Методика обучения иностранных студентов письменной речи: Программа курса. Нижний Новгород: Нижегородский госуниверситет, 2012. 17 с.
55. Практическая методика обучения русскому языку как иностранному/ Под ред. А.Н. Щукина. М.: Русский язык, 2003. 305 с.
56. Практическая стилистика русского языка для учащихся с неродным русским языком: Учебное пособие для продвинутого этапа/ Под ред. И.П. Лысаковой. М.: РЯ. Курсы, 2007. 168 с.
57. Развивайте дар слова: Факультатив. курс "Теория и практика соч. раз. жанров" (7-8-е кл.): пособие для учащихся/ сост.: Т. А. Ладыженская, Т. С. Зепалова. М: Просвещение, 1986. 174 с.
58. Розенталь Д.Э. Справочник по правописанию и литературной правке. М.: Русский язык, 2012. 368 с.
59. Русский язык как иностранный. Методика обучения русскому языку: учеб. пособие для высш. учеб. заведений/ [Г.М. Васильева и др.] ; под ред. И.П. Лысаковой. М.: Гуманитар, изд. центр ВЛАДОС, 2004. 270 с.
60. Сальникова И.К. Русский язык. 5-9 классы. Сборник сочинений. М., 2012. 192 с.
61. Самарина В.В. Пишем каждый день по-русски. Иркутск: ИГЛУ. 2012. 124 с.
62. Система обучения сочинениям в VI-VIII классах/ Под ред. Т.А.Ладыженской. М.: Просвещение, 1978. 283 с.
63. Соловьёва Н.Н. Как составить текст? Стилистические нормы русского литературного языка. 2009. 160 с.
64. Ташлыков С.А. Сочинение: секреты жанра: Учебное пособие. Иркутск: ИГУ, 2001. 103 с.
65. Теория и практика сочинений разных жанров. Пособие для факультативных занятий/ Под ред. Т.А. Ладыженской и Т.С. Зепаловой. М.: Просвещение, 1990. 271 с.
66. Филипченко М. Сборник диктантов по русскому языку для 5-11 классов. М.: АСТ, 2010. 384 с.
67. Францман Е.К. Сборник диктантов по русскому языку. 5-9 классы. М.: Просвещение, 1994. 240 с.
68. Харитонов О.А. Золотое перо. М.: Дрофа, 2003. 96 с.
69. Цейтлин С.Н. Речевые ошибки и их предупреждение. М.: Изд-во Либроком, 2013. 192 с.
70. Черняк В.Д. Русский язык и культура речи. Практикум. Словарь. М.: Юрайт, 2012. 525 с.

71. Щукин А.Н. Методика преподавания русского языка как иностранного. Москва: Высш. шк., 2003. 334 с.

## Интернет-ресурсы

Диктанты по русскому языку (сборник диктантов)// Сайт Диктанты по русскому языку. http://dicktanty.ru.

Диктанты по русскому языку// Единая коллекция цифровых образовательных ресурсов. http://school-collection.edu.ru.

Диктанты по русскому языку// Сайт «Resheba.ru». http://resheba.ru/load/diktanty_i_izlozhenija/russkij_jazyk/3.

Интерактивный диктант// Справочно информационный портал Грамота.ру. http://www.gramota.ru/class/coach/idictation.

Национальный корпус русского языка – информационно-справочная система, основанная на собрании русских текстов в электронной форме. http://www.ruscorpora.ru.

Образовательный портал «Учеба» (www.Ucheba.com): «Уроки» (www.uroki.ru), «Методики» (www.metodiki.ru), «Пособия» (www.posobie.ru).

Пишем диктанты// Издательский дом «Первое сентября». http://xn--1-btbl6aqcj8hc.xn--p1ai.

Русский язык и литература// Образовательный портал Claw.ru. http://claw.ru/book.

Сочинения на разные темы// Сочинение.Про. http://sochineniepro.ru.

Сочинения по русскому языку и литературе// Школьный отличник. http://soshinenie.ru.

Тотальный диктант (сайт). http://totaldict.ru.

Учительский портал. Уроки, презентации, контрольные работы, тесты, компьютерные программы, методические разработки по русскому языку и литературе. www.uchportal.ru.